COLLECCAO
DE
TRATADOS E CONCERTOS DE PAZES

COLLECCAO
de
TRATADOS E CONCERTOS DE PAZES
que o

Estado da India Portugueza
fez
com os Reis e Senhores com quem teve relacoes
nas partes

da Asia e Africa Oriental
desde
O principio da conquista ate ao fim do seculo XVIII
por

Julio Firmino Judice Biker
Primeiro Official e Chefe de Reparticao aposentado
da Secretaria d'Estado dos Negocios Estrangeiros, Socio
correspondente do Instituto de Coimbra,
e da Real Academia de Historia de Madrid,
e Official da Academia em Franca

Tomo XIII

GYAN

Published by

Gyan Publishing House
5, Ansari Road
Daryaganj, New Delhi-110002
Phone: 011-47034999, 9811692060
E-mail: books@gyanbooks.com

Distribution Network
gyanbooks.com
India, USA, Canada, UK, Australia, France

ISBN : 978-81-212-3260-9 (Set)
ISBN : 978-81-212-4785-6 (HB)
First Published, 1885

2nd Impression 2020

Printed at: Gyan Press, Delhi.

Colleccao de Tratados e Concertos de Pazes Tomo XIII
Author: Julio Firmino Judice Biker

Collecção

de

Tratados e concertos de pazes

Collecção
de
Tratados e concertos de pazes
que o
Estado da India Portugueza
fez
com os Reis e Senhores com quem teve relações
nas partes
da Asia e Africa Oriental
desde
o principio da conquista até ao fim do seculo XVIII
por

Julio Firmino Judice Biker

Primeiro Official e Chefe de Repartição aposentado
da Secretaria d'Estado dos Negocios Estrangeiros, Socio correspondente
do Instituto de Coimbra.
e da Real Academia de Historia de Madrid,
e Official da Academia em França

Tomo XIII

Lisboa—Imprensa Nacional—1886

Ill.mo e E. Sr.—Pela continuação dos seus obsequiosos brindes renovo a significação do meu reconhecimento. Por intermedio do meu bom visinho Sr. Mendes, recebi hum dos dias passados o tomo XII da *Collecção dos Tratados e Convenções etc.* Todos os volumes de que ella se compõe contêem documentos e noticias interessantes. Este ultimo não desdiz dos anteriores. Li n'elle com especial attenção as peças officiaes respectivas ao trafico da escravatura, e as relativas ao Padroado de Portugal no Oriente, que acaba de ser objecto das novissimas negociações com a Santa Sé, por cujo feliz resultado, segundo officialmente consta, nos devemos congratular.

Tambem com V. me congratulo por ver quasi concluida a sua laboriosa e honrosa tarefa historico-diplomatica, da bem dirigida e bem coordenada *Collecção,* que tem merecido e continuará a merecer distincto logar em todas as Bibliothecas Publicas da Europa e da America, e igualmente em todas as livrarias particulares dos portuguezes e brazileiros, a quem não for cousa indifferente o conhecimento da historia e da diplomacia nacionaes.

Repetindo os meus agradecimentos, tenho a honra de ser respeitosamente.

De V. E.

venerador amigo e creado obrigadissimo

S. C. Belem 12 de Junho de 1886.

Antonio José Viale

Ill.mo e E. Sr.—Acabo de receber o tomo XII da *Collecção dos tratados de pazes,* continuando V. a honrar-me e distinguir-me com estes favores, que muito penhoram a minha gratidão.

Continúa, tambem, o interesse dos documentos desta preciosa obra, sendo-me agradavel sobremaneira a leitura dos que respeitam á questão do nosso Padroado no Oriente, que se diz agora resolvida, como requeria o nosso direito.

Folguei, particularmente, de ler a *Nota* ao Breve *Multa præclare,* e as *instrucções* dadas ao Arcebispo eleito Santa Ritta, e depois ao Arcebispo Torres, ambos Monges Bendictinos, que ainda conheci no seu collegio de S. Bento desta Cidade.

Dilate Deus a vida a V., e o favoreça com a necessaria saude, para levar ao cabo esta famosa empreza, que certo ha de merecer da posteridade os louvores, que já lhe endereçam os contemporaneos, que tomam a peito a prosperidade, honra e decoro da patria.

Sou, como devo,

De V. E.

Admirador, verdadeiro e muito obrigado amigo e servo

Francisco Antonio Rodrigues de Gusmão

Coimbra, 14 de Junho de 1886.

ALLOCUÇÃO DO PAPA PIO IX NO CONSISTORIO SECRETO DE 17 DE FEVEREIRO DE 1851

Sanctissimi Domini Nostri Pii Divina Providentia Papae IX allocutio habita in Consistorio secreto, diei 17 Februarii an. 1851

(Histoire du Schisme

1851 Fevereiro 17 Venerabiles fratres.—Inter novos diversarum Ecclesiarum Antistites, quos Vobis, Venerabiles Fratres, in hodierno Conventu propositiuri sumus, erit etiam Ven. Frater Joseph a Silva Torres, Archiepiscopus Palmyrensis, quem Coadjutorem futurumque Successorem dare consilium est Dilecto Filio Nostro Petro Paulo S. R. E. Cardinali Figueiredo, Archiepiscopo Bracharensi. Opportunum vero reputavimus Nostri ejusdem consilii rationem Vobis breviter explicare, ut eorum, quae antea contigerant, memoria repetita, notum cuique sit, quare et quibus usi cautionibus induxerimus animum ad memoratum Josephum futuro Bracharensis Ecclesiae regimini destinandum.

Erat idem Josephus, ut sane nostis, Archiepiscopus Goae in Indiis Orientalibus, cujus Ecclesiae regimen decretum ei fuerat a Gregorio XVI fel. rec. Decessore Nostro in Consistorio secreto diei 10 Junii anni millesimi octingentesimi quadragesimi tertii. In magno autem Orientalium illarum Regionum numero et amplitudine, ad quas olim Goani Archiepiscopi sive ordinaria, sive Metropolitana jurisdictio pertinebat, complures tunc erant Vicarii Apostolici Antistiti eidem minime subditi, quos inibi Sancta haec Sedes, Catholicae scilicet Religionis causa id postulante, constituerat. Nam praeter illos, qui in latissimis Regionibus Sinarum Imperii, aliisque conterminis per Litteras Apostolicas Innocentii XII, rec. me. Praedecessoris Nostri[1] a Dioecesibus Pechinensi,

[1] Datae illae sunt diebus 15 et 23 Octob. 1696.

Allocution prononcée au Consistoire secret, du 17 Février 1851. par notre Saint Père Pie IX, Pape par la Providence Divine

Portugais dans les Indes.)

Vénérables frères. — Parmi les nouveaux chefs de diverses Églises que nous vous avons proposés dans l'assemblée de ce jour, se trouvait aussi notre vénérable frère Joseph de Silva e Torres, Archevêque de Palmyre, que nous avons dessein de donner comme coadjuteur et futur successeur à notre très-cher fils Pierre-Paul Figueiredo, Cardinal de la Sainte Église Romaine, Archevêque de Braga. — Nous avons cru qu'il était opportun de vous faire connaître brièvement les motifs de cette résolution, afin qu'après avoir rappelé les faits qui se sont passés, chacun sache pourquoi nous nous sommes décidé à confier le gouvernement futur de l'Église de Braga au susdit Joseph, après avoir usé de certaines mesures de prudence. 1851 Fevereiro 17

Ce même Joseph, ainsi que vous le savez fort bien, était Archevêque de Goa aux Indes orientales. Le gouvernement de cette église lui avait été conféré par notre prédécesseur Gregoire XVI, d'heureuse mémoire, dans le Consistoire secret du 19ᵉ jour de juin de l'année 1843. Plusieurs Vicaires Apostoliques, parfaitement indépendants de l'Église de Goa, avaient été successivement établis par le Sant-Siége, pour répondre aux besoins de la Religion Catholique, dans les nombreuses et vastes régions orientales, soumises jadis à la juridiction ordinaire ou métropolitaine de l'Archevêque de Goa. Car, outre ceux envoyés — par les lettres apostoliques de notre prédécesseur Innocent XII, d'heureuse mémoire [1], — dans les districts de l'immense empire de la Chine et en dif-

[1] Elles sont des 15 et 23 Octobre 1696.

1851 Fevereiro 17 Nanchinensi, et Machaonensi, atque a Metropolitano Goanae Ecclesiae jure in perpetuum divulsis deputari jamdiu consueverunt, et praeter alios, qui postmodum aliis Indiarum locis destinati sunt[1]; ipse etiam Gregorius XVI novos in Goanae Ecclesiae Dioecesi ac Metropolitana illius provincia Vicarios Apostolicos provisorio modo instituerat. Eo spectant notissimae ejusdem Summi Pontificis Litterae, quarum initium *Multa praeclare*, datae sub Annulo Piscatoris die 24 Aprilis Anni 1838 uti et aliae Litterae Apostolicae, ac Decreta Nostrae Congregationis Propagandae Fidei, quae illis aut praecesserant, aut pontificio postmodum jussu et auctoritate successerunt.

Hanc Decessoris Nostri ampliorem providentiam mutata temporum ratio, et tuendae in Indiis atque amplificandae Catholicae Religionis causa flagitabat. Dum enim major ipsa verae Fidei propagatio majorem in dies Evangelicarum Missionum et Sacrorum operariorum numerum postularet, huic quidem sustinendo oneri impares omnino erant Viri Ecclesiastici, qui Lusitanorum ope illuc mitti, aut ex indigenis institui solebant; postquam praesertim quae in Indiis plurima olim fuerant Lusitanae Ditionis Loca, nonnullis tantum cum Urbe Goa et Urbe Macao exceptis, in aliorum Principum potestatem transiverant; ut nihil porro dicamus de postremis Lusitani Regni calamitatibus, quae relationibus etiam inter Sanctam hanc Sedem et Lusitanum Gubernium interruptis, eo rem adduxerant ut et Goana, et illius Suffraganeae Ecclesiae una simul vacarent. Jam vero Ecclesiastici homines, qui tunc temporis easdem Ecclesias sive ex canonica Capituli deputatione, sive alio quovis titulo administrabant, quaerentes quae sua erant non quae Jesu Christi, contradicere ausi sunt Vicariis Apostolicis a Gregorio XVI deputatis, nec dubitarunt arrogare sibi spiritualem auctoritatem super Ecclesias, et fideles illorum curae a Sede Apostolica commendatus: ex quo eo-

[1] Verapolitanus, an. 1701; Avanus et Peguanus, an. 1741, etc.

férentes contrées limitrophes, qui furent alors détachées à perpétuité des diocèses de Nankin, de Pékin, de Macao et de la métropole de Goa; et, outre ceux postérieurement établis en divers autres lieux des Indes [1], Grégoire XVI lui-même avait institué provisoirement de nouveaux Vicaires Apostoliques dans le diocése de Goa et dans la province de cette métropole. C'est à ce fait que se rapportent les lettres très-connues de ce Souverain Pontife, commençant par les mots *Multa praeclare,* et données sous l'anneau du Pêcheur, le 24 Avril de l'an 1838, tout aussi bien que d'autres lettres apostoliques et divers décrets de notre congrégation *Propagandae Fidei,* qui précédèrent ou suivirent ledit bref *Multa praeclare,* d'après les ordres du Pape et sous la sanction de son autorité.

1851 Fevereiro 17

Les changements que le temps avait amenés à sa suite, et la nécessité de garantir et d'étendre aux Indes la Religion Catholique, exigeaient que notre prédécesseur immédiat prît ces mesures plus amples. Car l'extension que prenait, de jour en jour, la propagation de la vraie foi rendait indispensable un nombre plus considérable de missions évangéliques et d'ouvriers sacrés, et les ecclésiastiques que les Portugais avaient coutume d'envoyer dans ces contrées, ou qu'ils y établissaient en les tirant du clergé indigène, étaient loin de suffire à une pareille charge. Cela devenait nécessaire, surtout après qu'un grand nombre de lieux situés dans les Indes et soumis autrefois à la domination du Portugal étaient passés, sauf les seules villes de Goa et de Macao, sous la puissance d'autres Princes;—nous nous abstiendrons, d'ailleurs, de parler ici des dernières calamités du Royaume de Portugal, calamités qui avaient causé l'interruption des rapports entre le Saint-Siége et le Gouvernement de ce pays et à la suite desquelles les choses en vinrent au point que l'Église de Goa et toutes ses suffragantes se trouvèrent vacantes simultanément. Alors déjà les ecclésiastiques qui, en ce temps, administraient ces différentes églises, soit comme ayant été

[1] Celui de Vérapoli, en 1701; d'Ava et Pégu, en 1741, etc.

1831 Fevereiro 17 rum facinore haud leves difficultates, dissensiones, et scandala dimanarunt. Atque haec quidem, ad Religionem quod attinet, Indicarum rerum conditio erat, cum, instauratis Lusitani Gubernii cum Sancta hac Sede relationibus, Charissima in Christo Filia Nostra Maria Portugalliae et Algarbiorum Regina Fidelissima supradictum Josephum a Sylva Torres Decessori Nostro praesentavit, ut ad Goanam Ecclesiam promoveretur.

Jam vero Goana Civitas cum circumstantibus Locis pertinebant adhuc, uti et nunc pertinent, ad Lusitanam Ditionem, nec ulli ex Apostolicis Vicariis commendata illa fuerant; ideoque hac ex parte nihil impedimento erat, quominus Ecclesiae illi novus daretur Antistes. Sperare autem licebat, ipsos Apostolicos Vicarios alibi constitutos nihil porro molestiae a memorato Josepho passuros. Siquidem Gregorius XVI antequam de ipso ad Goanam Sedem provehendo decerneret, plura eademque idonea testimonia acceperat de illius fide, doctrina, et probitate, atque insuper noverat eumdem de Pontificiis Decretis ad Vicarios Apostolicos pertinentibus ab Internuntio et Delegato Apostolico, qui Olissipone degebat, fuisse praemonitum; denique idem Josephus obedientiam et obsequium suum erga Romanum Pontificem Sedemque Apostolicam peculiaribus quoque Litteris declaraverat. Nihilo tamen minus Praedecessor Noster novum ipsum Archiepiscopum de Apostolicis Vicariis, eorumque auctoritate sarta tecta habenda admonere voluit Pontificiis Litteris, quas ea super re ad illum dedit die 8 Julii 1843, quaeque eidem redditae fuerunt eo ipso tempore, quo Apostolica Diplomata delati Archiepiscopatus testimonium de more habentia Olissiponem perlata sunt.

députés à cet effet par les chanoines des chapitres, soit à quelque autre titre quelconque, recherchèrent leurs intérêts de préférence à ceux de Jésus-Christ; ils osèrent se mettre en opposition avec les Vicaires Apostoliques envoyés par Grégoire XVI, et ils se permirent de s'arroger une autorité spirituelle sur les Églises et les fidèles dont le soin avait été confié auxdits Vicaires par le Siége Apostolique. Ce crime qu'ils commirent eut pour résultats de graves difficultés, des dissensions et des scandales. Tel était l'état des choses aux Indes en ce qui concerne la Religion, lorsque le Gouvernement Portugais rétablit les relations avec le Saint-Siége, et que notre très-chère fille en Jésus-Christ, Marie, Reine Très-Fidèle du Portugal et des Algarves, présenta à notre prédécesseur le ci-dessus mentionné Joseph de Silva e Torres, afin qu'il fût mis à la tête de l'Église de Goa.

1851 Fevereiro 24

Alors, comme à présent encore, la ville de Goa et les lieux circonvoisins étaient soumis à la domination du Portugal, et la direction n'en avait été confiée à aucun des Vicaires Apostoliques; de ce côté, il n'y avait donc nul empêchement à ce que le nouveau Prélat fût mis à la tête de cette Église. On était en droit d'espérer que les Vicaires Apostoliques établis en d'autres lieux ne seraient point molestés par ledit Joseph. D'ailleurs, Grégoire XVI, avant de se décider à le porter au siége de Goa, avait reçu divers témoignages satisfaisants touchant sa foi, sa doctrine et sa probité, il savait aussi que Joseph avait été instruit des décrets pontificaux relatifs aux Vicaires Apostoliques par l'Internonce et délégué apostolique envoyé à Lisbonne; enfin, Joseph avait fait profession, dans des lettres particulières, d'obéissance et de soumission envers le Pontife Romain et le Siége Apostolique. Néanmoins, notre prédécesseur voulut encore avertir le nouvel Archevêque de respecter les Vicaires Apostoliques et leur autorité; il lui adressa à ce sujet, le 8 juillet 1843, des lettres pontificales, lesquelles lui parvinrent au temps même où les diplômes apostoliques, attestant, suivant la coutume, sa nomination à l'archevêché, furent portés à Lisbonne.

1851 Fevereiro 17

Verum Josephus Archiepiscopus insequenti adveniente anno 1844 Goam profectus haudquaquam continuit se intra fines officii sui, sed sibimetipsi antiquam decessorum suorum auctoritatem asserere conatus est in Locis quoque Apostolicorum Vicariorum curae commendatis; neque porro Litteris paruit quibus iterum Praedecessor Noster Gregorius, ac subinde Nos ipsi illum ad saniora revocare consilia studuimus. Itaque facile Nobis fuit perspicere, providendum omnino esse, ut Archiepiscopus ille a Goanae Ecclesiae procuratione revocaretur. Sed una simul consideravimus, rem fore gravissimarum difficultatum et periculi plenam, nisi Regium Lusitanum Gubernium Nobiscum in id consentiret. Itaque Nostro Extraordinario Internuntio et Delegato Apostolico, qui anno 1847 Romae aderat, et Olissiponem rediturus erat, in praecipuis mandatis dedimus, ut de revocando Goano Antistite ageret cum Regio Gubernio, negotiumque hujusmodi omni ope atque opera urgeret. Is, post tractationem susceptam, haud sane praetermisit insequenti anno millesimo octingentesimo octavo referre de praecipuis conditionibus, quibus rem componi posse perspexerat; ac Nos subinde curavimus, ut Nostram super illis sententiam in tempore cognosceret.

Sed Litteris, quae a Cardinali Nostro Secretario Status die 8 Julii datae in id fuerant, turbulento illo tempore interceptis, aut aliter retardatis, tandem ipso illo anno ad exitum vergente, dum Nos ab hac Alma Urbe discedere coacti Cajetae substiteramus, perlatae illuc sunt Litterae et Documenta ab Internuntio missa, ex quibus apparuit, ipsum die 21 mensis Octobris illius anni cum Regio Gubernio jam convenisse, ut Praesul Josephus ab Ecclesia Goana ad aliquam in partibus Infidelium Metropolitanam Ecclesiam transferretur, et Olissiponem sine mora rediens munus interim obtineret Commissarii Bullae Cruciatae, atque insuper ut Coadjutor fieret, futurusque Successor Archiepiscopi Bracharensis; datis tamen ab eodem Josepho ad Nos Litteris, quibus suam

Mais l'Archevêque Joseph, étant parti en l'année suivante, 1844, pour Goa, ne se contint en aucune façon dans les limites de son office; loin de là, il s'efforça de s'emparer de l'antique autorité exercée par ses prédécesseurs dans les lieux confiés maintenant aux soins des Vicaires Apostoliques, et il ne se mit pas en peine d'obéir aux lettres par lesquelles notre prédécesseur, d'abord, et nous-même plus tard, avons cherché à le faire revenir à de plus sages conseils. Il nous fut donc facile de comprendre qu'il fallait pourvoir absolument à ce que l'administration de l'Église de Goa fût ôtée à cet Archevêque. Mais, en même temps, nous considérâmes que l'affaire présenterait les plus graves difficultés, et qu'elle serait pleine de périls, à moins que le Gouvernement Royal Portugais ne fût d'accord avec nous. C'est pourquoi nous chargeâmes notre Internonce extraordinaire et délégué apostolique, lequel se trouvait à Rome en 1847 et retournait à Lisbonne, de traiter avec le Gouvernement Royal de la révocation du chef de l'Église de Goa, et de presser cette affaire de tous ses soins et de tous ses moyens. Cet envoyé entreprit la négociation, et, en l'année suivante, 1848, il ne manqua pas d'en référer à nous touchant les principales conditions auxquelles il avait reconnu que la difficulté pourrait s'arranger; nous eûmes soin alors de lui faire connaître en temps opportun notre avis relativement à ces conditions.

1851 Fevereiro 17

Mais les lettres écrites à ce sujet sous la date du 8 juillet, par notre Cardinal Secrétaire d'État, furent interceptées ou retardées de quelque autre manière, dans ces temps de troubles et de désordre; enfin, vers la fin de l'année, forcé de quitter notre ville de Rome, nous nous étions retiré à Gaëte, et l'on porta en ce dernier lieu des lettres et des documents envoyés par l'Internonce; nous y vîmes que cet envoyé et le Gouvernement Royal étaient tombés d'accord et qu'il avait été convenu: — que le Prélat Joseph serait transféré de l'Église de Goa à quelque Église métropolitaine *in partibus infidelium*, que, revenant sans retard à Lisbonne, il obtiendrait, en attendant, les fonctions de Commissaire *Bullae cruciatae*, et que, de plus, il serait fait Coadjuteur, avec future

1854 Fevereiro 17 Sedi Apostolicae submissionem atque observantiam testaretur; denique ut ad ulteriores dissensiones praevertendas in novo postmodum Antistite in Goana Ecclesia constituendo, atque adeo in Diplomatibus Apostolicis delati ei Archiepiscopalis muneris testibus mentio haberetur finium intra quos auctoritatem suam exercere posset. Cognovimus una simul Lusitanum Gubernium jussu Reginae Fidelissimae suas jam Goam misisse Litteras, ut Archiepiscopus Josephus de his omnibus certior fieret, et Olissiponem reverti non cunctaretur. Eodem tempore Regius apud Sanctam hanc Sedem Legatus, qui Nos Cajetam sequutus fuerat, a Nobis Regio nomine suppliciter postulavit, ut Praesuli Josepho in Lusitaniam prope diem redituro nedum munus tribueremus Commissarii Bullae Cruciatae, quo fungi interim deberet donec Bracharensis Ecclesia non vacaverit, sed etiam ut in Consistorio, quod illis diebus habituri eramus, illum constituere dignaremur Coadjutorem futurumque Successorem Archiepiscopi memoratae Ecclesiae; siquidem dubitari minime posse dicebat, quin ille statim ad Nos eas, quæ superius indicatae sunt, submissionis Litteras scriberet.

Haec sane postulatio, et supradictae Pontificii Internuntii Litterae, imprimis autem quae ab eo conventa fuerant de futura Ecclesiae Bracharensis procuratione Praesuli Josepho destinanda, Nos, tot jam tantisque aliis per eos dies angustiis circumdatos, non parum sollicitos habuerunt. Obversabantur enim ante oculos quae Praesul ipse in Goano Archiepiscopatu fungendo perperam gesserat. Contra vero si Nos ea, in quae Noster Internuntius hanc circa rem consenserat, praestare abnuissemus; metuendum profecto erat nedum ut spes evanesceret, quam de removendo ab Indiis memorato Antistite conceperamus, sed etiam ut ab ipso, ejusque asseclis ex Nostra illa recusatione nova atque ad fucum faciendum apta arriperetur occasio majoribus illic dissidiis cum gra-

succession de l'Archevêque de Braga; — toutefois, il avait été stipulé également que le susmentionné Joseph nous adresserait des lettres attestant sa soumission et son obéissance envers le Siége Apostolique; et que, pour prévenir des dissensions ultérieures, en mettant à l'avenir un nouveau Prélat à la tête de l'Église de Goa, les limites en dedans desquelles il pourrait exercer son autorité seraient tracées dans les actes apostoliques qui lui confèreraient ses fonctions archiépiscopales.—Nous apprimes en même temps que, conformément aux ordres de la Reine Très-Fidèle, le Gouvernement Portugais avait déjà envoyé des dépêches à Goa, pour informer l'Archevêque Joséph de tout ce qui avait été convenu, et afin qu'il ne tardât pas à revenir à Lisbonne. En même temps, l'Evoyé royal auprès du Saint-Siége qui nous avait suivi à Gaëte, nous supplia, au nom de la Reine, non-seulement de confier les fonctions de Commissaire *Bullae cruciatae* au Prélat Joseph,—lequel étant au moment de revenir en Portugal,— afin qu'il les exerçât tant que l'Église de Braga ne viendrait pas à vaquer; — mais encore de daigner le constituer Coadjuteur et futur Successeur de l'Archevêque de ladite Église, dans le Consistoire que nous devions tenir en ces jours; en admettant, ce qui, disait-on, ne pouvait faire l'objet d'un doute, qu'il nous écrirait immédiatement les lettres de soumission dont il a été parlé ci-dessus. 1851 Fevereiro 17

Cette requête, les lettres déjà mentionnées de l'Internonce pontifical, et surtout ce qui avait été convenu par lui, touchant la charge future de l'Église de Braga qui devait être donnée au Prélat Joseph, nous remplirent de sollicitude, nous que tant d'autres angoisses entouraient déjà en ces jours. Nous avions devant les yeux tout ce que ce même Prélat avait fait de mal tandis qu'il se trouvait à l'Archevéché de Goa. Mais, par contre, si nous refusions de faire ce à quoi notre Internonce avait consenti, en cette affaire, il était à craindre qu'il ne fallût renoncer à jamais à l'espérance que nous avions conçue d'éloigner des Indes cet Archevêque, et que, de plus, il ne saisît, aussi bien que ses partisans, le prétexte de notre refus pour en imposer au public et pour exciter de nouvel-

1851 Fevereiro 17 viore Religionis detrimento excitandis. Interim sperare alia ex parte licebat, memoratum Antistitem, sacra ceteroquin doctrinae, bonorumque morum laude non destitutum, ubi ab occasionibus removeretur quae illum Goae in transversum egerant, rediturum per Dei gratiam ad consilia meliora, et in novae Ecclesiae procuratione ita se porro gesturum, ut suae pariter, atque ovium saluti consuleret. Hinc considerata ut par erat, tota rei causa, et aliquibus ex Vestro amplissimo ordine in consilium adhibitis, ac memoria repetentes oeconomiam a Decessoribus Nostris in simili rerum gravitate et difficultate non semel adhibitam, induximus animum ut meliori, quam res ferret, cautione accepta, in expetitam destinationem assentiremur.

Mandavimus igitur Cardinali Nostro Pro-Secretario Status, ut Regio Legato respondens, clare illi aperteque nostro nomine declararet, Nos quidem in proximo, si id optaret, Consistorio soluturos Josephum Antistitem a vinculo Goanae Ecclesiae, eumdem quoque translaturos ad Metropolitanam aliam Ecclesiam in partibus infidelium existentem, ac subinde eidem munus collaturos Commissarii Bullae Cruciatae: ceterum Sanctam hanc Sedem, quod Regius ipse Legatus probe noverat, graves habuisse reclamandi causas contra Archiepiscopi gesta in regimine Ecclesiae Goanae, atque idcirco Nos non posse omnino tuta conscientia destinare illi futuram procurationem Bracharensis Ecclesiae, nisi antea congruum documentum sive tales ab eo Litteras acciperemus, ex quibus constaret illum et dolere quae perperam gesserat, et statutum fixumque in animo habere, ut nunquam in posterum ab officio declinet.

Acquievit nostrae huic declarationi Regius Legatus, et de ratione Litterarum, quae expectabantur, minime dubitans, postulare institit, ut ea quae jam tunc perfici poterant, decerneremus. Quare ad diem 22 Decembris supradicti anni

les et plus graves dissensions au grand détriment de la Religion. D'ailleurs on pouvait espérer, d'une autre part, que ledit Archevêque, qui, assurément, ne manque pas de doctrine, et dont la réputation est bonne quant aux mœurs,— étant éloigné des occasions qui l'avaient fait dévier à Goa, reviendrait, par la grâce de Dieu, à de meilleurs conseils, et que, dans l'administration de la nouvelle Église, il se conduirait de façon à pourvoir à son salut et à celui de son troupeau. Après avoir considéré toutes ces choses comme nous le devions, et consulté quelques uns des membres de votre très-illustre ordre, et rappelant aussi à notre mémoire les mesures adoptées par nos prédécesseurs en plusieurs occasions, dans des circonstances également graves et difficiles, nous nous décidâmes à consentir à ce qui nous était demandé, non toutefois sans avoir pris auparavant toutes les précautions possibles. 1851 Fevereiro 17

Nous ordonnâmes, en conséquence, à notre Cardinal Prosecrétaire d'État de répondre à l'Envoyé royal et de lui déclarer clairement et en notre nom: — Que, s'il le désirait, nous délierions, au prochain Consistoire, le Prélat Joseph du lien qui l'attachait à l'Église de Goa et que nous le transférerions ensuite à une autre Église métropolitaine, *in partibus infidelium;* que de plus, nous lui accorderions les fonctions de Commissaire *Bullae cruciatae,*— mais que d'ailleurs le Saint-Siége,— ainsi que l'Envoyé royal le savait parfaitement, avait eu de graves motifs de réclamer contre les actes de l'Archevêque tandis qu'il gouvernait l'Église de Goa, et que, pour cette raison, ne nous pouvions, en bonne conscience, lui destiner le Gouvernement à venir de l'Église de Braga, si, d'abord, nous ne recevions de lui un document convenable ou des lettres prouvant qu'il regrette ce qu'il a fait de mal, et qu'il est décidé et résolu en son cœur à ne plus jamais manquer à son devoir à l'avenir.

L'Envoyé royal acquiesça à notre déclaration, et, n'ayant aucun doute au sujet des lettres qui étaient attendues, il demanda avec instance que nous arrêtassions définitivement tout ce qui pouvait déjà l'être alors. C'est pourquoi, au Con-

1851 Fevereiro 17 1848 in Consistorio Cajetae coacto transtulimus Antistitem Josephum a Goana Ecclesia ad Archiepiscopatum Palmyrensem in partibus infidelium, atque insequenti mense officium Commissarii Bullae Cruciatae novo eidem Palmyrensi Archiepiscopo demandavimus.

Hinc post aliquot menses Antistes ille in Lusitaniam reversus est. Nos itaque eidem Olissipone jam commoranti significandum rursus mandavimus, quantam Nobis sollicitudinem attulissent quae ipse in Indiis extra limites auctoritatis suae, et contra Sanctae hujus Sedis mandata gerere non dubitaverat, et nonnulla etiam quae paulo ante suum inde discessum in quibusdam suis Litteris seu scriptis indicaverat. Jam vero gratum cordi nostro est annuntiare Vobis, Venerabiles Fratres, Palmyrensem Archiepiscopum ita Nobis fecisse satis, ut existimare debeamus, ipsum per Dei gratiam ad meliora consilia toto animo fuisse reversum. Ab eo enim Litteras accepimus datas die 18 Novembris superioris anni, atque iis conceptas verbis, quae hominem decent errata sua detestantem, et de meliori in posterum ratione tenenda, suaque Nobis adhaesione et obedientia factis ipsis constanter comprobanda sollicitum. Subjicientur haec ipsae Litterae ante oculos vestros, atque una legetis Nostrum ad illas responsum, in quo nostros illi sensus omni ex parte declarare non omisimus.

Juxta haec, ut initio diximus, Palmyrensem ipsum Archiepiscopum Venerabilem Fratrem Josephum a Sylva Torres promovere hodie consilium est ad munus Coadjutoris dilecti filii nostri Cardinalis Archiepiscopi Bracharensis, cum adjuncto jure ut eidem in Ecclesia ipsa succedat. Et quoniam in hoc suscipiendo consilio nihil certe, nisi majorem Religionis utilitatem, et apostolicarum in Indiis missionum tranquilliorem, felicioremque cursum spectavimus; firmam plane in spem erigimur fore, ut illud Deo benedicente in eundem finem, atque in Bracharensis quoque Ecclesiae emolumentum proficiat. Id quidem ab ipso misericordiarum Patre per Je-

sistoire tenu à Gaëte, le 22 Décembre de l'année mencionnée, 1848, nous transférâmes le Prélat Joseph de l'Église de Goa à l'archevêché de Palmyre, *in partibus infidelium*, et dans le mois suivant, nous envoyâmes à l'Archevêque nouvellement élu sa nomination de Commissaire *Bullae cruciatae*. 1851 Fevereiro 17

Après quelques mois, ce Prélat revint en Portugal. Comme il séjournait à Lisbonne, nous ordonnâmes qu'on lui signifiât encore que nous avions été profondement affligé de ce qu'il s'était permis de faire aux Indes, en dehors des limites de son autorité et contrairement aux ordres du Saint-Siége, comme aussi de plusieurs choses qu'il avait émises dans ses lettres ou dans ses écrits, peu de temps avant son départ. Il est agréable à notre cœur, vénérables frères, de pouvoir vous annoncer que l'Archevêque de Palmyre nous a donné telle satisfaction, que nous devons croire que, par la grâce de Dieu, il est revenu sincérement à de meilleurs desseins. Car nous avons reçu de lui des lettres datées du 18 novembre de l'année dernière, telles qu'on devait les attendre d'un homme qui déteste ses torts, désireux de tenir une meilleure conduite à l'avenir, et jaloux de nous prouver constamment par ses actions, son adhésion et son obéissance. Ces lettres seront mises sous vos yeux; vous lirez aussi la réponse que nous y avons faite, et dans laquelle nous n'avons pas manqué de lui exposer nos sentiments sans aucune réserve.

D'après cela, ainsi que nous le disions en commençant, nous avons l'intention de nommer aujourd'hui ce même Archevêque de Palmyre, notre vénérable frère Joseph de Silva e Torres aux fonctions de Coadjuteur de notre très-cher fils le Cardinal-Archevêque de Braga, en y joignant le droit de succéder à ce dernier en cette même Église. Et comme, en formant ce dessein, nous n'avons, certes, rien eu en vue que la plus grande utilité de la Religion et le désir d'assurer une carrière plus tranquille et plus heureuse aux missions apostoliques des Indes, nous avons la ferme espérance que, moyennant la benédiction de Dieu, tel en sera le résultat, et

1851 Fevereiro 17 sum-Christum ejus Filium in omni oratione et obsecratione cum gratiarum actione implorare contendimus; atque a vestra etiam pietate, Venerabiles Fratres, exposcimus, ut fervidas preces et supplicationes vestras nostris adjungere non intermittatis.

Memoria sobre a Allocução do Papa Pio IX no Consistorio secreto de 17 de Fevereiro de 1851

(Impressa em Lisboa e reimpressa em Nova Goa.)

Os termos em que está concebida a Allocução do Santissimo Padre Pio IX no Consistorio secreto de 17 de Fevereiro do presente anno, exigem do Governo de Sua Magestade Fidelissima prompta reclamação; e tanto mais quanto áquelle documento se tem procurado dar uma publicidade, que não devia esperar-se em tal assumpto, depois do que ácerca d'elle passou entre as duas Côrtes, e ainda mais no estado das negociações entre ellas entaboladas ao mesmo respeito.

O Governo Portuguez, como catholico que se preza de ser, acata e venera a sagrada pessoa, e os actos do pae commum dos fieis e Vigario de Jesus Christo na terra, e está persuadido de que é sempre rectissima a intenção do Supremo Pastor; mas, attribuindo sómente a noticias inexactas, e a informações apaixonadas sobre os negocios das Igrejas do Oriente, o que ácerca d'elles se tem resolvido em Roma, principalmente depois do anno de 1834, não póde deixar de declarar:

1.° Que na Allocução e nos documentos a que ella se refere, parecem offendidos com menos justo fundamento os direitos do Padroado da Corôa Portugueza;

2.° Que se infere injuria immerecida aos Ordinarios, Viga-

que cela tournera également à l'avantage de l'église de Braga. Nous efforcerons d'implorer, à cet effet, l'assistance du Père de toute miséricorde, par Jésus-Christ, son Fils, dans toutes nos prières, nos oraisons et nos actions de grâces, et nous demandons aussi à votre piété, vénérables frères, de ne pas cesser de joindre vos ferventes supplications aux nôtres.

---

rios da Vara e Missionarios Portuguezes d'aquellas Igrejas, e particularmente ao ultimo Arcebispo da Sé Metropolitana e Primaz de Goa, D. José Maria da Silva Torres.

PRIMEIRA PARTE

Dos direitos do Padroado Real Portuguez no Oriente

Na Allocução, e ainda mais no Breve *Multa praeclare* n'ella referido, pretende-se claramente inculcar, que o Padroado da Corôa Portugueza nas Indias Orientaes proveiu de *mero privilegio Apostolico*, e que portanto não são de estranhar as resoluções Pontificias que o teem restringido, sem attenção alguma com o Regio Padroeiro, e sem dependencia, nem concurso do consenso e assenso do mesmo Padroeiro.

Dá-se em segundo logar a entender, que o direito de Padroado depende das temporalidades, isto é, do dominio actual das possessões, em cujas christandades se exercita; e que por conseguinte a circumstancia da perda d'esse dominio e posse traz comsigo a cessação d'aquelle direito.

Quanto ao primeiro ponto

Ainda concedendo, por argumento, que o Padroado Real Portuguez proviesse de *privilegio Apostolico*, parece contrario a todas as considerações de justiça, de razão, de equidade e de decoro, especialmente contra um Soberano catholico, offender o direito de terceiro, sem sua audiencia e annuencia. São conformes n'esta opinião uma infinidade de expositores orthodoxos e doutos, os quaes, respeitando e defendendo a suprema auctoridade do Vigario de Jesus Christo, a limitam sempre aos actos conformes á razão e á piedade. Não se compadece com a natureza e fins da presente Memoria o descer a citações, que seriam innumeraveis, e que mais cabem a um Tratado apologetico; basta referir o dito dos sabios e virtuosos Padres do ultimo Concilio geral, na sessão 25 *de Reform.* cap. 9 no princ., aonde se lê esta terminante sentença: *Legitima Patronatuum jura tollere, piasque fidelium voluntates in eorum institutione violare, aequum non est.*

Mas o padroado dos Reis de Portugal nas terras do Oriente não proveiu de *mero privilegio Apostolico*, e sim de *primeva fundação e dotação*. D'elle usaram logo os Monarchas Portuguezes, á proporção que íam conquistando as terras dos infieis, fundando n'ellas Igrejas, e nomeando Pastores que as regessem, e fossem convertendo á lei da graça aquellas gentes pagãs.

Isto é de notoriedade publica, está em todas as historias do tempo; é consignado por termos expressissimos em muitos diplomas emanados da Santa Sé, e especialmente em todas as Bullas da erecção das Cathedraes das Indias. Sendo até de notar que em muitas Bullas confirmatorias mais antigas de Prelados do Oriente, se não encontram as palavras que depois se acrescentaram ás de *ex fundatione vel dotatione,* as quaes são *seu ex privilegio Apostolico;* palavras estas contra as quaes nunca se reclamou, porque nunca podiam os Soberanos Portuguezes suppôr em sua piedosa consciencia que ellas seriam postas adrêde para pretexto, embora fragil, de futuras aggressões. Pensamento tão injurioso ao Pontificado e á Santa Igreja Romana, mãe e mestra de todas, e centro de verdade, não o permittia a profunda veneração que esses religiosissimos Monarchas tributavam aos successores de S. Pedro e á mesma Santa Igreja, nem tão pouco a confiança que tinham nos titulos indisputaveis do seu proprio direito.

Nos archivos Apostolicos existem por certo esses diplomas e Bullas de erecção, a que se faz referencia. D'ellas se tem dado larga noticia pela imprensa, especialmente desde o reinado de El-Rei D. Pedro II até o presente. Basta pois fazer d'elles aqui uma succinta indicação.

São os indultos dos Santos Pontifices Martinho V e Eugenio IV, referidos nas amplissimas Letras Apostolicas do Santo Padre Nicolau V, datadas de 2 de Janeiro de 1454, que começam *Romanus Pontifex Regni Coelestis;* renovadas e confirmadas pelo Papa Callisto III na Bulla *Inter caetera quae Nobis,* datada de 2 de Março de 1455; pelo Papa Sixto IV, nas Letras Apostolicas *Aeterni Regis Clementia*, de 21 de Junho de 1481; pelos Papas Innocencio VIII em 11 de Setembro de 1484 e Alexandre VI em Março de 1493, e continuadas ainda pelo Santo Padre Leão X, nas Bullas *Pro excellenti,* em Junho de 1514, *Prae excelsae devotionis,* em Novembro do mesmo anno, e *Dudum pro parte,* em Março de 1516.

As Bullas dos Papas Paulo III, erigindo em Cathedral a Igreja de Goa no anno de 1534; de Paulo IV, elevando a mesma Cathedral a Arcebispado Metropolitano em 4 de Fevereiro de 1558; do mesmo Pontifice Paulo IV, erigindo os bispados de Cochim e de Malaca, no mesmo mez e anno; de Gregorio XIII, creando o bispado de Macau em 1575; de Clemente VIII, fazendo suffraganea de Goa a Igreja de Angamale (Arcebispado *ad honorem)* em 1601; de Paulo V, transferindo a Sé de Angamale para Cranganor em 1609; do mesmo Paulo V, erigindo o bispado de S. Thomé de Meliapor em 9 de Janeiro de 1606; de Alexandre VIII, creando os bispados de Pekim e de Nankim em 1690, sendo o territorio desmembrado de Macau, e ficando suffraganeas de Goa.

Não sendo pois os direitos do Padroado Real Portuguez provenientes de *mera graça* e liberdade, mas adquiridos por titulo oneroso, parece que não podem infringir-se, nem revogar-se, sem quebra de todos os principios de justiça, contra a vontade do seu legitimo possuidor, ou por *motus proprios* sem audiencia e annuencia d'elle.

É isto doutrina corrente entre todos os Jurisconsultos.

Que esse titulo foi oneroso, prova-se, como já se disse, por toda a historia, em que se referem os serviços insignes, as façanhas heroicas por que os Reis de Portugal, com grandissimo dispendio das rendas de seus reinos e do sangue de seus subditos, começaram, proseguiram e prosperaram no descobrimento e conquistas das terras do Oriente, e na conversão dos infieis que n'ellas habitavam: prova-se com os publicos e repetidos elogios de tantos Pontifices nas Letras Apostolicas acima citadas, e n'outras de mais recente data. Bastará ver as palavras com que se expressou o Santo Padre Nicolau V na sua Bulla referida, que dizem: *Si condignis favoribus et specialibus gratiis eos Catholicos prosequamur Principes, qui, veluti Fidei Athletae, et intrepidi pugiles, in longissimis nobisque incognitis partibus pro defensione et argumento Fidei nullis parcendo laboribus, et expensis, etc.* E n'esses termos fallam outros Pontifices; sendo notavel que isto mesmo se reconhece no Breve *Multa praeclare* do Santo Padre Gregorio XVI em 1838.

Estas concessões Apostolicas, estas promessas de favor, e estes elogios por serviços prestados a bem da Igreja, e pelos que se esperavam no futuro, converter-se-iam em pura decepção se a arbitrio proprio se admittisse a sua revogação. Fôra isto gravemente indecoroso e de escandalo; porque tenderia a abalar a firme crença, que todos os fieis devem ter, de que nunca é, nem póde ser da intenção da Santa Igreja, nem do successor de S. Pedro e Vigario de Jesus Christo, o illudir no minimo ponto a alguem, como sabiamente respondeu o Santo Padre Innocencio III ao Bispo de Florença, no anno de 1205, e se lê no Cap. 5 do L. 3, tit. 24 das Decretaes de Gregorio IX. Alem de que é expresso no direito canonico, que deve haver muita prudencia e cautela em infringir e annullar as resoluções dos antigos Pontifices, quando fundadas em justiça; e é sabido o grande numero e o illustre nome dos que reconheceram e augmentaram os direitos do Regio Padroado Portuguez. É digno de notar-se a este respeito o dito do Santo Padre Gregorio no principio do seculo VII, referido no Cap. 4, Caus. 25, questão 2.ª *Si ea destruerem, quae antecessores nostri statuerunt, non constructor, sed eversor esse juste comprobarer.* E n'outros logares insiste o mesmo illustre Pontifice em que é proprio da moderação e do decoro da Igreja sustentar as antigas disposições favoraveis, quando são legitimas e justas, como as de que se trata.

A historia d'estes reinos offerece frequentes exemplos, que provam que a Santa Sé, apesar de diversas tentativas que se fizeram em algumas epochas para usurpar o Padroado do Oriente, veiu sempre a deferir e attender, como de justiça, ás reclamações da Corôa Portugueza.

É sabida a diuturna interrupção de relações amigaveis que houve entre esta Côrte e a de Roma, logo que a Serenissima Casa de Bragança occupou o throno Portuguez; e sabidos são tambem, especialmente na Côrte Pontificia, os motivos principaes por que, em attenção ao reino vizinho, essa interrupção se prolongou. Durante esta falta de boa intelligencia entre as duas Côrtes, os Ministros da Sagrada Congregação de Propaganda Fide (movidos, como deve crer-se, por zêlo louvavel no interesse da fé catholica, mas por certo sem apurarem a verdade dos factos de seus informadores, nem preverem os maus effeitos de seu procedimento, tentaram conseguir o mesmo que emprehenderam no ultimo Pontificado. Empregaram-se então os mesmos meios e os mesmissimos argumentos para attrahir o rectissimo animo dos venerandos Pontifices que presidiam á Igreja Universal; e d'elles conseguiram muitos Breves e Rescriptos, como foram principalmente:

1.º Tres Breves do Santo Padre Alexandre VII, dois com a data de 9 de Setembro de 1659, e um com a data de 20 de Setembro de 1660, nomeando Vigarios Apostolicos, e instituindo tres Bispos, a saber: Francisco Sallu, Bispo de Heliopolis, para reger as christandades de Tonkim; Pedro, Bispo de Berito, para as christandades da Cochinchina; e Ignacio Cotolendo, Bispo de Metellopolis para as de Nankim; aos quaes Bispos se commetteram varias das provincias comprehendidas na circumscripção de dioceses do Padroado Portuguez, especialmente da de Macau;

2.º As Letras Apostolicas do mesmo Pontifice em 4 de Fevereiro de 1664, concedendo a um dos ditos Bispos eleger e sagrar de entre os seus socios Missionarios o que lhe paresesse mais idoneo, para substituir a qualquer dos outros Bispos companheiros que fallecesse;

3.º (E já depois de cessar a desintelligencia entre ambas as Côrtes), as duas Letras Apostolicas do Santo Padre Clemente IX, datadas de 4 e de 11 de Julho de 1669, concedendo varios privilegios aos ditos Bispos e Vigarios Apostolicos, privilegios e concessões ainda confirmados pelo Papa Clemente X em 23 de Dezembro de 1673.

El-Rei de Portugal D. João IV não cessou de reclamar logo contra essa offensa aos direitos da sua Corôa, empregando todos os meios de fazer chegar a verdade á presença do Pontifice, e incumbindo especialmente d'este negocio ao bem conhecido na historia, o Illmo Padre Nuno da Cunha, da Companhia de Jesus.

No mesmo empenho continuou o Rei successor. E porque, ardendo ainda a guerra entre estes reinos e os de Castella, se demorava a justiça pedida a Roma, os Reis de Portugal viram-se forçados a empregar meios violentos, fazendo reembarcar na India para a Europa muitos dos Missionarios enviados pela Congregação de Propaganda Fide, e até um Prelado. Foi este o Arcebispo de Mira. Era então Vice-Rei dos Estados Portuguezes da India o Conde de Aveiras, João da Silva Telles.

E é de notar que o Santo Padre Innocencio X, quando soube o facto da propria bôca do Arcebispo, se não mostrou por isso irado contra Portugal, nem resentido, porque era um Pontifice illustrado e estava certo do direito da Corôa Portugueza.

Todas essas providencias Apostolicas, porém, que a Congregação de Propaganda Fide (salvo o respeito e o louvor que ella merece pelos religiosissimos fins de sua instituição) obteve com pretextos menos exactos, e com argumentos especiosos e improcedentes, cessaram depois de firmada a boa intelligencia entre a Côrte de Portugal e a Santa Sé. Os Bispos nomeados pelo Principe Regente, e depois Rei, D. Pedro II, foram confirmados sem alteração nas clausulas de suas Bullas; e cessou toda a influencia dos Vigarios Apostolicos no territorio de suas respectivas dioceses.

Não obstante isto, a Sagrada Congregação de Propaganda Fide continuou ainda a mandar Missionarios para as terras da China. Contra este procedimento reclamou perante a Côrte Póntificia El-Rei D. Pedro II, por via do seu Enviado Extraordinario D. Luiz de Sousa, Arcebispo de Braga, e do Dr. Domingos Barreiros Leitão: e, apezar das resistencias, que já então se offereceram, não sómente por parte dos agentes da Congregação, mas tambem do *Seminario das Missões Estrangeiras* de Paris, obteve completa reparação do Santissimo Padre Alexandre VIII, mandando este Pontifice erigir no anno de 1690 os dois bispados de Pekim e de Nankim, e deixando assim excluidos os Vigarios Apostolicos.

Não desistiu, porém, a Congregação: e dahi provieram talvez as Letras Apostolicas, citadas na Allocução Pontificia. Mas a expedição dessas letras nada prova contra o direito do Real Padroado Portuguez: o que infelizmente demonstram, é que nem sempre o amor da justiça e da verdade guia a penna e a lingua dos que se dirigem á sagrada pessoa do Chefe da Igreja.

É verdade que a Sagrada Congregação de Propaganda Fide insistiu com tenacidade digna de mais justa causa em invadir com seus Missionarios algumas terras comprehendidas nas dioceses do Padroado Real na China e Japão, e em conseguir algumas Letras Pontificias, como as que vem citadas na Allocução, e as quaes, por certo, foram expedidas do mesmo modo que outras destes ultimos tempos; mas esses actos não passaram como negocio corrente e reconhecido por tal pelo Governo Portuguez, antes, pelo contrario, os Reis de Portugal sempre os consideraram menos justos, e reclamaram contra elles.

O Senhor Rei D. João V, para pôr termo a tão desgraçada contenda, representou ao Santo Padre Benedicto XIV a resolução, em que estava, de nomear Bispos para *Tonkin*, e *Cochinchina*. Este grande Pontifice não só approvou a resolução, mas elogiou-a, e deu por esse motivo graças a Deus e a El-Rei em um Breve datado de 29 de maio de 1745. El-Rei passou loge a estabeleceu a dotação dos dois bispados e a nomear Bispos; sendo o de *Tonkin* um Religioso Agostinho Descalço, chamado Fr. Hilario de Jesus, a quem o Nuncio *Tempi* aprompt ou nesta Côrte o competente processo de habilitação.

O Senhor Rei D. José I representou tambem energicamente á Santidade de Clemente XIV, e deu instrucções muito rigorosas ao Arcebispo de Goa contra quaesquer agentes da Congregação no Oriente.

Ainda no começo deste seculo foi nomeado para *Tonkin* o virtuoso D. Fr. Manuel de S. Gualdino, que depois foi Bispo de Macau e Arcebispo de Goa.

No anno de 1801 mandou o Ministro, que então era, Visconde de Balsemão, uma memoria sobre este bispado de *Tonkin* ao Encarregado de Negocios desta Côrte na de Roma, Luiz Alves da Cunha e Figueiredo; escrevendo o mesmo Ministro em carta particular ao fallecido Cardeal *Pacca* para apoiar junto ao Pontifice o negocio da memoria.

Em Maio de 1802 tornou a escrever-se sobre este negocio ao Embaixador Extraordinario, D. Alexandre de Sousa Holstein,

Igual recommendação se fez ainda pelo Ministro de Sua Magestade em Portugal, o Conde de Villa Verde, a José Manuel Pinto, Enviado Extraordinario a Ministro Plenipotenciario na Côrte de Roma, em 7 de Movembro de 1806.

Daqui se vê que, com menos exacta averiguação, foram postas na presença do Santissimo Padre actual as Letras Pontificias citadas na Allocução, como prova de serem ellas um acto regular, e praticado sem o menor reparo da parte do Real Padroeiro Portuguez.

Disse-se acima, que a Congregação de Propaganda Fide emprehendêra conseguir no ultimo pontificado (do Santo Padre Gregorio XVI) a usurpação das missões do Padroado Portuguez no Oriente, pelos mesmos meios e com os mesmos pretextos que adduziu e empregou durante a rotura de 1640. Com effeito allegou-se então a falta de operarios evangelicos, mandados e sustentados pelo Regio Padroeiro Portuguez; e todavia era notorio que tal falta não existia, porque, alem dos Clerigos Seculares Portuguezes e indigenas, havia grande numero de religiosos de diversas casas regulares na India, que davam abundante copia de Missionarios e Pastores para todas as Igrejas. Assim o fizeram constar respeitosamente, mas com toda a energia da justiça de sua causa, na presença Pontificia, os Senhores Reis D. João IV e D. Pedro II: e a Santa Sé fez a final justiça á Corôa Portugueza, e manteve o seu Padroado, como acima fica dito.

A mesma allegação serviu ultimamente para commover a religiosissima consciencia da Santidade de Gregorio XVI, e alcançar delle o Breve *Multa praeclare*, datado de 24 de Abril de 1838, e os outros Breves antecedentemente expedidos desde Abril de 1834, aos quaes naquelle se faz expressa e individual remissão. Mas é innegavel, na presença do que por modo authentico e repetidas vezes se tem representado por parte de grandissimo numero dos catholicos das missões da Asia, por parte dos Prelados Portuguezes das dioceses do Oriente, e directa e immediatamente pelo Governo de Sua Magestade Fidelissima, que a sobredita allegação não procede tambem agora.

É escusado commemorar aqui o que se acha comprovado nessas representações e instancias de Portugal; basta offerecer em toda a simplicidade o facto notorio de que os enviados da Congregação não invadiram, nem se apossaram de missões abandonadas por Pastores e Missionarios Portuguezes: pelo contrario, foram preferidas sempre as missões que tinham quem effectivamente as administrasse e regesse, e as que ao mesmo tempo eram mais ricamente dotadas. Sirvam de exemplo as de Sypore e Serampore, ambas na diocese de Meliapor; as da Esperança, S. Miguel e Salvação de Mahim, nos limites do arcebispado de Goa, e bem assim as do Canará, citadas na pastoral da visita do Arcebispo, a qual se fez publica pela imprensa na India.

Não póde igualmente proceder a outra allegação de falta de Bispos Portuguezes; porque não proveiu, nem resulta de incuria culpavel do Padroeiro, mas só e unicamente da impossibilidade de sua confirmação pela Santa Sé, em vista da deploravel desintelligencia que occorreu entre as duas Côrtes, e cujo prompto acabamento sempre Sua Magestade Fidelissima desejou e deseja com o maior empenho.

O Breve *Multa praeclare* derogou as Letras Apostolicas, pelas quaes haviam sido erectas as Cathedraes de Cranganor, Cochim, Meliapor e Malaca; e ao mesmo tempo a antiga jurisdicção do Arcebispo de Goa sobre as ditas suffraganeas.

No emtanto estas providencias Pontificias, que de certo partiram, não de intenção menos louvavel da Santidade de Gregorio XVI, porque esta sempre é rectissima nos Supremos Pastores da Igreja, mas seguramente de premissas e informações menos exactas, foram no mesmo Breve declaradas *provisorias*, como se vê das palavras *provisoria ratione, et quoad Apostolica Sedes nihil aliud novi statuerit.*

Era pois de esperar que, restabelecida a boa harmonia destes reinos com a Santa Sé, as cousas revertessem ao seu antigo estado, como na epocha citada succedeu.

Assim o representou e Governo Portuguez com toda a instancia, e com a reverencia devida ao Chefe da Igreja: foram repetidas estas instancias pelos Ministros de Sua Magestade junto á Côrte de Roma; e nomearam-se Bispos para todas ou a maior parte das dioceses do Padroado.

Esta esperança do Governo Portuguez mais se avivou quando viu que se deram ao Bispo de Macau, e depois ao Arcebispo de Goa, as Bullas confirmatorias pelo mesmo teor das de seus antecessores. Não era licito suspeitar que diplomas tão authenticos podessem ser invalidados por outros de diverso caracter, anteriores e posteriores a elles. A demora, porem, da confirmação dos outros Bispos eleitos, e os successos sabidos, vieram demonstrar a urgente necessidade de não abrir mão deste negocio do Padroado Portuguez no Oriente. Para este fim o Governo Portuguez amiudou as suas instancias; até que chegou a estes reinos Monsenhor Di Pietro, Arcebispo de Berito, como Internuncio Extraordinario e Delegado Apostolico.

Foi nomeado por parte do Governo de Portugal o Conde de Thomar, para tratar como negociador com o dito Internuncio da composição de varios negocios ecclesiasticos pendentes: entre estes entrava o do Padroado Real no Oriente.

Nas conferencias que houve, nunca o Representante de Sua Santidade poz em duvida o direito da Corôa Portugueza, e sómente se limitou a ponderar a necessidade de modificações, quanto á extensão desse direito e principalmente á circumscripção actual de algumas das diocesses do mesmo Padroado. Neste sentido approvou o Governo de Sua Magestade Fidelissima o convenio celebrado entre os ditos Internuncio e negociador, e assignado a 21 de Outubro de 1848. Neste convenio diz-se, quanto ao *Padroado da India:* «Sobre o Padroado da India se tomarão em separado lembranças *ad referendum,* para que cada um dos Plenipotenciarios, abaixo designados, as leve ao conhecimento dos seus respectivos Governos».

O motivo desta resolução, como é facil de ver, foi por declarar o Representante de Sua Santidade não poder desde logo concordar definitivamente nas modificações que a Santa Sé desejaria no estado actual das dioceses; afiançando, porém, verbalmente, que ellas se limitavam a alguns logares, que indicou; sem que deixassem de subsistir na India os mesmos bispados, que hoje pertencem ao Padroado da Corôa Portugueza.

Sendo, pois, este o ultimo estado da questão, he por certo para sentir que na Allocução Pontificia se apresente a idéa de sustentar na sua integridade as disposições do Breve *Multa praeclare* e de outros decretos expedidos pela Sagrada Congregação de Propaganda Fide, derogatorios do dito Padroado em toda a India, á excepção do territorio sujeito ao dominio *temporal* Portuguez. Não póde, portanto, o Governo de Portugal deixar, com todo o respeito que deve á Santa Sé

Apostolica e ao seu venerando Presidente, de reclamar contra essa parte da Allocução.

Quanto ao segundo ponto

Cabe agora offerecer algumas reflexões contra a outra illação, que se deduz do mesmo *discurso* de Sua Santidade, relativamente á dependencia que parece querer estabelecer-se do dominio terreno actual para o exercicio do Padroado.

Este argumento ou pretexto não he de agora; foi apresentado já por parte da mesma Congregação de Propaganda Fide em 1640. Respondeu-se-lhe então triumphantemente, e a Santa Sé reconheceu que não procedia. As circumstancias são as mesmas, deve pois esperar-se que seja tido na mesma conta.

Nunca tal argumento lembrou aos informadores e operarios evangelicos da Sagrada Congregação, para disputar os limites da jurisdicção dos Bispos de Angola e Congo, em que se dá tambem o Padroado dos Reis de Portugal, sem que jámais estes tivessem o *dominio actual* nem na capital do Congo, nem em outras partes desse reino. O que póde fazer suppôr que o motivo da differença no zelo, que ostentam esses operarios, he porque os paizes sertanejos dessas vastissimas regiões africanas não offerecem os attractivos e as commodidades das missões da India fundadas já, cultivadas e enriquecidas pelos catholicos Portuguezes.

Nenhum *dominio* tinham, nem tiveram depois, os Reis de Portugal nas terras do Japão, quando o Santo Padre Sixto V, pela sua Bulla do dia 14 de Fevereiro de 1588, erigiu o bispado do Japão, e o declarou do Padroado do Rey de Portugal por titulo de *fundação e dotação;* dando por irrevogavel este direito, *sem previo ascenso expresso* do Rey Padroeiro. Eis-aqui as palavras da Bulla, dignas em verdade de ter-se diante dos olhos na presente questão: *Decernens jus Patronatus et praesentandi hujusmodi Philippo, et pro tempore existenti Regi praefacto ex* meris fundatione et dotatione *com-*

petere, illique etiam per Sedem praefactum, et Consistorialiter quacumque ratione derogari non posse, neque derogatum censeri, nisi prius Philippi, et pro tempore existentis Regis hujusmodi ad hoc expressus accedat assensus; *et si aliter quoquo modo derogetur derogationem hujusmodi cum inde secutis nullius roboris, vel momenti fore, etc.*

Nenhum dominio actual tinham, nem depois tiveram os Portuguezes na Ethiopia, quando o Rey de Portugal D. João III nomeou e o Santo Padre Paulo III confirmou a João Nunes Barreto para Patriarcha da Ethiopia, e a André de Oviedo e a Melchior Carneiro para seus coadjutores; tendo o primeiro o titulo de Bispo de Hieropolis, e o segundo o de Nicea, como referem varios historiadores nacionaes e estrangeiros, e o proprio Spondano na continuação dos Annaes de Baronio, tomo 2.°, anno de 1555.

O mesmo póde dizer-se de todos os outros bispados da India e China, porque a todos elles na sua erecção se attribuiram grandissimos territorios, em que os Reis de Portugal não tinham nesse tempo, nem conseguiram jámais ter dominio temporal.

As concessões dos Summos Pontifices, como já notámos, especialmente Nicolau V, Sixto IV, Alexandre VI e Leão X, foram amplissimas; e não só com respeito ás dioceses das Indias Orientaes, mas tambem ás dá Africa e do Brazil.

E com effeito os Reis de Portugal não adquiriram o Padroado pela posse das regiões a que elle respeita, mas sim pelo titulo, tão valioso em direito, de plantadores e propagadores da fé catholica nos mesmos paizes, de fundadores e dotadores das Igrejas nelles erectas, e das missões dispendiosas com que lhes acudiram.

O fim das concessões Apostolicas, que se têem citado, não foi para que os Reys de Portugal reduzissem ao seu temporal dominio as terras dos infieis; mas sim para que, pela propagação da fé, as sujeitassem á lei de Christo e á Igreja Catholica Romana. E ninguem ousará dizer com verdade, que os Reys de Portugal deixaram de empregar todo o zelo, sem se poupar a sacrificios custosos, para conseguir, como em grande parte alcançaram, aquelle religiosissimo resultado.

N'uma palavra: parece desnecessario demorar agora em argumentos de direito derivados da natureza e objecto do Padroado, quando o simples facto de ter a Santa Sé reconhecido por mais de trezentos annos este direito da Corôa Portugueza, mostra exuberantemente que nunca a mesma Santa Sé teve por attendivel e precedente o pretexto de falta de dominio actual para destruir o mesmo direito.

SEGUNDA PARTE

Do procedimento dos Prelados e Clero Portuguez, em geral, na India; e do ultimo Arcebispo de Goa, em particular

Sem pretender de modo algum faltar á veneração e acatamento que, como catholico, o Governo Portuguez tributa e consagra ao Vigario de Jesus Christo, parece poder asseverar-se, em vista dos factos, e do que se diz na Allocução, que o Santissimo Padre foi informado com menos exacção a respeito do caracter e dos actos dos Prelados e Chefes de missões das dioceses do Real Padroado, e que por esse unico motivo (pois que não póde nunca ser menos recta a sua intenção) tratou com severidade immerecida os ditos Prelados e Sacerdotes.

Na Allocução diz-se delles em geral, que na opposição aos Vigarios Apostolicos da Congregação de Propaganda Fide eram movidos por impulsos de seu proprio e individual interesse, e não do de Jesus Christo; applicando-se-lhes assim a censura do Apostolo: *quaerentes quae sua erant, non quae Jesus Christi.*

Os factos não auctorisam nem justificam esta gravissima arguição. Se ella podesse ter cabimento, seria mais applicavel aos invasores, do que aos invadidos. Os Portuguezes não procuraram adquirir o alheio; trataram só de conservar o seu; e *seu* o deviam julgar pelo direito e posse reconhecidos por tres seculos.

Mas não eram interesses terrenos, a que elles, resistindo á espoliação, attendiam; eram ao das ovelhas commettidas ao seu cuidado, ovelhas que Pastores Evangelicos de Portugal e não de outra parte chamaram ao redil de Jesus Christo. Essas ovelhas, se vissem que os seus Pastores fugiam dellas, cedendo ao modo irregular com que os enviados da Congregação os expulsavam, por certo que, ou formariam juizo muito desfavoravel desses Pastores, a quem até ahi lhes recommendavam obediencia e respeito, ou ficariam escandalisadas com actos de violencia, que o simples bom senso sabe reconhecer por menos justos.

E o escandalo cresceria ao verem apparecer como contradictoria a Santa Sé, que deve sempre considerar-se firmamento de verdade e de coherencia. Em todo o caso a fé não ficaria nunca mais firme, mas antes vacillaria em muitos.

Foram notorios (e a imprensa da India os denunciou) os actos irregulares, que poderiam capitular-se de attentados, commettidos por varios dos agentes da Sagrada Congregação de Propaganda Fide, para se apoderarem de Igrejas e expulsarem dellas os seus administradores Portuguezes; assaltaram com viva força os templos, appropriaram-se de suas alfaias, e por vezes aggrediram os proprios Sacerdotes que pastoreavam nessas Igrejas.

Por certo que esses actos reprehensiveis e improprios, particularmente de christãos contra christãos, devem sómente lançar se em culpa aos seus perpetradores, e julgar-se estranhos á vontade e ás instrucções da Sagrada Congregação; mas nem por isso deixam de fazer prova em favor dos portuguezes, possuidores pacificos das missões, e de darem justo fundamento para que possa revirar-se contra os emissarios da mesma Congregação, como espoliadores que se mostraram, a censura que na Allocução se faz aos defensores das missões por Portugal. Bastará citar, por exemplo, as Igrejas de Eddapally, ou Repellim, Nharikel, Mattancheira, Artunguel, Calicoulão, Coittota, Calaré, Canhiracotta, Coulão de cima, Topo, Angenga, Caringolam, Cariapattanam, Manacorim, Cottaté, Matravaley, Carangatto, etc., além das duas importantes de que já se fez menção, Sypore e Serampore; assim como as do bispado de Nankim, sobre que as respectivas christandades representaram directamente ao Pontifice em fins de 1847.

O escandalo causado por estas violencias foi notorio, e muitos fieis catholicos elevaram contra elle os seus clamores até o solio Pontificio. O mesmo foi representado com a mais sincera effusão ao proprio Prefeito da Congregação de Propaganda Fide (o Em.^mo^ Cardeal Franzoni) pelo actual Bispo de Macau, varão virtuosissimo, de cujo caracter singelo e franco, procedimento moderado e profundo respeito ao Chefe da Igreja não póde em Roma duvidar-se. Basta para prova d'estas distinctas virtudes a sua carta ao Cardeal Prefeito, escripta de Macau aos 25 de Janeiro de 1846; e tambem as letras que, com tanta submissão, como franqueza de varão Apostolico, endereçou a Sua Santidade em data de 10 de Fevereiro do anno proximo preterito (1850). E na verdade os Prelados das dioceses do Oriente, e os Vigarios da Vara e Missionarios das diversas missões d'ellas, faltariam aos seus deveres, como Pastores de almas, e como subditos fieis á soberania temporal do seu paiz, se abandonassem as suas Igrejas á simples intimação dos agentes propagandistas.

Faltavam ao seu dever pastoral, porque, surdos aos balidos de ovelhas, que seguiam gostosas a sua voz no caminho da salvação eterna, as deixavam na incerteza e na desolação entibiar na fé, com perigo imminente de se desgarrarem; e a evitar este perigo deve ceder toda outra consideração da parte dos verdadeiros Ministros de Jesus Christo.

Faltavam ás mais estreitas obrigações de sujeição e de lealdade, como cidadãos; porque, sendo certo e reconhecido por tantos titulos, e expresso nos diplomas emanados da Santa Sé Apostolica, que o direito do Padroado dos Reis de Portugal não póde derogar-se sem seu assenso, como já fica ponderado; sendo lei do paiz a necessidade de beneplacito Regio, para se darem á execução n'estes reinos e suas dependencias as resoluções Pontificias, especialmente sobre materia de regalias; e tendo o Governo Portuguez sustentado sempre e recommendado o cumprimento d'essa obrigação legal; não deviam os Prelados e Clero das missões do Padroado Portuguez obedecer a quaesquer decisões camararias tomadas em Roma contra esse Padroado, sem que ellas apparecessem revestidas das solemnidades regulares para produzirem todos os seus effeitos publicos e externos.

Esta doutrina do Regio beneplacito não é uma novidade em Portugal; forma parte do direito publico ecclesiastico das nações catholicas; tem por si a defensão de innumeraveis varões insignes em sciencia e virtudes, e insuspeitos em sua orthodoxia; em nada offende a independencia do supremo poder espiritual, porque não tende (nem era admissivel que tendesse) a julgar nem a impedir os actos que por divina instituição lhe pertencem, mas só e unicamente a manter a devida concordia entre o sacerdocio e o imperio; dois poderes supremos, que Deus creou distinctos, mas não oppostos. E a historia mostra que a Santa Igreja nunca recebeu detrimento, mas sempre esplendor e prosperidade com essa concordia.

Trata-se de um paiz eminentemente catholico, aonde a Religião Catholica Apostolica Romana é a religião do Estado, unica dominante. Em paizes taes o direito do beneplacito não sómente compete aos summos imperantes pela qualidade de supremos magistrados politicos, para evitar que nas Letras Apostolicas se misturem doutrinas, extrinsecas ao dogma e á moral, as quaes, ou tendam a defraudar os direitos da soberania e poder temporal, ou a perturbar a tranquillidade dos povos: mas tambem pela de protectores e defensores dos legitimos direitos, louvaveis usos e costumes, interesses e policia das Igrejas de seus Estados, que elles imperantes catholicos juram manter, zelar e defender. E esta qualidade da soberania catholica não a attribuiu ella a si; foi-lhe reconhecida e energicamente lembrada e recommendada por Doutores da Igreja, Pontifices venerandos e Concilios, incluindo o ultimo Ecumenico.

Por estes principios se tem regulado o Governo d'estes

reinos desde tempo immemorial, e especialmente depois do meado do seculo passado, em que acontecimentos memoraveis tornaram indispensavel toda a austeridade no exercicio d'esse direito. A Santa Sé nunca julgou que essa observancia era materia de reclamação formal, ou motivo para alterar a boa intelligencia entre as duas Côrtes.

Do que fica ponderado se vê, que o Governo Portuguez não póde ter por merecedor de censura, mas antes proprio de bons cidadãos e ecclesiasticos, o procedimento dos Prelados e Clero empregado nas Igrejas do Real Padroado no Oriente, em esperarem resoluções por fórma regular, e em não abandonarem logo as mesmas Igrejas por virtude dos diplomas que appareciam publicados na India a occultas do Regio Padroeiro, e os quaes podiam (sem animo algum de injuria á Santa Sé e ao seu venerando Presidente) suspeitar-se de obtidos com ob e subrepção.

Na verdade aos olhos e á reflexão dos fieis das Igrejas do Oriente Portuguez mostrava-se: por uma parte a Santa Sé Apostolica e o Summo Pontifice cultivando abertamente relações amigaveis com a Côrte de Portugal, deferindo benignamente a instancias d'ella, tratando com expressões da mais paternal benevolencia a Rainha Fidelissima, e ultimamente dando ao Bispo de Macau, e ao Arcebispo Metropolitano de Goa, Letras de confirmação identicas ás de seus antecessores; por outra parte apresentavam-se individuos, dizendo-se autorisados pela mesma Santa Sé, os quaes invadiam os direitos da mesma Rainha Fidelissima, desacatavam e injuriavam com incrivel temeridade a sua pessoa e autoridade por palavra e por escripto (como consta das informações e foi notorio, e póde ver-se para se formar juizo o jornal de Madrasta *The Catholic Expositor)*, e finalmente declaravam com pasmosa soltura por *schismaticos* a todos quantos seguiam a voz dos Pastores Portuguezes.

Na presença de factos tão oppostos, era proprio de almas catholicas, era até um dever, o acreditar na sinceridade das demonstrações directas e publicas de boa intelligencia e affecto paternal da Santa Sé: e dar por ob e subrepticias todas e quaesquer autorisações com que em nome da mesma Santa Sé se obrasse em sentido contrario. Opinião diversa seria offensiva ao conceito que devem ter e que merecem a Sé Apostolica e o pae commum dos fieis; e traria comsigo gravissimo escandalo.

D'aqui naturalmente se conclue, que o Governo Portuguez não póde deixar de ver com profundo pezar o aspecto, sob o qual parece querer apresentar-se aos olhos do mundo catholico o procedimento do Arcebispo, que foi da Igreja Metropolitana de Goa, D. José Maria da Silva Torres.

Este Prelado não devia pelo seu caracter episcopal considerar-se desligado dos deveres de subdito do Governo do seu paiz, nem por consequencia desobrigado de obedecer ás leis vigentes n'elle; porque não se tratava de doutrinas dogmaticas. Perante estas, nenhuma Potencia catholica, e muito menos a Rainha Fidelissima e o seu Governo, que a ninguem cedem na orthodoxia de sentimentos, devem deixar de curvar-se respeitosos, como o ultimo dos fieis christãos.

Tratava-se de huma questão de direitos, inteiramente extrinseca á fé e á crença, Nessa questão militavam em favor da Corôa de Portugal os solidos argumentos que ficam indicados nesta Memoria, argumentos que o Arcebispo de Goa não podia desattender, sem faltar á lealdade com o seu paiz, e tambem ao estreito dever que contrahira com a sua propria Igreja, para zelar e defender as justas prerogativas della.

Não he da intenção do Governo de Portugal suscitar contestações sobre os acontecimentos que occorreram na India durante a administração daquelle Prelado, assim por parte de alguns dos defensores do Real Padroado, como daquelles que tão violentamente tentavam destruir o mesmo Padroado: pelo contrario, o Governo deseja esquecel-os; deplorou-os, e ainda os deplora em tudo quanto possa nelles envolver-se de menos proprio a conservar inalteravel a paz religiosa e publica dos fieis daquellas longiquas regiões; e julga ter já dado provas da sinceridade dessa sua piedosa intenção.

Mas em presença de todos os factos praticados na India

com relação á controversia que infelizmente se levantou no assumpto sujeito, não parece justo que se lance sobre o Arcebispo a gravissima censura que claramente se infere dos termos da Allocução Pontificia e da Epistola Apostolica a ella junta. Falla-se ahi de excessos; mas o exame imparcial dos factos, e a noticia averiguada e exacta do que passou, não permittem por certo que tamanha arguição, e por tal motivo, se dirija contra a pessoa daquelle Prelado. Isto tanto mais quanto a Santa Sé nunca directamente desconhecêra o merito, a honestidade e a probidade do mesmo Prelado, nem julgára menos orthodoxa a sua doutrina.

A prompta acquiescencia com que o Arcebispo annuiu ao que a respeito do seu novo destino se tratou entre o Governo de Sua Magestade e o Representante da Santa Sé nestes reinos; as protestações de submissão e adhesão catholica, que elle fez logo subir á sagrada presença do Supremo Pastor; os actos de benevolencia distincta que da mesma Santa Sé emanaram pouco depois em seu favor; a docilidade e dedicação religiosa e patriotica por que elle procurou comprazer com os desejos da Santa Sé, eliminando das suas ultimas letras de submissão e respeito tudo quanto podesse, ou irritar susceptibilidades, ou dar margens a duvidas sabre os sentimentos de sua profunda veneração ao centro da unidade catholica, e á pessoa do illustrado Pontifice actual; e finalmente o modo por que sobre todo este negocio se procedeu por parte do Governo Portuguez e do seu Ministro na Côrte de Roma; tudo parece tornar menos justificavel a severidade com que se publicaram os documentos Apostolicos, a que nesta Memoria se allude.

E cumpre ao Governo de Sua Magestade declarar aqui muito positivamente, que nunca entendeu, nem entende, que da carta de submissão e respeito do Arcebispo D. José Maria da Silva Torres, publicada com a Allocução, se deva ou possa deduzir a retractação dos principios que elle, como Prelado de Goa, sustentou, quanto ao direito do Padroado da Corôa Portugueza, e quanto aos termos regulares pelos quaes devem tomar-se resoluções definitivas sobre o mesmo Padroado.

O Governo sómente viu e ainda considera, nas expressões do Arcebispo, a linguagem propria de Prelado catholico, que rende ao Supremo Pastor da Igreja Universal, e Vigario de Jesus Christo, aquelle tributo de *canonica* veneração e sujeição que lhe é *devida;* sem que jámais reconheça attribuições que por divina instituição lhe não possam pertencer sem offensa daquellas que, segundo o mesmo direito, competem á soberana auctoridade dos Principes temporaes.

Em conclusão: o Governo de Sua Magestade Fidelissima professa inalteravelmente toda a veneração, e respeitoso e filial affecto á Santa Sé Apostolica e ao virtuosissimo Pontifice que nella preside; não tem outro pensamento que não seja o de pura e constante adhesão á cadeira de S. Pedro: e he só e unicamente para que esta estreita união e affectuosa concordia se mantenham que e Governo Portuguez julga dever propugnar pelo que, em vista do expendido, parece de justiça, de rasão e de equidade.

O meio mais conveniente para conseguir tão desejaveis fins será o de se proseguir instantemente nas negociações pendentes sobre o Padroado da Corôa Portugueza nas Igrejas orientaes; munindo a Santa Sé o seu Representante nesta Côrte com os poderes e as instrucções bastantes, para que elle Representante possa concordar definitivamente sobre este negocio, e concluir-se com a maior brevidade.

APPENDICE

Portaria

O Conselho do Governo Geral do Estado da India determina o seguinte:

Attendendo á representação que nos dirigiu a commissão dos Procuradores dos catholicos de Bombaim, cobrindo o relatorio e quesitos dirigidos ao seu Presidente pelo Governador da presidencia daquella cidade, pela repartição da policia: havemos por conveniente que o Official da Secretaria deste Governo, Filippe Nery Xavier, sob a direcção do Secretario Geral, Claudio Lagrange Monteiro de Barbuda, applicando-se exclusivamente á revisão do archivo da mesma Secretaria, satisfaça por certidão, com presteza exigida na mesma representação, aos quesitos sobreditos, não só pelo que respeita a Bombaim, mas a todas as missões em geral do Padroado Real, estacionadas nas possessões Britannicas, no sentido dos quesitos e representação alludida. Palacio do Governo Geral em Pangim, 11 de Agosto de 1842.=*A. R. Sá*=*A. de Mello*=*Campos*=*Vasconcellos*.

Não sendo possivel, por falta dos sessenta primeiros livros do archivo desta Secretaria, que foram levados para Portugal, remontar á primeira idade do estabelecimento na Asia, das missões, conventos, mosteiros, hospicios e igrejas do Real Padroado, confirmado a Sua Magestade Fidelissima por Leão X, pelas Bullas *Dum fidei constantiam*, de 9 de Junho, *Præexcelsæ devotionis* (com inserção de outras: *Dum diversas*, de 1452, e *Romanus Pontifex*, de 1454, de Nicolau V, e outra de Xisto IV, *Dudum pro parte)*, de 31 de Março de 1516, e pela de Clemente VIII, de 20 de Maio de 1596, pela qual, entre outras providencias, declara todas as igrejas edificadas e por edificar no Oriente pertencerem ao dito Real Padroado, e prohibe neste districto a introducção dos Missionarios estrangeiros, sem licença do Padroeiro, as quaes aliás tiveram nascimento com as conquistas dos Portuguezes na Asia, como affirmam os historiadores Jacintho Freire, João de Lucena, Diogo de Couto, Faria e Sousa, Barros, Fernão Mendes Pinto e o poeta Camões, e para a sua manutenção e augmento se construiram diversos seminarios e se accordaram varias providencias, como se conclue das cartas regias de 13 de Março de 1548, 1.° de Março de 1571, 23 de Março de 1691, 26 de Março de 1759, e outras muitas anteriores e posteriores, e instrucções de 2 de Abril de 1761; e não sendo possivel tambem preencher esta lacuna examinando as chronicas das extinctas religiões estabelecidas neste Estado, á custa da Fazenda, com o especial fim da promulgação da fé de Christo nas remotas regiões da Asia em geral, e da India em particular, limitar-se-ha este trabalho á revisão ordenada na portaria supra, com referencia á idade media da dita instituição, e do modo compativel com a escassez do tempo.

Quanto a Bombaim e suas dependencias, no tocante ao primeiro quesito, que versa sobre o numero de christãos: consta a fl. 171 do liv. 96.° das monções do reino, que em 1727 existiam naquella cidade 17:000 a 18:000 christãos, e em 1720, em Chaul, 58:131 e em Baçaim 556.

Quando ao segundo quesito, que diz respeito ao numero de igrejas: que depois do estabelecimento neste Estado, em 1510, dos Franciscanos, construiram estes em Bombaim, em 1596, tres igrejas, da invocação Esperança (reedificada tres vezes, pelos mesmos) Salvação e S. Miguel, e de uma declaração dos habitantes daquella ilha, da data de 2 de Janeiro de 1684, por despacho do Juiz Henrique Gary, que fôra em Bombaim, Mahim e Cassabé, mas das relações de 1727, que foram quatro, sem declarar os seus patronos.

A respeito do terceiro, que demanda o tempo da fundação e a cuja custa: consta da alludida declaração que fôra á custa de esmolas; porém estas e todas as mais fundações eram em todo ou em parte com concurso do Padroeiro, como se verá abaixo.

Quanto aos quarto, quinto, sexto, setimo, oitavo, nono e undecimo quesitos não se encontram dados para satisfazer cabalmente.

Ao decimo, finalmente, consta a fl. 64 do livro 30.° que o Governador daquella ilha, Inofre Coque, por occasião de levantar uma perseguição contra os ecclesiasticos e moradores de Bombaim e Mahim, contra a qual protestou Ignacio Sarmento de Carvalho, Capitão Geral das Fortalezas do Norte, na data de 26 de Maio de 1665, declarando-lhe ter-se entregue aquella ilha, segundo as instrucções de Sua Magestade, insertas na carta regia de 21 de Maio de 1661, que fica a fl. 227 do livro 28.º do teor seguinte: «Mando entregar ao Rey de Inglaterra a praça de Bombaim, para a possuir assim e da maneira como eu a possuo, advertindo que os moradores della hão de ficar vivendo na mesma Religião Catholica Romana, sem nella terem nenhuma alteração e logrando todos os fóros, liberdades e isenções que têem, porque nesta fórma se fez o contrato, e com este proposto se ha de fazer a entrega»; e se recommendava ao Vice-Rey Antonio de Mello de Castro na outra de 8 de Fevereiro de 1664, que fica a fl. 15 do livro 30.º, e he como se segue: «Aos moradores daquella ilha (de Bombaim) direis que se equivocaram no modo com que entenderam no artigo da capitulação que se lhes mostrou, porque com ella se lhes não tira suas fazendas, antes as ficam possuindo como até agora, e sómente viverão debaixo do dominio de El-Rey da Gran-Bretanha, meu irmão, que os governará com toda a justiça, e com a liberdade da Religião Catholica Romana, como em Europa se pratica com muitas cidades e povos em semelhantes Tratados, e com o seu poder os defenderá, e segurará em tanto commercio, que venham a lograr a opulencia que podem desejar». Estava accordado no artigo 11.º do Tratado da cessão daquella ilha, que fica a fl. 513 do livro 28.º, do teor seguinte: «Artigo 11.º Por causa do maior augmento do negocio, e mercancia de Inglaterra nas Indias Orientaes e partes que o Rey da Gran-Bretanha seja melhor instruido, para assistir, defender e proteger os vassallos do Senhor Rey de Portugal, nas ditas regiões contra a força e invasão dos Estados das provincias unidas, o Senhor Rey de Portugal, com consentimento e deliberação do seu Conselho, dá, transfere, e pelas presentes concede e confirma ao Senhor Rey da Gran-Bretanha, aos seus herdeiros e successores *in perpetuum*, o porto e ilha de Bombaim nas Indias Orientaes; com todos seus direitos, utilidades, territorios e com todas as cousas pertencentes á dita ilha, e assim util, como o direito pleno e absoluto dominio e supremo imperio do mesmo porto e ilha, e das cousas acima ditas; com todas suas regalias, livre, plena, inteira e absolutamente; e tambem convem e concede, que a quieta e pacifica posse das mesmas cousas com effeito se entregue livremente com a presteza possivel ao Senhor Rey da Gran-Bretanha, ou ás pessoas deputadas pelo mesmo Senhor Rey da Gran-Bretanha, para uso e execução desta entrega, permittindo aos habitadores da dita ilha (como subditos e sujeitos ao imperio, Corôa, jurisdicção e governo de El-Rey da Gran-Bretanha) ficar no mesmo logar, e gosar do mesmo exercicio livre da Religião Catholica Romana, do mesmo modo que hoje gosam, a qual clausula uma vez dita sempre se ha de entender, e a mesma ordem se ha de guardar no exercicio e conservação da Religião Catholica Romana na cidade de Tangere, e em todos os mais logares que se hão de conceder e entregar pelo Rey de Portugal ao poder do Senhor Rey da Gran-Bretanha, em a qual clausula se proveu e concordou sobre a restituição de Dunkerque aos Inglezes. Quando o Senhor Rey da Gran Bretanha mandar a sua armada para tomar posse do dito porto e ilha de Bombaim, levarão os Inglezes ordens para que nas Indias Orientaes dêem aos vassallos do Senhor Rey de Portugal toda a confiança de amizade, ajuda e soccorro, e para que os defendam no commercio e navegação que se hão de fazer nos ditos mares».

Finalmente, conforme se tinha ajustado nos artigos 4.° e 12.° do Tratado de 18 de Fexereiro de 1665 (fica a fl. 54 v. do livro 3.°) do teor seguinte: «4.° Que não se intrommetterão os Padres Inglezes nas materias da fé, nem obrigarão aos moradores das ditas ilhas de Bombaim, nem directa nem indirecta, a mudar de crença, nem ir ouvir suas predicas, e deixarão aos Ministros Ecclesiasticos exercitar sua jurisdicção sem impedimento algum, por ser esta condição expressa nos capitulos de paz, e debaixo da qual se lhes manda fazer a entrega, e fazendo o contrario se entenderá que quebraram o assentado e promettido, e recairá o direito da dita ilha para a Corôa de Portugal; 12.° Que aos Parochos e Religiosos, que existem em Bombaim, se tenha todo o respeito devido e promettido, e as igrejas não serão tomadas para uso algum, nem nellas se façam predicas, e aos que o intentarem se dê o castigo de modo que sirva de exemplo».

E em resposta o mesmo Governador se comprometteu a dar inteiro cumprimento ao accordado nos citados Tratados, e não inquietar mais aos christãos.

Consta tambem a fl. 174 do liv. 96.º, que o General de Bombaim em 1726 a 1727 obrigára aos christãos obedecer ao Bispo propagandista D. Mauricio de Santa Thereza, mas que não conseguiu, assim porque fôra por este motivo sitiada a ilha e prohibida a introducção de viveres na cidade, como pela morte do Bispo em Surrate.

Acha-se outrosim a fl. 68 do livro 170.º, que em 1778, introduzindo-se os propagandistas em Bombaim, o Arcebispo Primaz, D. Fr. Manuel de Santa Catharina, representára ao Major General da honoravel Companhia William Medows o direito e jurisdicção ecclesiastica que tinha sobre as igrejas de Bombaim, como do Real Padroado, para o conservar na sua posse e jurisdicção ecclesiastica, a que tendo respondido o mesmo General, que annuiria sobre uma formal rèquisitoria do Governador e Capitão General deste Estado, em nome do Rey de Portugal, por ser o exposto conforme as instrucções que elle tinha da honoravel Companhia, e tendo-se levado a effeito a inculcada diligencia, em 28 de Novembro de 1788, em resposta, condescendendo com a requisição para restituir ao Arcebispo Primaz a jurisdicção de que se trata, lhe permittiu nomear Vigarios com reserva para si, de remover qualquer delles de maus costumes ou offensivos ao seu Governo, ficando de mudar os propagandistas, quando chegassem novos Vigarios da nomeação do sobredito Arcebispo.

É o quanto coube no tempo colher ácerca de Bombaim; quanto, porém, a respeito das suas dependencias, e do mais que diz a citada portaria, não havendo nesta Secretaria do Governo Geral documentos officiaes, para se regularem por elle as divisões administrativas dos territorios Britannicos e designar em cada uma dellas as missões, conventos e igrejas, etc., que se encontram nas relações das respectivas religiões, encarregadas das suas fundações, se declara portanto na ordem em que ellas estão collocadas.

Consta do livro 51 fl. 24, livro 79 fl. 313, livro 17 fl. 257 e livro 176 fl. 342, que Baçaim, alem da Sé Matriz, contava treze igrejas: Senhora da Vida, Remedios, Mercê, S. João Baptista, S. Thiago de Agaçaim, Senhora da Victoria, em Saibana, Margão, Sabajo, Maimquelme, Conceição da Serra de Asserim, Assumpção de Manorá e Matriz de Trapor. Em Chaul, alem da Sé Matriz, cinco igrejas: S. Sebastião, S. João Baptista do Campo, Bom Jesus de Caranjá, S. João Baptista e S. Francisco; e que os Religiosos Franciscanos, alem das já mencionadas igrejas, construiram em 1526 no norte o collegio de Manapacer de Baçaim, fundação encarregada a Fr. Antonio do Porto por El-Rey D. João III, que o dotou, para sustento dos novamente convertidos, com vinte e quatro aldeias e mais 3:000 xerafins; e as aldeias, tendo-se posteriormente aforado, o collegio ficou administrando tres, Manapacer, Paré e Arengal, a primeira por doação de um Jogue convertido na idade de cento e cincoenta annos, a quem El-Rey por este facto a tinha doado, e outras duas por compra, as quaes rendiam 208 murás de bate. Em 1537 o convento de Santo Antonio de Baçaim, á custa da Fazenda e por ordem do dito Rey, que consignou de ordinaria 1:272 xerafins e mais 100 de um devoto. O convento de Caranjá por Fr. Thomás Veigas, no anno em que o Estado tomou posse della, com ajuda da Fazenda, e tinha de ordinaria 240 xerafins, e algumas varzeas e marinhas. O de Agaçaim e Baçaim no segundo anno da sua conquista, á custa da Fazenda, e tinha de ordinaria 240 xerafins. Dito de Santa Barbara de Chaul, em 1573, por ordem e conta de El-Rey D. Sebastião, com ordinaria de 600 xerafins; e a igreja da Madre de Deus de Pally Monte Calvario; Espirito Santo, ermida de Santa Maria Magdalena, de S. Bernardino, vulgarmente da Salvação. Na ilha de Caranjá, ermida da Senhora da Penha. Em Salsete, na ilha Maruly, S. Sebastião. Em Amboly, S. Braz. Em Paré, S. Thomé. Em Magataná, Assumpção. Em Arengal, S. Boaventura. Em Goray, Reis Magos. Em Casse, S. Jeronymo. Em Gulumba ou Qurumba, Santo Antonio. Em Calecaliana, Senhora do Egypto. Em Versava, Senhora da Saude. Na aldeia Malvana, Santo Antonio. Em Manurry, Soccorro. Em Utana, Senhora do Mar. Em Bainel, Senhora da Nazareth. No Morrô de Chaul uma igreja. No sul, sete conventos, quatro collegios com seus seminarios e cento e doze igrejas. Em S. Thomé ou Meliapor, uma igreja da Senhora da Luz. Em Servião, no reino do Pegú, tres igrejas. Em Negapatão duas ditas, de S. Francisco e Senhora da Saude. Em Coulão, no Mato da Rainha, da Senhora do Parto. No Magote, Chagas de S. Francisco. Em Tivilar, Santa Cruz, Em Coitota, S. João. No Pico de Pimenta. Santo André. Em Aibica, Reis Magos. Em Calecoulão, Madre de Deus. Uma ermida de Santo Antonio em Caivate e outra em Aronely.

No reino de Ava principiaram a missão em 1557 por Fr. Pedro Bonefer, Fr. Pedro Pascasio e Fr. Francisco das Chagas, onde construiram nove igrejas e sete capellas.

Em 1516 os Portuguezes fundaram a cidade de S. Thomé, cuja propriedade *in perpetuum* foi-lhes concedida em 1687 pelo Rey de Golcondá, onde Fr. Pedro da Atouguia converteu muitos pagãos e construiu muitas igrejas, das quaes a da Senhora da Luz, nos suburbios de Madrasta, parochiava em 1794 Fr. Manuel de S. José.

Em 1600, por ordem do Vice-Rey Ayres de Saldanha, foi encarregada aos Jesuitas a missão de Travanor, Pescaria e ametade da de Ceilão; e com a proscripção delles foram reintegrados nellas os Franciscanos, por ordem da Côrte datada de 20 de Abril de 1777.

Os Jesuitas, depois de se estabelecerem neste Estado, construiram em Baçaim hum seminario, fundação de El-Rey D. João III, com a consignação de 1:800 xerafins, huma aldeia (Daspar) e duas pacarias de dotação, que rendiam 6:000 xerafins. Hum collegio, fundação de El-Rey D. Sebastião, que tinha de ordinario 500 xerafins, alem das aldeias Dongory, Pouncer, Anchôaly, e algumas hortas que rendiam

15:000 xerafins; mais tres igrejas, Graça, S. Thomé, e S. Miguel, de Pury; esta tinha de rendas, por dotação particular, 5:000 xerafins. Na ilha de Salsete, oito igrejas, em Pour, Dongory, Vanganacer, Trindade, Conduty, Santa Anna, Santo André e Corlem, á custa da religião e esmolas. Em Tanná, hum collegio dotado por Gaspar da Costa, com quatro aldeias pequenas, Vaganacer, Vicer, Anapá e Velapá, que rendiam 8:000 xerafins, e compraram á custa de esmolas mais tres, Trindade, Bavalem e Inávalem, do rendimento de 30 murás de-bate, e a sua igreja tinha de renda, alem disto, 700 xerafins. Em Chaul, hum collegio dotado por Sebastião Pinto, com alguns palmares sitos em Betalbatim de Salsete de Goa, e tres hortas em Chaul, o que tudo dava de rendas 5:000 xerafins. Em Bandorá construiram huma igreja e huma residencia pertencente ao collegio de S. Paulo. Em Maissur, esta missão se estendia cem leguas pelo reino e assistiam dez Missionarios e cincoenta e seis Catechistas. No Dekan tinham quatro residencias. Em Sunda duas ditas. No Mogol tinham duas igrejas publicas, com respectivos collegios. Em Agra e Dely, dotadas por Mirsazulcarne, e tendo-se perdido as duas parelas do seu fundo, situadas em Bombaim, que rendiam 12:000 xerafins, D. Juliana Dias da Costa, Portugueza, no serralho do Grão Mogol deu 50:000 xerafins para hum novo fundo. No Malabar ou Cochim hum collegio em Ambalacata, com sete igrejas; hum em Tanor e outro em Coulão, ambos com cincoenta e duas igrejas. Na Pescaria, hum dito com dezenove ditas. Em S. Thomé, um collegio com duas igrejas. Em Bengala, hum dito com duas igrejas. Em Madury, hum dito com treze igrejas. Em Nemam, hum collegio com quatorze igrejas, sendo o de Cochim superior aos mais, o qual nas invasões, tendo perdido o seu patrimonio em bens, ficou ultimamente com quatro aldeias, Assolná de Goa, Chirol, Sorotol e Chery, estas do Norte.

Os Eremitas de Santo Agostinho construiram em Baçaim, em 1596, um convento da invocação de Annunciação, que tinha de ordinaria 500 xerafins, uma igreja de Senhora da Mercê, com congrua de 162 xerafins. Em Tanná um dito, em

1574, da invocação da Graça, que tinha de ordinaria 500 xerafins. Em Chaul um dito, em 1588, da invocação da Graça, com ordinaria de 500 xerafins. Na Persia, em Arpão, Côrte do Rei, em 1599, um convento de Senhora da Assumpção, e teve de ordinaria 2:500 xerafins, e o Rei tendo offerecido 400 timões (do valor de 40 xerafins cada um) para dote, não foram acceitos. No Congo, uma igreja com ordinaria de 250 xerafins. Em Mombaca, um convento, construido em 1567, que tinha de ordinaria 500 xerafins. No reino de Bengala, um convento da invocação de Senhora do Rosario, construido em 1599. Em Ugoly as igrejas seguintes: em Belassor, Senhora do Rosario; em Chandapôr, da Assumpção; em Pipple, de Senhora do Rosario; em Calicata, Senhora do Rosario; em Nirical, Senhora da Graça; em Benja, Senhora da Saude; em Dacá ou Narandy, Senhora da Assumpção; a uma legua de Dacá, Senhora do Rosario; em Bondel ou Bandel, S. Estevão; em Bangamaty, S. Estevão; em Angoly, S. Estevão; em Jambalcada, Senhora da Assumpção; em Tambolim, Senhora da Esperança; em Arracão, Senhora da Assumpção; em Golcondá, Nossa Senhora do Bom Successo; em Massulipatão, Assumpção; um hospicio em S. Thomé; além dos conventos destruidos pelos inimigos, no sul, Coulão, Cochim e Malaca. E nas relações de 1794, a fl. 342 do liv. 176.º, referindo-se ao anno antecedente, consta que baptisaram 191 adultos.

Os Dominicanos construiram em Baçaim, em 1579, um convento; um em Chaul, em 1550, que tinha de ordinaria 900 xerafins por anno, e mais 61–3–00 por tres mezes, e de patrimonio treze varzeas, entre palmares; um dito em Cochim. Em globo tiveram muitos outros conventos, collegios e igrejas, na sua administração no sul e norte em Columbo, Gale, Manar, Jafanapatão, Ceilão, Negapatão, Malaca, S. Thomé, Mahim, Trapôr e Caranjá, e um convento em Ormuz, construido em 1557.

Os Religiosos de S. João de Deus construiram, em 1685, um convento e hospital em Baçaim, por ordem de El-Rei D. Pedro II, e ahi compraram uma casa, que rendia 600 xerafins por anno, e de ordinaria 1:800 xerafins, e alguma renda dos palmares, que ao todo sommava em 4:610.

Os Reformados de S. Francisco (Madre de Deus) construiram, em 1582, um convento em Tanná da invocação de Santo Antonio; um dito que tinha de ordinaria 20 xerafins mensaes, em 1584, em Chaul, da invocação da Madre de Deus, por Braz Dias, o qual tinha tambem de patrimonio 200 xerafins; e para a cura de enfermos e a igreja 58 xerafins de ordinaria. No Morro de Chaul uma igreja, da Senhora do Monte, e a missão de Surrate, entregue pelos Inglezes, depois da expulsão dos Padres Francezes; além d'isto tinham a seu cargo as missões de Jun-Ceilão, Quéda, Travancôr, Raichur, reino de Achem, Bramá e Pegú.

Os Religiosos de S. Caetano, logo depois do seu estabelecimento n'este Estado, em 1650, tomaram á sua conta á missão de Visacpôr, cidade principal do Idalcão, e com o seu consentimento principiou o Padre D. Francisco Manco a catechisar n'aquelle reino e suas dependencias, e d'alli passando para Golcondá, Bagnagar, edificou ermidas e hospicios em Visacpatão, Singol, Pergelim e Massulipatão, e em Biblipatão, porto do mar, uma igreja ampla, com consentimento do Governador, de quem obteve dois predios, em propridade perpetua, da invocação de Santa Cruz de Theatinos, em um dos quaes teve logar a construcção d'aquella igreja. Passando para a ilha de Bormeo, o Padre D. Antonio Vintemilia, em 1687, construiu algumas igrejas. Deram principio á missão de Bancul, na ilha de Sumatra, em 1699, pelo Padre D. Miguel Angelo Castelli, que alli construiu duas igrejas. Em 1760 foram para estas missões, á custa da Fazenda e com congruas necessarias, os Padres D. Caetano Astião de Faria e D. Agostinho Barreto; e o primeiro, ajudado pelo feitor inglez de Madrasta, passou para Biblipatão. Semelhantemente installaram missões em Gugulim, Codelur, Nagapatão, Arecan, Ceilão, Camboja, Carval e Devanapatão.

Os Carmelitanos, com a extincção dos Jesuitas, foram encarregados, em 1764, das missões de Canapur, Quitur e Tomaricopa; assim como de Azarem e Alcorni, com igrejas em todas ellas: A igreja de Canapur é de invocação da Senhora dos Milagres, tinha uma capella filial em Cabgm, da Senhora de Candelaria, e contava perto de 1:300 christãos; Quitur, a sua igreja é da invocação da Senhora do Carmo, com duas capellas filiaes, uma em Vilicote, de Santa Rosalia, e outra em Machim, da Senhora do Rosario; Tomaricopa, da Senhora do Rosario, com mais de 400 freguezes. As igrejas de Alcorny e Azarem foram construidas, em 1765, pelos Missionarios á custa propria e de esmolas. A missão da Ràichur é mui vasta.

Os Congregados tinham ao seu cuidado a vastissima missão de Ceilão, Solapôr e Canará, onde contavam mui elevado numero de igrejas, ermidas e hospicios, que a brevidade não permitte colligir. No bispado de Cochim, além d'isto estavam construidas as seguintes, afóra quinze, cujos patronos e situações não estão declaradas: S. Pedro de Anjenga, Assumpta de Mampolim, S. Sebastião de Bencoto, todos os Santos de Arcaturuty, S. Thiago de Tatanpally, S. Miguel de Pudua, Santo Ignacio de Potenpoto, Santa Cruz dos Milagres, orago do bispado; Senhora da Esperança de Valpim, S. Pedro de Bendurte, Senhora de Vida de Matancheira, dita de Mercês de Paturle, S. Lourenço de Castello, Senhora da Saude, logar assim chamado, Salvação, do logar chamado S. Luíz, Santo André de Artenga, S. Jorge de Manicorte, Santos Innocentes de Tangui, Senhora da Purificação de Tamboly, S. Miguel de Catur, Menino Jesus de Sangacheira, Santa Cruz de Porcá.

Finalmente consta a fl. 370 do liv. 176.°, que em 1794 fôra erecta a missão de Punem (Poona) por intermedio do Padre Vicente Joaquim de Menezes, e do nosso enviado Gorqui Sinay ao dominante do Marata, e com consentimento d'este se erigiu uma capella com o culto publico, e ao Missionario se arbitrou a conveniente congrua; é o quanto se póde affirmar por ora, ácerca da fundação em geral das missões, conventos, etc., do Real Padroado.

Além de constar que todas as mencionadas Ordens religiosas tinham recebido do Padroeiro, nos seus respectivos estabelecimentos n'este Estado, e em diversos pontos do Oriente, dotes e fundos para edificação e sustentação das missões, unico e especial fim para que foram trazidas de 5:000 e ainda mais leguas de distancia, em dinheiro e bens de raiz, com mão larga, Sua Magestade, como Grão Mestre da Ordem de Christo e Padroeiro d'ellas, ainda fazia annualmente, para sua ajuda, consideravel despeza, a qual conforme as folhas geraes ecclesiasticas de 1712 e 1713 montava a 124.929–3–28$^1/_2$, e se vê tambem, não tratando das antigas determinações das cartas regias de 24 de Novembro de 1708, de 16 de Março de 1710, de 18 de Setembro de 1711, provisões de 14 de Abril de 1716, 9 de Agosto de 1719, 15 de Janeiro e 11 de Abril de 1726, carta regia de 13 de Abril de 1756, repetidas recommendações para arbitrar ordinarias aos Missionarios, que ainda se continuam a pagar, como se conhece dos respectivos orçamentos, não obstante os conventos estarem extinctos, limitando-se, porém, ao numero dos Missionarios e missões que ainda subsistem.

Assim, mais revendo os livros que têem resistido á voracidade dos tempos, dos Tratados com varios dominantes e potentados, consta a fl. 38 do liv. 1.º, que nos artigos 4.º e 7.º do Tratado de 23 de Abril de 1620, entre o Rei de Aracão, por seus Embaixadores Parsamagrama, Chanda-Suria e Changui, e Governador do Estado Fernão de Albuquerque, se convencionou, que os Missionarios exercitassem livremente o seu ministerio em Bandel e suas dependencias, e se comprometteu o mesmo Rei a dar todo o favor e ajuda, á imitação dos Reis de Mogol, Cochim e outros, deixando construir igrejas e promettendo contribuir para as suas fabricas. A fl. 83, nos artigos 3.º, 4.º, 5.º, 6.º e 24.º do Tratado de 28 de Novembro de 1631, entre o Capitão da fortaleza de Cananor, Antonio Moniz Barreto, e o Samorim de Calecutte, se accordou, pelo primeiro, o livre exercicio da Religião Christã no seu reino, sem perderem os novamente convertidos os seus bens nem officios; pelo segundo, se obrigou a dar chãos para construcção de igrejas, onde quizessem; pelo terceiro, concedeu os mesmos privilegios ás igrejas dos christãos de S. Thomé; pelo quarto, obrigou-se a não admittir Bispo ou Prelado algum no seu reino sem consentimento do Rei de Portugal, Arcebispo e Vice-Rei de Goa, compromettendo-se para prender a qualquer que se apresentasse n'aquelle reino sem as mencionadas licenças, para ser remettido ao Arcebispo de Goa, e pelo ultimo se obrigou ao referido Capitão da fortaleza a manter n'aquelle reino igrejas e Padres. A fl. 236, nos artigos 10.° e 13.° do Tratado de 15 de Dezembro de 1678, celebrado entre Quellady Bissapa Naique, Rei do Canará, e Antonio Paes de Sande, Governador e Capitão General do Estado da India, se accordou: pelo primeiro, construir uma igreja no recinto da feitoria; e pelo segundo, se comprometteu o mesmo Rei a dar terras, ajudas de custo e favor para construcção de igrejas em todo o seu reino, especialmente em Mirseu, Chandar, Onôr, Baticala e Calianapor. A fl. 247, se ajustou, no Tratado de 16 de Agosto, entre o Rei Sunda, por seu Embaixador, Ary Panta, e o Estado, que os Missionarios construissem uma igreja na povoação onde assistia o mesmo Rei. A fl. 269, no artigo 7.° do Tratado de 19 de Fevereiro de 1714, entre Ratrifou Quellady Bassapa Naique, Rei do Canará, e o Vice-Rei Vasco Fernandes Cesar Menezes, se ratificou o disposto nos artigos 10.° e 13.° do Tratado de 15 de Dezembro de 1678. A fl. 279, que o Adzajão de Cananor pediu um Padre com promessa de dar-lhe terra e ajuda para construir igreja. A fl. 297, no artigo 2.° do Tratado de 15 de Março de 1724, entre o Rei do Tanôr e o Estado, se comprometteu aquelle a dar construida uma igreja, á sua custa, de pedra e cal, e casas para o Parocho. A fl. 238, que se obrigou o Samorim, por sua carta datada de 18 do mez Cumahar (1720 a 1724) a dar construida em Calecutte uma igreja de pedra e cal, casa para o Parocho e feitoria, tudo á sua custa, e effectivamente adiantou (em 1724) 10:000 fanões, e arbitrou ao Vigario certa congrua. A fl. 350, nos artigos 3.° e 4.° do Tratado de 4 de Dezembro de 1735, permittiu o Rei Sunda, Savai Bassava Linga, aos Padres, construir casas, que fossem necessarias, para administração e bem da christandade, e construir igrejas em todas as terras do seu reino, com a mesma liberdade, como em Sivançar e Ancolá, dando amplo consentimento para córte de madeiras de matos: e o mesmo Rei, nos artigos 3.° e 4.° do Tratado de 2 de Novembro de 1755 (a fl. 2 do liv. 2.°), se comprometteu a dar terras em Ancolá, e ajuda de custo e materiaes para construcção de igrejas; e no artigo 4.° do Tratado de 29 de Fevereiro de 1756 (a fl. 27 v.), ratificando nos artigos 2.°, 3.° e 4.° o accordado nos Tratados anteriores, se obrigou a mandar reedificar as igrejas arruinadas, e concedeu ampla liberdade para construcção de outras em todos os seus dominios. A fl. 480, do dito liv. 1.°, no artigo 2.° do Tratado de 25 de Outubro de 1754, permittiu Ramachondra Ráo Bonsuló Sar-Dessay de Pragana Cudale (Swant Varim) aos Missionarios de Goa, evangelisar em todo o seu territorio. E pelo artigo 3.° de outro, de 24 de Setembro de 1761 (fl. 162 do liv. 2.°), ratificando o accordado no anterior, permittia construir igrejas no seu dominio; e no artigo 3.° do Tratado de 29 de Janeiro de 1788 (fl. 308), novamente ratificando o ajustado nos dois Tratados supraditos, dá maior amplitude á sua concessão. A fl. 19, no artigo 4.° do Tratado de 5 de Novembro de 1755, Tulagi Angria, permittiu no seu territorio o livre exercicio da religião christã. A fl. 254, o mesmo Tulagi, nos artigos 3.° e 4.° da Capitulação de 27 do mez Safar, da era da Real acclamação 1195, anno Qhar, aos 15 da lua minguante do mez Zesto (13 de Junho de 1771), permittiu que a religião christã continuasse a permanecer nos seus Estados com toda a liberdade antiga. Finalmente, a fl. 15 do liv. 3.°, consta que por ordem do dominante de Punęm, Bagi Ráo Rogunata, datada de 22 do mez Maharamo (3 de Junho de 1801, se ordenou ao Subedar de Baçaim, Bagi Ráo Goinda, que deixasse continuar aos Padres de Goa e seus discipulos na administração das igrejas, que se conservavam n'aquelle districto, desde tempos antigos, deixando-os exercitar e punir conforme a sua religião, não consentindo unicamente matar vaccas.

O que tudo consta dos respectivos livros apontados e assim o certifico. — Filippe Nery Xavier a fez em Goa, aos 17 de Agosto de 1842. — C. L. Monteiro de Barbuda, Secretario do Governo Geral.

Extrahida de fl. 145 v. do respectivo livro.

Portaria sobre as certidões que se passam dos Tratados com o Bounsuló e Sunda

N.º 42 — O Governador Geral do Estado da India determina o seguinte. 1852 Março 22

Constando-me que os Dessays, e outros mercenarios das Novas Conquistas, obtendo da Secretaria do Governo Geral varias copias de paragraphos, ou das integras dos Tratados celebrados entre este Estado e a casa dos Sar-Dessays Bounsulós de Saunt Varim, e outros com a dos Reis de Sunda, são admittidos em juizo para sustentar varias causas contrarias aos interesses da Fazenda Publica, por se desconhecer no fôro que os contheudos dos mesmos Tratados caducarão com as posteriores conquistas á força de armas, que o referido Estado fez do dito territorio, e novos diplomas que o Governo concedeu aos mercenarios, e cumprindo que esta relevante circumstancia seja conhecida em juizo e fóra delle, a fim de se tomar na consideração merecida quaesquer pretenções fundadas naquelles obsoletos documentos; Hei por conveniente, conformando-me com o parecer do Procurador da Corôa e Fazenda, determinar que de ora avante na Secretaria geral deste Governo em seguida ás copias que expedirem dos sobreditos Tratados, ou seus paragraphos, lavrem a seguinte declaração «O theor deste Tratado está caducado em consequencia da conquista posterior, e das concessões subsequentes». Pela mesma repartição se remetta ao Ex.mo Presidente da Relação uma copia authentica desta Portaria, para dar conhecimento della á Relação, a que preside, e aos Juizes de Direito, do que tudo se fará a conveniente declaração nos livros dos Tratados, denominados de Pazes. As auctoridades, a quem competir, assim o tenham entendido, e executem.

Palacio do Governo Geral em Nova Goa, 22 de março de 1852. — Barão de Villa Nova de Ourem.

Registada a fl. 16 v. do Livro 1.º das Portarias.

Despacho do Ministro da Marinha e Ultramar para o Governador Geral do Estado da India

(Boletim da India, n.º 41, de 1852.)

1852 Agosto 5

N.º 2608. — Foram presentes a Sua Magestade a Rainha os officios, que sob os n.os 134 e 230, dirigiu a esta Secretaria o Governador Geral do Estado da India em 25 de Junho, e 8 de Novembro do anno passado; e Manda a mesma Augusta Senhora partecipar ao referido Governador Geral, para seu conhecimento e execução, que não só approva a deliberação por elle indicada de empregar os meios, que o Vigario Geral de Bombaim Padre Antonio Marianno Soares, lhe suggeriu para contraminar os projectos da Propaganda; mas tambem he do seu Real agrado, que o mesmo Governador Geral faça constar ao mencionado Ecclesiastico o seguinte:

1.º Que, attentas as mui ponderosas rasões do seu officio, enviado a esta Secretaria d'Estado em 17 de Fevereiro do anno passado, se expede ordem nesta mesma data á Junta da Fazenda Publica do Estado da India, para lhe ser abonada a prestação mensal de 60 xerafins.

2.º Que a mesma Augusta Senhora se compraz, não só de contemplar a prudente discrição daquelle Vigario Geral no exercicio dos importantes deveres do seu cargo, e os protestos da sua inhabalavel firmeza na justa defensão dos direitos da Real Corôa Portugueza, a que allude nos seus officios de 17 de Março, e 25 de Junho do anno passado; mas tambem de observar pelo outro d'essa mesma ultima data, que se ha reanimado a confiança dos catholicos do respectivo districto, e dissipado a illusão de que, como se vê do seu outro officio de 17 de Abril daquelle anno, não foi isento o mesmo Vigario Geral, e com que se pertendeu propagar, alem de outros boatos de igual natureza, a falsa noticia de haver o Governo de Sua Magestade renunciado ao Real Padroado das Igrejas da Asia, sitas fóra do territorio portuguez, e de ter o Reverendo Arcebispo D. José Maria da Silva Torres, não só escripto a Sua Santidade, em termos inconvenientes, e humilhantes, se não tambem retractado os principios e doutrinas que tão louvavelmente sustentára na Asia em favor dos direitos magestaticos e de legitima integridade da Santa Igreja Lusitana no Oriente. 1852 Agosto 5

3.° Que Sua Magestade, tomando na devida consideração o que o mesmo Vigario Geral, possuido de hum esclarecido zêlo, e nunca desmentida dedicação tem exposto, e lembrado nos varios officios, que tem dirigido á dita Secretaria d'Estado desde Novembro do anno passado, até Maio do corrente, corroborados com o que o referido Governador Geral representou no seu citado officio n.° 230, e reconhecendo, que apesar dos incessantes exforços empregados pelo Governo para trazer a uma conclusão breve, favoravel, e honrosa as questões pendentes com a Côrte de Roma, relativamente ao Padroado das Igrejas da Asia, não póde ainda fixar-se a epocha, em que isso deva verificar-se, e conseguintemente que na falta de hum Prelado Sagrado na Diocese de Goa, muito conviria que hum outro Prelado da ordem Episcopal, venha a Bombaim e Goa, exercer os Sagrados actos do seu Ministerio, ali com tanta urgencia reclamados, ordenou de neste sentido se expedirem as necessarias insinuações ao Reverendo Bispo de Macau, esperando que este Prelado, conformando-se com ellas, não tardará em se dirigir onde o serviço da Religião, e do Estado tão instantemente o convidam a comparecer.

4.° Que finalmente deve o mesmo Vigario Geral, assim como o povo do seu districto, ficar certo, não só das rectissimas e mui pias intenções de Sua Santidade, senão tambem dos exforços do Governo de Sua Magestade, para ser quanto antes restituida toda essa christandade á tranquillidade e paz de que he digna.

Sua Magestade recommenda ao referido Governador temporal do Arcebispado de Goa, a fim de elle, na intelligencia das insinuações expedidas ao Reverendo Bispo de Macau, poder dirigir-se-lhe, na sua chegada á India, para o fim a que o mesmo Prelado he ali chamado.

Paço, 5 de Agosto de 1852.— A. A. Jervis de Athouguia.

Breve do Papa Pio IX «Probe nostis»[1] dirigido a todos os Bispos,

(Hist. du Schisme Portugais dans

PIUS PP. IX.

1853 Maio 9. Venerabiles fratres ac dilecti filii, salutem et apostolicam benedictionem.

Probe nostis, Ven. Fratres, nec vos penitus latet dilecti Filii Nostri, quæ dudum Pontifices prædecessores Nostri pro collato eis divinitus in B. Petro universi Dominici gregis pascendi, tuendique munere, et Supremi Apostolatus officio, ad collapsam, injuria temporum, istis in regionibus Catholicam Fidem instaurandam, ac promovendam, præstiterunt. Præclara indesinentis ejusmodi vigilantiæ hujusce S. Sedis monumenta exhibent eorumdem decessorum Nostrorum, ac præcipue fel. rec. Gregorii PP. XVI. Apostolicæ Litteræ, et sanctiones, queis extraordinaria licet ratione, prout rerum adjuncta postulabant, satis tamen, ac plene etiam pastorali earumdem regionum curæ ac regimini, nec non fidelium necessitatibus per antistites Vicarios Apostolicos, et Evangelicos operarios prospiciendum curavit. Nostis item quæ et Nos ipsi supra hanc Principis Apostolorum Cathedram inscrutabili divinæ Providentiæ consilio collocati, pro eadem qua tenebamur sollicitudine et onere egimus, ut opus persequeremur, quousque ordinariæ Ecclesiarum formæ, et institutione inducendæ, seu restituendæ locus fieret. Dolendum tamen illud accidit, quod vix aut ne vix quidem cogitare quis poterat, ex ipsis catholicis nempe non defuisse, qui speciosis prorsus humanisque obtentibus abrepti, salutaribus hujusmodi dispositionibus adversari, et Supremæ Christi Domini in terris Vicarii auctoritati obsistere, ac repugnare ausi sunt, et in suo crimine miserrime adhuc obfirmati videntur. De infando illo, Ven. Fratres, ac dilecti Filii, dissidio Nos loqui intelligitis, quod jamdiu per quosdam indignos Goanenses pres-

[1] Este Breve é tambem conhecido pela denominação de *Putidum*

les Indes, pag. 345, 174.)

PIE IX, PAPE.

Vénérables frères et fils bien-aimés, salut et bénédiction apostolique. 1853 Maio 9

Vous savez, vénérables frères, et vous, nos fils bien-aimés, vous n'ignorez pas complétement tout ce que les Souverains Pontifes, nos prédécesseurs, s'acquittant du devoir de leur apostolat suprême et de la charge qu'ils ont reçue de Dieu en saint Pierre, de garder et de paître le troupeau du Seigneur, ont entrepris depuis longtemps pour relever et fortifier dans ces régions la foi catholique, affaiblie par le malheur des temps. Vous avez d'admirables monuments de cette incessante vigilance du Saint-Siége dans les lettres apostoliques et les sanctions de ces mêmes prédécesseurs, et surtout de Grégoire XVI, d'heureuse mémoire, qui, quoique d'une manière extraordinaire, comme le demandaient les circonstances, a cependant suffisamment et pleinement pourvu, et à l'administration de ces pays, et aux nécessités des fidèles, par des Vicaires ecclésiastiques Apostoliques et des ouvriers évangéliques. Vous savez aussi ce que nous-même, placé par les impénétrables dessins de la divine Providence dans cette chaire du Prince des Apôtres, nous avons fait, dans la sollicitude de notre charge, pour continuer cette œuvre, en attendant que les circonstances permettent d'introduire ou de rétablir dans ces contrées la forme et l'institution ordinaires des Églises. Il est arrivé cependant, ce que l'on pouvait à peine penser, que, parmi les catholiques, il s'est trouvé des hommes qui, entrainés par des raisons spécieuses et trop humaines, ont osé s'opposer à ces dispositions salutaires, résistir à l'autorité suprême du Vicaire de Jésus-Christ sur la terre, et semblent même encore malheureusement s'obsti-

1853 Maio 9 byteros inchoatum in istis regionibus, jugiter invalescit, maximo æternæ salutis fidelium detrimento, et ad fœdissimum plane schisma absolvendum in dies magis magisque urgetur. Gliscenti malo autem hujusmodi occurrere vel ab initio, et sine intermissione, ut scitis, et aberrantes presbyteros, ac deceptam ab eis Catholicæ plebis partem ad bonam revocare frugem in omni doctrina, patientia, et charitate non defuit Apostolica Sedes, qua in re decessoris Nostri Gregorii longanimitatem, ac studia impensa æmulari cupientes monitis, hortamentis, instructionibusque dissidentes memoratos presbyteros, eorumque sectatores a perditionis via retrahere conati sumus. Verum in vanum omnia cessisse compertum habetis, Ven. Fratres, ac merito invalescentia quotidie quæ exinde Religioni obveniunt damna experti, ac tamdiu discissum dilaniatumque Christi gregem Nobiscum flentes validioribus remediis opus esse perspicitis. Ad hæc utique manum jam admovere, ægre licet, vel maxime adigimur ex iis, quæ in regionibus insulæ Ceylonæ, Bombaynæ, et alibi forte, ab iisdem perturbatoribus, Machaonensis Antistitis adjumento, perpetrata esse non ignoratis, quæque animi Nostri mœrorem ac dolorem vehementer auxerunt. Intelliximus enim prædictum Antistitem nullo penitus accedente Apostolico, quod numquam ei dedimus, mandato, aut venia, easdem regiones Nostrorum, et Apostolicæ Sedis hujus Vicariorum jurisdictioni subjectas percurrere, dissidentibus primoribus presbyteris curantibus, et compellentibus, in illis Confirmationem, atque etiam S. Ordinationem administrare non extimuisse, despectis contemptisque sanctionibus Canonicis, et generalibus, peculiaribusque Apostolicis Constitutionibus, neque exemplo tantum, verum etiam verbo, indignaque concione fideles populos in sua deceptione firmare, et a debita legitimis pastoribus obedientia ac subjectione magis magisque avertere, et avocare non reformidasse. Tristissima hæc nuntia ut primum ad Nos perlata sunt, datis ad Machaonensem Episcopum litteris, quam graviter deliquisset admonuimus, utque a similibus abstinens et conscientiæ suæ consuleret, et improbanda facta, scandalumque fidelibus illatum

ner dans leur crime. Vous comprenez, vénérables frères et fils bien-aimés, que nous parlons de cette dissidence coupable qui, commencée depuis longtemps dans ces régions par quelques indignes prètres de Goa, s'étend de plus en plus, au grand détriment spirituel des fidèles, et menace de jour en jour de consommer un schisme honteux. Dès l'origine du mal, comme dans ses progrès et toujours, vous le savez, le Saint-Siége n'a cessé de donner des preuves de ses lumières, de sa patience et de sa charité, pour rappeler dans le droit chemins, et les prêtres égarés, et ceux des catholiques qui les avaient suivis; et nous-même, désireux d'imiter le zèle et la longanimité de Grégoire XVI, notre prédécesseur, nous nous sommes efforcé, par nos avertissements, nos exhortations, nos instructions, de retirer lesdits prêtres et leurs sectateurs de la voie de la perdition. Mais, vénérables frères, vous savez que tous nos efforts ont été vains; vous voyez quels dommages la Religion éprouve chaque jour de ce côté, et, en pleurant avec nous sur le troupeau de Jésus-Christ, depuis si longtemps divisé et déchiré, vous reconnaissez qu'il est besoin de remèdes plus efficaces. Il nous en coûte de les employer, mais nous y sommes forcé par les derniers actes que viennent de consommer à Ceylon, à Bombay, et ailleurs peut-être, les perturbateurs aidés de l'Évêque de Macao; ces actes, vous les connaissez, et ils ont singulièrement augmenté les douleurs et les chagrins de notre âme. Nous avons appris que le susdit évêque, sans aucun mandat ou permis de notre part, parcourt les régions soumises à la juridiction des Vicaires de ce Siége Apostolique, avec l'aid et à l'instigation des principaux du clergé dissident, et qu'il n'a pas craint d'administrer le sacrement de Confirmation et même celui de l'Ordre, sans tenir compte des sanctions canoniques, ni des constitutions apostoliques, soit générales, soit particulières; qu'ajoutant le scandale de sa parole à celui de ses exemples, il trompe les peuples fidèles, les fortifie dans leur erreur et les éloigne de plus en plus de la soumission et de l'obéissance qu'ils doivent à leurs légitimes pasteurs. Dès que ces tristes nouvelles nous furent

1853 Maio 9

1853 Maio 9 reparare satageret, hortati sumus. Iterato item paulo post, allatis e Bombayna Missione relationibus, Antistitem ipsum commonendum duximus, additis, iterum hortamentis, ut animæ suæ prospiceret, ac debitæ reparationi satisfaceret, neque ut severius, et juxta S. Canones in eum animadvertere Nos cogeret in Domino obsecravimus, paternis monitis Nostris eum obsecundaturum confidentes. Quamvis autem de obfirmata presbyterorum, de quibus supra meminimus, previcacia, tot ac molesta nimis argumenta præsto sint, ne tamen de eorum salute spem omnem abjiciamus, atque ut omnimode fideles populos, quoad Nos, ab eorum versutiis ac deceptione vindicemus, et ab æternæ, in quo illorum vestigiis inhærentes versantur, perditionis discrimine avocemus, ad eos quoque impensiores adhuc nostras curas convertendas censemus. Inter alios vero antedictorum presbyterorum, qui jamdiu ad fovendum, propagandumque dissidium, et schisma perficiendum adlaborant, quos pœnis ac censuris Ecclesiasticis obnoxios esse patet, nominatim adnotare peropportunum arbitramur eos, qui præcipui auctores illorum fuere, quæ in Vicariatu Bombayno patrata sunt a Machaonensi Episcopo, scilicet *Marianum Antonium Suarez,* qui Vicarium Generalem Goani Præsulis in Bombayna regione se jactat, nec non presbyteros *Gabrielem de Sylva, Braz Fernandez,* et *Josephum de Mello* Hosce in primis peramanter admonemus, et in Domino hortamur, ut a nefaria ejusmodi agendi ratione tandem aliquando recedentes, et animæ suæ, et sempiternæ aliorum saluti consulere ulterius haud immorentur. Quamquam vero Canonicis eos pœnis, et Ecclesiæ censuris obnoxios jamdiu se esse non lateat, eas tamen incurrisse, et suspensos a divinis, ac tamquam schismaticos, et a catholica unitati sejunctos habendos esse, nisi intra duos menses a publicatione harum Nostrarum Litterarum resipuerint, declaramus ac fidelibus populis uti tales designatos denunciatosque volumus. Alios item presbyteros probe noscimus, qui diu pariter aliis in regionibus teterrimum idem schisma fovere et implere conantur, prout in Madrapatana, Ceylona, Madurensi, aliisque Missionibus. Interea tamen eos nominatim ar-

parvenues nous avons expédié des lettres à l'Évêque de Macao; nous l'avons averti de l'enormité de sa faute, nous l'avons exhorté à s'abstenir de semblables actes, et à réparer, autant que possible, le scandale qu'il avait donné. Ayant reçu peu après de nouvelles relations de la mission de Bombay, nous avons cru devoir encore avertir le même Évêque, et nous l'avons exhorté de nouveau à songer à son âme et à la réparation qu'il devait faire; espérant qu'il se rendrait à nos paternels avis, nous l'avons conjuré dans lé Seigneur de ne pas nous forcer à user de sévérité et à sévir contre lui dans la rigueur des Saints Canons. Quoique nous ayons des preuves nombreuses et malheureusement trop convaincantes de l'endurcissement des prêtres mentionnés ci-dessus, cependant, afin de ne point bannir toute espérance de salut pour eux, afin aussi de raffermir, autant que possible, les peuples fidèles contre leus captieux artifices et de retirer ceux qui marchent sur leurs traces du danger où ils sont de se perdre éternellement, nous pensons devoir tourner vers eux notre sollicitude spéciale. Entre tous ces prêtres, qui, depuis si longtemps, travaillent à maintenir et à propager la dissidence et à consommer le schisme, prêtres qui sont dignes évidemment des peines et des censures ecclésiastiques, nous jugeons convenable de signaler nommément les principaux complices de l'Évêque de Macao, en ce qui a eu lieu dans le vicariat général de Bombay; ce sont: Marien-Antoine Suarez, qui se dit Vicaire Général de l'Évêque do Goa à Bombay; les prêtres Gabriel de Sylva, Braz Fernandez et Joseph de Mello. C'est à eux surtout que nous adressons avec amour ces avertissements, et nous les exhortons dans le Seigneur à renoncer enfin à une conduite si criminelle, et à songer à leur salut et à celui des autres. Quoiqu'ils n'ignorent pas que, depuis longtemps, ils sont atteints des peines canoniques et des censures ecclésiastiques, cependant nous déclarons de nouveau que, si dans deux mois, à partir de la publication de nos présentes lettres, ils ne se soumettent pas, ils les ont encourues, et qu'ils doivent être regardés comme suspendus *a divinis,* comme des schismatiques et retranchés de l'unité

1853 Maio 9

1853 Maio 9 guere ac plectere abstinemus. Ea quippe spe nitimur fore ut hi quoque, quemadmodum et supra dicti Sacerdotes, paternis Nostris hortamentis facilem, pronamque aurem præbere, seque deceptasque a se plebes legitimis pastoribus, Nostris nimirum et Apostolicæ Sedis Vicariis subjicere velint, ne et in eos quoque severius agere cogamur. Quamvis autem ex latis jamdiu, iterastique hujusce S. Sedis Decretis, Constitutionibus ac jussionibus quoad legitimos Indiarum Orientalium Pastores nullos omnino supersit ambigendi ac dubitandi locus, ad quodvis tamen effugium penitus amovendum expresse iterum, et quatenus opus sit, declaramus, omnem auctoritatem ac jurisdictionem in constitutis Apostolicis Vicariatibus, Nostris et S. Sedis Vicariis, aut administratoribus competere, ac tributam ita esse, ut nemini prorsus liceat sacra iis in regionibus munia obire, ac Sacramenta ministrare, nisi de illorum venia ac facultate. Nil vero inanius quam quod ad captivandam fidelium simplicitatem jactitare feruntur hi presbyteri, permulta esse, quæ statuta sunt non ab Apostolica Sede, et a R. Pontifice, verum eo inscio et inconsulto a S. C. de Propaganda Fide sancita, nonnulla quoque haud attendenda, eo quod civilis auctoritatis placitum defuerit. Sciant itaque omnia ac singela ea de re statuta, a Romanis Pontificibus motu proprio, certa scientia, ac deliberatione, et de potestatis plenitudine edita fuisse, et si quæ per S. Nostram Congreg. rec. mem. Decessores Nostri, ac Nos quoque decrevimus, ea quoque nedum Romanis Pontificibus Nobisque haud insciis vel inconsultis, verum etiam volentibus ac jubentibus decreta et constituta fuisse sciant; S. quippe Congregationem Nostram nonnisi Apostolicæ Sedis per consilium adjutricem, et Mandatorum, ac jussionum ejusdem S. Sedis ministram esse, norunt omnes. Putidum vero impiumque commentum illud est, Apostolicæ Sedi divinitus collata jura, ac traditum a Christo Domino supremi regiminis in Ecclesia clavum, et potestatem humanis placitis, nutibusque arctari, præscribi, aut imminui posse. Incassum Catholica communione gloriatur qui Petri Cathedræ, ac Romano Pontifici haud jungitur, quippe qui cum Eo non est, contra Eum, et extra

catholique, et nous les désignons et dénonçons comme tels aux peuples fidèles. Nous savons bien qu'il y a aussi d'autres prêtres qui également s'efforcent depuis longtemps à favoriser et à consommer le même schisme dans d'autres pays, tels que Madras, Ceylan, Maduré et autres missions ; toutefois, nous nous abstenons de les condamner et les frapper nommément. Car nous espérons que ces prêtres, ainsi que ceux dont nous venons de parler, prêteront à nos exhortations paternelles une oreille docile, et qu'ils voudront se soumettre, avec les peuples trompés par eux, aux pasteurs légitimes, c'est-à-dire aux Vicaires Apostoliques du Saint-Siége, et nous dispenser par là de prender de moyens plus sévères. De même, quoique après les décrets, les constitutions et les ordonnances du Saint-Siége, faites depuis si longtemps et à plusieurs reprises, il ne puisse y avoir aucune ombre de doute sur ce qui concerne les pasteurs légitimes des Indes orientales, néanmoins, pour prévenir toute espèce de subterfuge, nous déclarons de nouveau expressément, autant que la chose le demande, que, dans les Vicariats Apostoliques existants, toute l'autorité et juridiction appartient aux Vicaires Apostoliques du Saint-Siége ou aux Administrateurs, de manière que, sans leur permission et faculté, *il n'est permis à qui que ce soit* d'exercer les fonctions sacrées dans ces régions-là, ni d'administrer les sacrements. Rien n'est plus vain que les prétextes inventés et répandus, dit-on, par ces prêtres pour séduire la simplicité des fidèles, à savoir, qu'il y a un très-grand nombre de choses qui sont établies, non pas par le Saint-Siége, ni par le Souverain Pontife, mais seulement par la Sainte Congrégation *de propaganda Fide,* à l'insu du Souverain Pontife et sans son consentement, et que, d'ailleurs, on ne doit pas faire attention à certaines dispositions, par la raison qu'il leur manque le *placet* de l'autorité civile. Qu'ils sachent donc que tout ce qui a été statué là-dessus, les Souverains Pontifes l'ont décrété eux-mêmes de leur propre mouvement, de science certaine, délibérément et de la plénitude de leur pouvoir ; qu'ils sachent aussi que, si nos prédécesseurs, de récente mémoire, ou bien

1853 Maio 9 unitatem se esse fateatur oportet; quique Nobiscum non colligit, dispergit. Eos autem Petri Cathedræ ac Romano Pontifici junctos agnoscere haud unquam possumus, qui Nostris ac S. Sedis Vicaris ab Eadem gubernandis fidelibus istis constitutis adversantur, ac parere detrectant. Nec prætereundum prænotatus presbyteros nedum legitimæ Ecclesiæ potestati, ac divinæ propterea ordinationi resistere, verum etiam per ejusmodi dissidia adlaborare, ne initæ inter Nos et Carissimam in Christo Filiam Nostram Mariam Portugalliæ et Algarbiorum Reginam Fidelissimam, ejusque Gubernium tractationes ad optatum exitum perducantur; atque ita adversantur votis ipsius Reginæ, dum ei obsequium præstare autumant. Demum et vos, dilecti Nostri filii, Christifideles aloquimur, et amantissime adomonemus ac hortamur, ut eos qui a præpositis vobis pastoribus, et a Nostra propterea communione abstrahere adnituntur, studiose devitetis, neque ab ea, extra quam nulla salus esse potest, unitate avelli unquam patiamini. Cavete ab iis qui veniunt ad vos in vestimentis ovium, intrinsecus autem sunt lupi rapaces. Iterum vobis nuntiamus nullam prorsus Goanensibus aliisque presbyteris, qui vos conturbant, jurisdictionem et auctoritatem, aut ministerii exercendi in regionibus istis, in quibus Vicarii Nostri, et Apostolicæ Sedis instituti fuerunt, facultatem inesse, ita ut nonnisi in pernicem animarum vestrarum, quousque a legitimis iisdem Præsulibus abscissi ii maneant, illis adhæreretis. Ceterum in Eo fidentes, qui auctor est pacis, et Deus totius consolationis, Nobis pollicemur futurum, ut vulgatis hisce Nostris litteris inter vos, errantes in justitiæ ac salutis viam remeasse, et unum ubivis ovile factum percipiamus. Interim Vobis, Ven. Fratres, et dilectis curæ vestræ commissis gregibus istam Apostolicam Benedictionem peramanter impertimur.

nous-même, nous avons décrété quelque chose par la sainte 1853
congrégation, tout cela a été décrété et établi, non point à Maio
l'insu et sans le consentement des Souverains Pontifes et du 9
nôtre, mais bien par notre volonté et d'après nos ordres; car la sainte congrégation, tout le monde le sait, ne fait qu'assister le Siége Apostolique de ses conseils, et exécuter ses mandats et ses ordres. Quant à l'assertion que les droits conférés au Siége Apostolique par Dieu lui-même, ainsi que la Clef du pouvoir suprême dans l'Église, pouvoir donné par Notre-Seigneur Jésus-Christ, puisse être restreint, diminué et sujet à la prescription par le bon plaisir et la volonté humaine, c'est un mensonge aussi méprisable qu'il est impie. En vain se glorifierait-il d'appartenir à la communion catholique, celui qui n'est pas uni au Souverain Pontife; qui n'est pas avec lui est contre lui, et, par là, il faut bien qu'il le reconnaisse, il est hors de l'unité; car quiconque ne recueille pas avec nous, celui-là dissipe. Or, nous ne pourrons jamais regarder comme uni à la chaire de Pierre et au pontife romain celui qui s'oppose et refuse d'obéir aux vicaires du Saint-Siége, préposés par celui-ci au gouvernement des fidèles. Il ne faut pas omettre non plus que les prêtres mentionnés plus haut, nonseulement résistent au pouvoir légitime de l'Église, et par conséquent à l'autorité divine ellemême, mais que, par cette sorte de dissension, ils empêchent en même temps que les négociations que nous avons commencées avec notre très-chère fille en Notre Seigneur, la très-fidèle Reine de Portugal, Marie, et avec son Gouvernement, aient l'issue désirée: ainsi, loin de la servir, comme ils se l'imaginent, ils s'opposent aux vœux de leur Reine.

Enfin, c'est à vous aussi, nos bien-aimés fils en J. C., que nous adressons nos paroles, en vous avertissant et vous exhortant avec un grand amour d'éviter soigneusement ceux qui s'efforcent de vous séparer de vos pasteurs, et par là même de notre communion, et de ne souffrir jamais qu'on vous arrache à l'unité, hors de laquelle il n'y a point de salut. Gardez-vous de ceux qui viennent chez vous en habits

1853 Maio 9 Datum Romæ apud S. Petrum, die IX Maii anno MDCCCLIII, Pontificatus Nostri anno septimo.—Pius PP. IX.

Havia muito tempo que o Governo de Portugal trabalhava por ajustar com a Santa Sé huma concordata sobre o Padroado no Oriente. As negociações porém caminhavam da parte de Roma com tão excessiva morosidade, que indicava bem a intenção de prejudicar os interesses e direitos da corôa de Portugal.

Era precaução, pois conheciam que protrahindo indefinidamente aquellas negociações, hiam os seus agentes mais a seu salvo usurpando as Igrejas rendosas, e providas de Pastores, e com isto diminuindo a força do clero Indico-Portuguez. Ainda produziam outra vantagem, e era desfalcar-se de dia em dia o numero de Sacerdotes nas Dioceses do Padroado, destituidas de Prelados sagrados.

Ora para que cessasse este ultimo pretexto, que os innovadores invocavam sempre contra nós, posto que fossem elles

d'agneau, mais qui ne sont au fond que des loups ravissants. 1853
Nous vous annonçons de nouveau que ces prêtres de Goa et Maio
autres de ce genre qui vous troublent, n'ont ni juridiction, 9
ni pouvoir ou faculté quelconque d'exercer le saint ministère dans ces régions où ont été établis nos Vicaires Apostoliques; de manière que vous ne pourrez vous unir à eux qu'en exposant le salut de vos âmes, tant qu'ils resteront séparés de ces mêmes Prélats. Nous confiant, du reste, en celui qui est l'Auteur de la paix et le Dieu de toute consolation, nous espérons que, cette présente lettre une fois publiée parmi vous, les déviés rentreront dans le chemin de la justice et du salut, et qu'il n'y aura partout qu'un seul bercail. En attendant cette nouvelle, nous donnons très-affectueusement notre bénédiction Apostolique à vous, vénérables frères, et à tout ce troupeau bien-aimé qui est confié à vos soins.

Donné à Rome, à Saint-Pierre, le 9 mai, an 1853, de notre pontificat le septime.—Pius PP. IX.

os culpados, e para acudir a outras necessidades espirituaes das christandades, mandou o Governo de Portugal, no principio do anno de 1853, que o Bispo de Macau passasse ás Dioceses da India, e guardadas as leis e formalidades canonicas, exercesse alli os actos pontificaes necessarios áquellas numerosas christandades.

Apenas o Bispo poz o pé em Ceilão (Bispado de Cochim), e depois em Bombaim (Arcebispado de Goa) levantou-se um confuso alarido entre os Propagandistas, que deu origem ao Breve *Probe nostis,* vulgarmente conhecido pela designação de *Putidum commentum,* que tem a data de 9 de Maio de 1853.

Nelle he *admoestado* o Bispo de Macau a reparar o seu erro. Ao mesmo tempo são *suspensos à divinis, e declarados schismaticos, e separados da unidade catholica,* se dentro de dois mezes se não retractarem, quatro Padres de Bombaim, que assistiram aos actos pontificaes do Bispo de Macau, e obedeceram ao mesmo Bispo, e ao Governo.

Este Breve fez grande bulha na India, e em Portugal.

O Governo de Sua Magestade Fidelissim, com data de 28 de Junho de 1853, protestou logo contra elle, como se vê da seguinte Nota:

O abaixo assignado, Ministro e Secretario d'Estado dos Negocios do Reino, e interinamente da Justiça, e Plenipotenciario nomeado por Sua Magestade Fidelissima para proseguir nas negociações com a Santa Sé, não póde deixar, em nome do Governo, de reclamar a mais seria attenção de S. Ex.ª o Sr. Arcebispo de Berito, Internuncio Extraordinario, e Delegado Apostolico de Sua Santidade, sobre o facto gravissimo, de que a Imprensa periodica deste Paiz se tem já occupado, o qual consiste em se haver expedido (segundo se diz) pela Sagrada Congregação *de Propaganda Fide,* em nome do Santissimo Padre, hum Breve, no qual sem incriminações especificadas, e depois de diversas considerações, em cuja apreciação o abaixo assignado não entra agora, se fere com a pena de excommunhão maior aos quatro Ecclesiasticos, mencionados na nota de S. Ex.ª de 3 do corrente mez, a que se respondeu em 22 do mesmo; huma vez que esses Sacerdotes não se arrependam, e mudem de comportamento dentro do termo peremptorio de dois mezes.

E posto que o Governo de Sua Magestade não tenha noticia official da expedição de tal Breve, nem possa por consequencia dal-o por genuino, ou por apocripho, ou supposto, todavia S. Ex.ª reconhecerá na sua illustrada intelligencia, e clarissimo juizo, que em presença das circumstancias occorridas, não póde o Governo Portuguez ficar silencioso, e deixar de protestar, e de reclamar, como por esta minha Nota protesta, e reclama do modo mais solemne, e com viva instancia contra aquelle acto da Sagrada Congregação *de Propaganda Fide,* que a ser como se affirma, se torna injurioso á Soberania temporal desta Nação Catholica, offensivo dos direitos do Padroado Portuguez no Oriente, e em tudo contrario ás paternaes disposições do Santissimo Padre, claramente manifestadas em Roma ao Representante de Sua Magestade Fidelissima[1], de attender como he proprio do inalteravel sentimento de justiça, e da benevolencia, que dirige sempre o animo rectissimo do Supremo Pastor da Igreja, ás instancias e desejos do Governo destes Reynos, e á paz pu-

1 O Barão da Venda da Cruz, Enviado Extraordinario e Ministro Plenipotenciario de Sua Magestade na Côrte de Roma, escrevia ao Governo em officio de 4 de Maio de 1853 estas palavras:

1.° Levarei hoje ao conhecimento de V. Ex.ª para informação do Governo de Sua Magestade, que de alguns mezes para cá o Santo Padre se mostra mais solicito, e empenhado em pôr termo ás escandalosas dissenções, que reinam no Oriente entre os Vigarios Apostolicos e os Missionarios Portuguezes com tanto detrimento da Religião.

2.° Tem Sua Santidade procurado sobre este importante assumpto as possiveis informações, *e para as conseguir isemptas de parcialidade, commetteu o exame desta questão a pessoas de sua confiança, pondo de parte a Congregação da Propaganda, á excepção do secretario della, indispensavel para fornecer os esclarecimentos necessarios.*

3.° *Não ha muito tempo que Sua Santidade me disse, que não pensassemos que era sua intenção, ou desejo o privar-nos do Padroado do Oriente, ou diminuir a antiga extensão delle, antes que de boa vontade o amplificaria, etc.*

E em officio de 23 de Junho de 1853 dizia o mesmo Ministro: «No meu officio n.° 13 de 4 do mez proximo passado informei a V. Ex.ª de como aqui se pensa agora ácerca do nosso Padroado no Oriente. Deseja-se, *e mui sinceramente.* acabar com as desordens alli, e reduzir as cousas a um tranquillo andamento, não podendo de outro modo conseguir-se o proposto fim da propagação do Evangelho. *Os Portuguezes começaram esta obra, e emquanto estava a cargo delles sós, progrediu prosperamente. Desta verdade de facto estão aqui persuadidos; e por isto he hoje unanime o sentimento de todas as pessoas bem intencionadas de que he necessario voltar aos Portuguezes, confiando-lhe de novo a empreza da propagação da fé naquellas regiões.»*

Ora o Barão da Venda da Cruz não era novel na diplomacia, nem hospede em Roma. Residia nesta cidade desde longos annos, estava affeito á linguagem dos curiaes, e sabia interpretar seguramente o phraseado Romano. As suas declarações pois são de subido valor, mereciam grande assenso ao governo; e merecel-o-hão a todo o mundo. Um homem destes nem podia enganar o seu Governo, nem se póde crer que cahisse em illusões levado de apparencias, ou de palavras artificiosas.

blica dos fieis das Igrejas do Padroado Portuguez no Oriente, por meio de opportuno accordo com a Soberana Padroeira.

Em presença de hum facto tão inesperado, e tão insolito, pelo modo por que se apresenta, o Governo de Sua Magestade está resolvido a elevar, por via do seu Ministro na Côrte Pontificia, á Sagrada Presença de Sua Santidade a manifestação do seu justo sentimento, na firme convicção de encontrar na rectidão incontestavel do Pae commum dos fieis, remedio prompto aos males, que são muito de receiar em consequencia de meios violentos taes, como o que faz objecto da presente Nota, para os interesses da propagação, e sustentação da Santa Fé Catholica nas Christandades do Oriente, e com especialidade nas do territorio Indiano.

Esperando o Governo de Sua Magestade com a mesma firme confiança, que o Santo Padre habilite a S. Ex.ª com as faculdades amplas e positivas, que ainda se tenham por necessarias, para que possa chegar-se com a brevidade, que a conveniencia religiosa exige, ao definitivo accordo sobre o negocio do Padroado, de que se trata;

Manifestando os sentimentos do Governo Portuguez nos termos sobreditos, o abaixo assignado espera da bondade de S. Ex.ª o Sr. Arcebispo de Berito, se sirva de o esclarecer a respeito do facto referido; e entretanto aproveita esta opportunidade para renovar a S. Ex.ª os protestos da sua mui distincta consideração.—Rodrigo da Fonseca Magalhães.

A camara dos deputados da Nação Portugueza em sessão de 20 de Julho do referido anno de 1853 igualmente protestou, e com ella outra vez o Governo, unanime e energicamente contra o mesmo Breve. O Bispo de Macau, e os quatro Ecclesiasticos nelle censurados, foram nesta sessão declarados benemeritos.

O Ministro signatario da Nota disse na mesma sessão «o Bispo de Macau fez aquillo que o Governo lhe insinuou, quando deu ordens aos Ecclesiasticos, que dellas careciam, para maior esplendor e respeito da Santa Sé, acudindo assim ás necessidades da Igreja. Se deu ordens, he porque entendeu ser isso necessario, e util ás Igrejas, que nós alli temos; fez o seu dever, e cumpriu a vontade do Governo.»

Na mesma sessão disse o Deputado Antonio José de Avila. «A revogação do Breve *Multa praeclare* he um acto, a que a Santa Sé se não póde recusar, porque, ainda mesmo que tivessem existido, que nunca existiram, as rasões, que motivaram aquelle Breve, elle completamente caducou pelo restabelecimento das relações da Corôa de Portugal com a Côrte de Roma, e por não terem nunca estado, nem estarem agora em abandono as Igrejas do Padroado.»

E não só caducou o Breve *Multa praeclare*, mas o *Probe nostis*, e outros semelhantes foram claramente revogados pela Santa Sé quando o Cardeal Nuncio, com plenos poderes de Sua Santidade, assignou em 21 de Fevereiro de 1857 os primeiros dois artigos da concordata, que dizem, palavras formaes:

Artigo 1.º Em virtude das respectivas Bullas Apostolicas, *e na conformidade dos Sagrados canones, continuará* o exercicio do *direito* do Padroado da Corôa Portugueza, quanto á India e China, nas cathedraes abaixo declaradas.

Art. 2.º Quanto á India: na Igreja *Metropolitana e primacial* de Goa; na Igreja archiepiscopal *ad honorem* de Cranganor; na Igreja episcopal de Cochim; na Igreja episcopal de S. Thomé de Meliapor; e na Igreja episcopal de Malaca.

As declarações do Ministro de Portugal mostravam pois ao Governo, e a todo o homem sensato, que o Santo Padre reconhecia que as dissenções, que no Oriente reinavam e reinam entre os Vigarios Apostolicos, e os Missionarios Portuguezes, eram e são escandalosas; que sobre este importante assumpto procurava o mesmo Santo Padre nos primeiros mezes de 1853 as possiveis informações; que para as conseguir isentas de parcialidade commettêra o exame da questão a pessoas de sua confiança; que amestrado pela experiencia, não reputava da sua confiança os Ministros da Propaganda, pois os punha de parte neste negocio; que, comtudo, obrigado da necessidade, não podia dispensar o Secretario daquella congregação; que este Secretario não era neste caso chamado para se ouvir o seu voto, mas simplesmente para fornecer esclarecimentos; que ao mesmo tempo, em que Sua Santidade procurava as ditas informações de pessoas insuspeitas, isto he, de fóra da Propaganda, dizia por sua propria bôca ao Ministro que não pensassemos nós os Portuguezes que era sua intenção, ou desejo, o privar-nos do Padroado do Oriente, ou diminuir a antiga extensão delle, antes que de boa vontade a ampliaria; que esta solemne e explicita declaração era espontanea, livre, e inteiramente conforme os seus paternaes sentimentos, e indefectivel justiça.

Tudo isto se colhe do officio do Barão da Venda da Cruz de 4 de Maio de 1853. Tudo isto era sabido na Curia. Apezar das sabidas e publicas disposições do Pontifice a favor da santa causa do Padroado Portuguez, lavrou-se com data de 9 do mesmo mez o celebrado Breve *Probe nostis,* e apenas lavrado, expediu-se a toda a pressa, e debaixo do mais rigoroso sigillo para a India. Os homens bem intencionados da Curia, nada souberam senão muito tempo depois. Note-se que em 23 de Junho (mez e meio depois da data do Breve) parece que o Ministro de Portugal ainda delle não tinha noticia; e ao mesmo tempo diz, referindo-se á opinião geral dos homens sizudos em Roma, e sem duvida ao mesmo Santo Padre. «Deseja-se, e mui sinceramente, acabar com as desordens alli (no Oriente), e reduzir as cousas a um tranquillo andamento, não podendo de outro modo conseguir-se o proposto fim da propagação do Evangelho. Os Portuguezes começaram esta obra, e emquanto estava a cargo delles sós, progrediu prosperamente. Desta verdade de facto estão aqui persuadidos, e por isso he hoje unanime o sentimento de todas as pessoas bem intencionadas, de que he necessario voltar aos Portuguezes, confiando-lhes de novo a empreza da propagação da fé naquellas regiões.»

Onde está pois a expressão da verdade? Estará na sagrada bôca do Pontifice proferindo cara a cara presente o Ministro de Portugal sem a mais leve hesitação ou rebuço, que não pensassemos que era sua intenção ou desejo o privar-nos do

Padroado do Oriente, ou diminuir a antiga extensão delle; antes que de boa vontade o ampliaria: ou no documento extorquido por aquella mesma corporação, que o Pontifice no proprio momento, em que tal documento era expedido, julgava affecta de parcialidade, e indigna da sua confiança?

(Reflexões sobre o Padroado Portuguez no Oriente. Nova Goa, 1858.)

Para se ver como em outro tempo o Papa era escrupuloso observante das Leis da Igreja, e reconhecia toda a plenitude da jurisdicção ordinaria Diocesana, e dos direitos do Real Padroeiro, publicamos os seguintes documentos:

Carta regia para o Vice Rey da India

(Arch. da India, livro das Monções, n.º 86, fol. 595.)

Vice Rey e Capitão General do Estado da India, amigo.— 1720 Abril 3
Eu ElRey vos envio muito saudar. Os Capuchinhos Italianos, Missionarios assistentes no lugar de Chandernagor de Bengalla, recorreram a Sua Santidade com o Memorial, cuja copia será com esta, o qual a mesma Santidade me mandou remetter para que eu fosse servido deferir aos ditos Missionarios na fórma da sua supplica, a qual hey por bem mandeis remetter ao Bispo de Meliapor, recommendando-lhe da minha parte que achando certo o que se relata, conceda logo a licença para se abrir a Igreja de que tratam; advertindo porém que quando neste negocio haja alguma alteração essencial, que faça mudar o seu systema, deveis suspender na resolução, e dar-me conta com documentos authenticos de tudo o que houver nesta materia, que provem a verdade do facto; o que espero executareis com aquelle acerto com que costumaes servir-me. Escripta em Lisboa occidental, a 3 de Abril de 1720.— Rey.—Para o Vice Rey e Capitão General do Estado da India.

Resposta do Vice-Rey

(Arch. da India, livro das Monções, n.º 86, fol. 593.)

1726 Janeiro 22 Senhor. — Por não chegar a esta cidade o Bispo de Meliapor, e fallecer no naufragio que padeceu a náo, que o anno passado partiu desse Reino, no baixo de Moma junto ás Ilhas de Angoxa, ficou cessando a diligencia de lhe mandar a copia do Memorial, em que os Capuchinhos Italianos Missionarios em Bengalla recorreram a Sua Santidade, para com tão soberana protecção alcançarem de Vossa Magestade a concessão da sua supplica; porém, como na cidade de S. Thomé se acha hum Religioso por Governador daquelle Bispado; logo que houver occasião para aquellas partes farei a mesma diligencia com o dito Governador, examinando primeiro as circumstancias, que Vossa Magestade me manda advertir, para em tudo observar o que Vossa Magestade me ordena. Deus guarde a muito alta é muito poderosa pessoa de Vossa Magestade felizes annos. Goa, 22 de Janeiro de 1726. —(com a rubrica do Vice Rey).

1719 Janeiro 9 Copia. — Beatissimo Padre. — Em virtude da Bulla que benignamente nos foi concedida por Vossa Santidade em 20 de Junho de 1714, dando-nos faculdade para poder edificar uma capella, ou oratorio, já pela Graça de Deus, e pelo favor dos bemfeitores se acha reduzido a perfeição este edificio, e a execução das *ordens expressas na mesma Bulla, na qual se dispõe não possa abrir-se capella sem a visita e approvação do ordinario,* nós alem de replicadas instancias para este fim ao Vigario Geral e Governador do Bispado de de S. Thomé de Meliapor, ultimamente vindo a estas partes de Bengalla e Visitador Geral desta Diocese, que he Portuguez Agostiniano, por nome Fr. Francisco da Purificação, e ao qual por carta particular escripta a um dos nossos remettia este negocio o sobredito Vigario Geral; nós uniformemente com repetidas supplicas e memoriaes apresentados com a devida formalidade, fizemos instancia para que o dito Visitador quizesse dignar-se conceder-nos, para gloria de Deos e beneficio das almas, a licença de poder abrir a nossa Igreja, para poder nella publicamente celebrar o Santo Sacrificio da Missa. Deve saber Vossa Santidade que neste lugar de Chandernagor de Bengalla o nosso hospicio he distante da Igreja Parochial mais de mil passos, e não havendo na dita Igreja Parochial mais de uma missa, quasi sempre, e em certos tempos particulares, ainda nas festas mais solemnes e principaes, são constrangidos muitissimos christãos a ser privados de ouvir Missa, e não obstante isto, não só depois de havermos feito nós as sobreditas instancias ao mencionado Visitador, mas tambem depois á Companhia Real da India (sendo este lugar dos Senhores Francezes) tem feito com a devida formalidade similhantemente repetidas instancias ao sobredito Padre Visitador, como de cousa concernente, alem do commodo dos fieis, ao beneficio tambem do publico, em todo o modo elle não só se não dignou de dar *in scriptis* alguma resolução á nossa supplica, isentando-se disso com varios pretextos, mas finalmente vindo a nossa casa, como por termos da civilidade a pagar-nos a visita, se declarou abertamente que não podia dar tal consenso e licença, e a maior desculpa que allega he, porque não sendo a Bulla de Vossa Santidade passada pela dataria de Portugal, diz lhe não basta o animo a resolver por si cousa alguma, e que poderia elle padecer alguma vexação do Vice Rey, e ainda do Arcebispo Primaz de Goa, como affirma succedera a outro Portuguez em tempo do Patriarcha Antiocheno, Cardeal de Tournon: tanto mais que affirma dois dias antes tinha recebido com carta particular huma ordem expressa do Vice Rey e Arcebispo Primaz de Goa, encaminhada pelo Vigario Geral de S. Thomé de Meliapor, para que se não intromettesse neste nosso particular negocio como cousa dos Missionarios da Propaganda. Por tanto nós humilissimos oradores de Vossa Santidade aqui annexo lhe enviamos com copia das nossas supplicas feitas ao sobredito Visitador Ge-

1749 Janeiro 9

1719 Janeiro 9 ral hum attestado desta Real Companhia, no qual se declara havel-o assim feito, para que Vossa Santidade se digne conceder-nos absoluta faculdade para que se possa abrir a dita Igreja, e celebrar-se nella publicamente a Santa Missa, ao que accresce que estes Senhores Francezes se tem comnosco abertamente declarado, dizendo querem em todo o modo se abra pelos mencionados motivos a nossa Igreja. E portanto Vossa Santidade se queira comprazer de nos livrar de todo o embaraço, concedendo-nos benignamente com a sua *Apostolica authoridade* a dita *absoluta licença* para poder abrir a nossa Igreja, e para poder publicamente celebrar a Santa Missa, como fica dito.

Chandernagor em Bengalla, 9 de Janeiro de 1719. Humilissimos oradores de Vossa Santidade. — Fr. João de Tans, Capuchinho Superior — Fr. Paulo Maria de Matelica, Capuch. — Fr. Antonio Maria da Sesi, Capuch.

(Arch. da India, livro das Monções, n.º 84, fol. 370.)

Pastoral do Bispo de Macau

(Boletim da India, n.º 28 de 1853.)

1853 Julho 10 D. Jeronymo José da Matta, por Graça de Deus, e da Santa Sé Apostolica, Bispo de Macau, do Conselho de Sua Magestade Fidelissima, que Deos guarde, etc., etc.

A todos os que estas nossas letras virem saude e paz em Nosso Senhor Jesus Christo, que he a verdade e santidade por essencia.

Fazemos saber que, tendo-se publicado em Bombaim huma carta a nós dirigida pelo Santissimo Padre Pio XI, em 10 de Março ultimo, e sendo provavel que a mesma publicidade se dê a outra, que igualmente nos foi dirigida pelo mesmo Santissimo Padre em 9 de Maio proximo passado, da qual se vê com evidencia que havemos sido atrozmente calumniado perante Sua Santidade, por falsas informações, que se lhe deram de que, prégando nós na Igreja de Nossa Senhora da Gloria de Masagão em Bombaim, pertenderamos illudir o auditorio asseverando fingidamente estarmos munido de licença, ou mandado Apostolico para exercitar os actos Pontificaes, que alli celebramos unicamente a pedido e com authorisação do Prelado Diocesano do Arcebispado de Goa, e só nas Igrejas da jurisdicção do mesmo Prelado; entendemos que exige o decóro e dignidade do caracter Episcopal, de que se acha revestida a humildade da nossa pessoa, e que he do nosso rigoroso dever desmentir os authores de tão odiosa intriga, declarando, como por esta declaramos solemnemente, em a presença de Deos e á face do mundo inteiro, que não só he falsa e iniqua aquella informação; mas huma atroz calumnia, que repellimos com justissima indignação, lamentando-nos ao mesmo tempo com o Psalmista *insurrexerunt in me testes iniqui et mentita est iniquitas sibi.* 1853 Julho 10

Nós recitámos he verdade hum breve discurso na sobredita Igreja de Masagão, porém a nossa linguagem foi, como convinha ao nosso Santo Ministerio, a linguagem da verdade, da conciliação e da paz, e nem huma só palavra dissemos da qual se podesse directa, ou indirectamente colligir que estavamos munido de outra alguma licença, mandado ou authorisação, que não fosse a da authoridade Diocesana do Arcebispado de Goa; e em abono da sinceridade que preside a esta nossa declaração, appellamos para o testemunho imparcial de quantos nos ouviram naquella occasião, e tambem para o bom senso e probidade de todos os que nos conhecem, tanto na Asia como na Europa, os quaes, temos a consoladora segurança de que pelos precedentes da firmeza e integridade do nosso caracter, estarão habilitados para julgar-nos incapaz de descermos a tão infame baixeza e indignidade, como seria o mentir na mesma cadeira da verdade!!!

Temos ainda a convicção de que o mesmo Santissimo Padre, que muito bem nos conhece, e cujas rectissimas inten-

1853 Julho 10 ções profundamente respeitâmos, de nós não formaria hum tal juizo, se não fosse astuciosa e indignamente illudido por homens que não comprehendem a altura, e santidade de sua missão, ou não sabem elevar-se a ella, e que agora nos obrigam a vencer a repugnancia que sempre tivemos a sustentar polemicas pela imprensa, por entendermos serem ellas pouco proprias da posição, em que por mercê Divina nos achâmos.

Dada em a nossa residencia da Raia, na provincia de Salcete de Goa, sob o nosso signal e sello das nossas armas, aos 10 de Julho de 1853. — (L. S.) Jeronymo, Bispo de Macau. — Por ordem de S. Ex.ª Rev.ma o Conego Francisco Caetano de Santa Anna e Costa, Secretario.

Circular do Governador Geral da India ao Vigario Geral do Norte e aos Governadores dos Bispados Suffraganeos, e Missionarios

(Boletim da India, n.º 29 de 1853.)

1853 Julho 18 Ill.mo Sr. — Constando-me que alguns Ecclesiasticos illegalmente constituidos em authoridade nas differentes Missões e Bispados da Asia, que de direito incontestavel e imprescriptivel pertencem ao Real Padroado de Sua Magestade Fidelissima, tem empregado, de hum modo bem pouco conforme com os principios da moral christã e de honestidade, todos os meios que a ambição e desregrada cobiça póde suggerir a homens, para se apossarem das Igrejas das ditas Missões e Bispados, edificadas com grandes sacrificios e despezas pelos Portuguezes, e sustentadas ha mais de tres seculos pela piedade religiosa dos seus Reis, á custa do Thesouro Publico de Portugal; e chegando igualmente ao meu conhecimento que os supramencionados Ecclesiasticos remetteram ultimamente aos Governadores legaes dos Bispados, e aos Reverendos Parochos, cujos beneficios pertendem a todo o custo empolgar e fruir, hum Breve Apostolico, senão apocrypho, conseguido subrepticiamente do virtuosissimo Pontifice que occupa a cadeira de S. Pedro, no qual são ameaçados com suspensão de ordens, e de serem declarados schismaticos, aquelles dos legitimos Pastores Evangelicos que se conservarem fieis aos seus deveres e não reconhecerem dentro de dois mezes a jurisdicção e authoridade contestavel e contestada, dos chamados Vigarios Apostolicos, ou agentes da Propaganda: cumpre-me na qualidade de Delegado de Sua Magestade a Rainha Fidelissima nesta parte do mundo, e a quem como tal compete manter e zelar os direitos e prerogativas da Corôa da mesma Augusta Senhora, recordar a V. S.ª se isso he necessario: 1.º que as cartas Regias de 5 de Abril de 1652, e 24 de Março de 1748, e muitas ordens da Côrte de differentes datas, prohibem a todos os subditos Portuguezes dar execução a qualquer Bulla, ou Rescripto Pontificio que não tenham o beneplacito Regio; 2.º que os principios da honra, e mesmo os que se acham consignados no Evangelho de Jesus Christo, obrigam a todo o homem honesto e bom christão a não entregar o alheio a alguem contra a vontade do seu dono; e 3.º, finalmente, que a Portaria n.º 2608 de 5 de Agosto do anno ultimo, do Ministerio da Marinha e Ultramar, que se acha publicada no *Boletim* n.º 41 do mesmo anno declara, que Sua Magestade Fidelissima está na firme intenção de não ceder das prerogativas que lhe competem, como Padroeira das Igrejas da Asia. Depois de tudo o que fica referido, eu tenho a certeza de que V. S.ª considerará como irrito, e de nenhuma validade o Breve que acima mencionei, datado de 9 de Maio do corrente anno, e desprezará como merecem, as ameaças daquelles que tem a audacia, e não se pejam de exigir de hum Sacerdote, que seja traidor e pratique huma expoliação. 1853 Julho 18

Deus guarde a V. S.ª Nova Goa, 18 de Julho de 1853. — Visconde de Villa Nova de Ourem. — Illmo Sr. Padre Antonio Mariano Soares, Arcediago da Sé Primacial de Goa, e Vigario Geral do Norte.

1853 Julho 18 Iguaes foram expedidas aos Governadores e Vigarios Geraes dos Bispados Suffraganeos deste Arcebispado, e a varios Missionarios.

Pastoral do Governador do Arcebispado de Goa

(Boletim da India, n.º 29 de 1853.)

D. Joaquim de Santa Rita Botelho, Bispo eleito de Cochim, do Conselho de Sua Magestade Fidelissima, Commendador da Ordem de Christo, Vigario Capitular e Governador Temporal do Arcebispado de Goa.

1853 Julho 21 A todos a quem o conhecimento desta pertencer saude, e paz em Nosso Senhor Jesus Christo.

Havendo recebido o officio do muito Reverendo Arcediago desta Sé Primacial, e Vigario Geral do Norte Antonio Mariano Soares, da data de 4 do corrente, pelo qual nos participava haver-lhe enviado o Ill.mo Vigario Apostolico de Bombaim, com a data do 1.º do mesmo, huma carta acompanhada da copia da Encyclica attribuida ao Santissimo Padre Pio IX, de data de 9 de Maio do anno corrente, dizendo-nos, que elle a retornára, significando ao sobredito Ill.mo Vigario Apostolico, que a não podia receber, sem que lhe fosse transmittida pela auctoridade competente etc., incluindo-nos juntamente o periodico *Catholic Examiner* de 2 de Julho; e percorrendo-o mui diligentemente deparamos com a mencionada Encyclica sob o titulo *Apostolic Brief*, e não o achando munido, e roborado com o Regio Beneplacito da nossa Fidelissima Rainha, como tesséra, ou signal caracteristico, de que nada continha contra os direitos da mesma Rainha, não só como Soberana de Portugal, e seus dominios; mas tambem, como Perpetua Administradora e Defensora do Mestrado e Cavalaria da ordem de Nosso Senhor Jesus Christo, logo em continente o suppomos apocrifo, e espurio, não sómente por este tão respeitavel principio geralmente admittido, e reconhecido por quasi todos os Soberanos da Europa, como tambem, por outros canonicos, pelos quaes os Governadores Episcopaes, e Vigarios Capitulares gosam de todas as prerogativas, e faculdades, que pertencem aos respectivos cabidos, a quem estes succedem, por direito commum, em todos os direitos proprios, solidos, e ordinarios dos Bispos; sendo certissimo, e fóra de toda a duvida, que hum delles he, o de defender, e conservar a integridade do territorio, que lhes fôra marcado, muito principalmente, quando se pretenda subtrahir-lhes as ovelhas, que fazem parte do rebanho, que fôra confiado á sua vigilancia, como se manda nas Actas dos Apostolos, sob pena de poderem ser depostos e castigados, como indignos ministros de Christo, e infieis administradores dos bens da Igreja; em virtude portanto, de todas as supracitadas auctoridades, e mesmo do Sagrado Concilio Tridentino não podemos permittir, que por huma simples exposição destituida de toda a formalidade requerida, feita em fórma de Breve Apostolico, fiquem deturbados, e invadidos todos os direitos da nossa jurisdicção ordinaria, e que os nossos subditos, e mui amados irmãos, em virtude daquelle denominado Breve Apostolico, prestem obediencia a outros superiores estranhos, emquanto não tenhamos a definitiva resolução da nossa Augusta Rainha, a cuja Real presença, na occasião mais opportuna, levaremos, como tanto nos cumpre este inesperado, e assaz estranho successo. A vista pois do exposto, e receando que ainda por esta vez se haja repetido o desejo de, por illusão, se não por huma usurpativa ambição e quererem obrigar-nos a reconhecer como legitimos preceitos dos Soberanos Pontifices, determinações assaz odiosas, e apocrifas, afim de prear tão illegalmente as Igrejas pertencentes á jurisdicção do Real Padroado, temos motivos assaz bastantes, e mui justificados, para recearmos que o pretenso Breve fosse assignado pelo Santissimo Padre, cujas imminentes virtudes apuradas, e acrisoladas em criticos e procellosos tempos, tem atrahido os corações até de seus inimigos, e conseguindo por estas maneiras suaves e doces, reger a barca de S. Pedro livre e immune de todo o perigo. Sendo pois, em resumo este o com-

1853 Julho 21

1853 Julho 21 plexo de todas as edificantes, e exemplares qualidades, que esmaltam a linha da conducta do nosso actual Pontifice, que Deus conserve por dilatados annos, está claro, que ella se não compadece com o espirito do Breve, que mui seductoramente se lhe pretende imputar, ordenando por elle a expoliação dos direitos da Corôa Portugueza, direitos adquiridos pelos legitimos titulos da fundação, dotação e posse pacifica desde o tempo immemorial, titulos gloriosos, repetimos, ganhados á custa de torrentes de sangue Portuguez, e de hum immenso cabedal, que os Fidelissimos Senhores Reis de Portugal dispenderam, exaurindo gostosos o seu outr'ora riquissimo thesouro, para propagação da Religião Catholica; o que ainda hoje a nossa Augusta Soberana mui religiosa, e piamente não deixa de mandar executar, concorrendo com o numerario preciso, para manutenção das Igrejas e congrua sustentação dos Missionarios do seu Real Padroado.

Mui satisfactoriamente citariamos aqui todas as provas deduzidas de algumas Bullas Pontificias, e de outros muitos canonistas de melhor nota, a favor dos inauferiveis direitos do Padroado da nossa Rainha Fidelissima; se, por ventura, coubesse no escaço limite desta circular, e se não estivessem ao mesmo tempo comprovadas, e repetidas mui exuberantemente por outras pennas doutissimas, e de hum merito mui superior.

Eis-aqui pois nossos amados, e dilectissimos filhos em Jesus Christo, o que precisamente julgamos expor-vos, com grande magua do nosso espirito assaz attribulado, relativamente a apparição do já mencionado Breve Apostolico, cuja execução não podemos permittir sem manifesta, e criminosa violação dos sagrados direitos do Padroado da nossa Augustissima Rainha, como mui energicamente ha tambem manifestado o Illmo e Exmo Sr. Visconde de Villa Nova de Ourem, e Governador Geral deste Estado, na qualidade de Delegado de Sua Magestade Fidelissima, e accerrimo defensor do seu Real Padroado, por seu Edital publicado em 18 do corrente, que o julgamos dever incluir a cada huma das Auctoridades deste Arcebispado, para a devida intelligencia de tudo quanto por elle está ordenado: entretanto que a mesma Rainha Fidelissima não seja servida dar-nos as suas ordens sobre este importante objecto. Cumpre-nos portanto, ordenarmos a todos os Governadores Episcopaes, Vigarios Geraes, e Parochos sujeitos á nossa jurisdicção Metropolitana existentes em Bombaim, ou em toda a parte, onde este Apostolico Breve se apresentar, que a despeito de tudo quanto por elle pretendam insinuar os adversarios do Real Padroado, continua o livre exercicio de todas as suas obrigações religiosas na certa convicção de que o nosso Soberano Pontifice Pio IX, Prototypo e modelo de toda a rectidão, e justiça, depois de bem informado da verdade, que assiste á nossa causa, se não dedignará de reconhecer-nos como a seus filhos extremosamente obedientes, e sujeitos pela pureza da nossa fé, da nossa orthodoxia, e finalmente, por huma mui compacta adhesão, e humilde dedicação á Sagrada Pessoa do Santissimo Padre Pio IX, hoje felizmente Vigario de Nosso Senhor Jesus Christo na terra. 1853 Julho 21

Ordenamos finalmente, que esta nossa circular seja explicada da cadeira da Estação, pelos Reverendos Parochos da jurisdicção deste Arcebispado Primaz, aos respectivos freguezes em Domingos, e dias Santos de guarda consecutivos á sua recepção, á hora da Missa Conventual, e guardado com fidelidade e segurança o original impresso, que será transcripto no Livro de Decretos dando-nos immediatamente parte de assim o haver cumprido e executado.

Dada nesta nossa residencia Episcopal em Betim, aos 21 de Julho de 1853, sob o nosso signal e armas do Illmo e Rev.^{mo} Cabido. — O Bispo eleito de Cochim, V. C. do Arcebispado de Goa.

Circular do Governador do Arcebispado de Goa aos Prelados e Missionarios do dito Arcebispado

(Boletim da India, n.º 34 de 1853.)

1853 Julho 23 N.º 164.—Illmo e Rev.^{mo} Sr.—Do conteudo da nossa Pastoral da data de 21 do corrente, corroborada com o Edital do Illmo e Exmo Sr. Visconde de Villa Nova de Ourem, e Governador Geral deste Estado inclusa nesse, V. S.ª verá a urgente, e imperiosa necessidade, em que nos achâmos de sustentar, com todo o vigor, e actividade possivel, os direitos da Corôa Portugueza, invadidos por um supposto Breve, que se pretende attribuir ao Nosso Santissimo Padre Pio IX, que devemos provavelmente suppor, esteja mui alheio de tudo, que o mesmo Breve pretende insinuar, e entretanto que, assim o reputamos apocrypho e suppositicio, como fica demonstrado, cumpre a todo e qualquer subdito Portuguez não acredital-o, e menos reconhecel-o; por isso que, elle não esteja completamente revestido de todos aquelles caracteres para haver de ser recebido, e executado; e nesta intelligencia deverá V. S.ª dar toda a publicidade possivel, não só ao sobredito Edital, mas ainda á nossa Pastoral pela fórma prescripta na mesma, não permittindo, que em virtude do pretenso Breve, haja disturbio algum espiritual e jurisdicional na marcha anteriormente estabelecida, e seguida.

Não duvidando por tanto, que V. S.ª fiel aos seus juramentos á Patria, e á Nação, a que pertence, se desvelará mui esmeradamente na execução de tudo que lhe havemos ordenado, cumpre-nos assegurar-lhe de todo o nosso reconhecimento, e bem assim do da nossa Augusta Soberana pelo serviço por V. S.ª prestado a prol das Igrejas do seu Real Padroado.

Deus guarde a V. S.ª Residencia Episcopal de Betim, 23 de Julho de 1853.—O Bispo eleito de Cochim, Vigario Capitular, e Governador Temporal do Arcebispado de Goa.—

Illmo e Rev.^{mo} Sr. Governador Episcopal das Dioceses de Cochim e Cranganor. 1853 Julho 23

Neste sentido foram expedidos sob a mesma data aos outros Prelados e Missionarios deste Arcebispado Metropolitano.

Annuncio do Governador do Arcebispado de Goa

(Boletim da India, n.º 32 de 1853.)

De ordem de S. Ex.ª Rev.^{ma} o Senhor Bispo eleito de Cochim, Vigario Capitular, o Governador Temporal deste Arcebispado, se faz publico que, constando ao mesmo Exmo Sr. que o Vigario Apostolico Aleixo Cannoz appellára contra a sentença que S. Ex.ª havia obtido, pela qual se mandou entregar á legitima jurisdicção do Primado do Oriente as Igrejas de Sarangany, e Trinchinapoly sujeitas ao Arcebispado de Cranganor, que aquelle Vigario Apostolico tinha usurpado ao Real Padroado, mandou immediatamente ao actual Governador do Bispado de S. Thomé de Meliapor que procurasse mui desveladamente obter na Côrte de Madrasta a confirmação da supradita sentença, sem reparar nas despezas que fossem mister fazerem-se para sustentar os direitos do Real Padroado, e pelo officio que o mesmo Exmo Sr. hontem recebeu daquelle Prelado, consta que por sentença do Supremo Tribunal da Presidencia de Madrasta, fôra decidida a favor do mesmo Real Padroado a Apellação acima mencionada, condemnado no pagamento das custas da causa o aggressor daquelles direitos o referido Vigario Apostolico Aleixo Cannoz. 1853 Agosto 9

S. Ex.ª que se não poupa a fadigas e despezas para sustentar os inconcussos direitos do Real Padroado da Corôa de Portugal, espera em Deus, auctor de toda a justiça, e rectidão que outro tanto aconteça a respeito de outras Igrejas usurpadas igualmente pela Propaganda que se, por ventura,

1853 Agosto 9 pelo lado do embuste e manifesta fraude invade os direitos mais sagrados adquiridos pela edificação, fundação, e dotação, pelo outro são elles reconhecidos e mantidos pela rectidão e justiça dos integerrimos Magistrados Inglezes.

Camara Pontificia, em 9 de Agosto de 1853.—O Official maior da mesma, José Luiz de Sousa.

Carta do Governador Geral da India para o Vigario Geral do Norte

(Boletim da India, n.º 32 de 1853.)

1853 Agosto 10 Illmo Sr.—Depois que dirigi a V. S.ª a minha carta de 18 de Julho ultimo, mostrando a nenhuma consideração que merece o Breve Pontificio de 9 de Maio do corrente anno, por lhe faltarem circumstancias essenciaes, e o inteiro despreso a que se devem votar as suggestões dos chamados Vigarios Apostolicos, ou agentes da Propaganda Fide, para lhe serem entregues as Igrejas que a piedade religiosa dos nossos Reys, e dos nossos maiores edificaram, e dotaram por toda a Asia á custa de grandes despezas e sacrificios, recebi ordem do Governo da Metropole, pela ultima mala da Europa, para assegurar pelo modo mais expresso e positivo a todos os Ecclesiasticos, que louvavelmente têem persistido em sustentar os direitos da Corôa de Sua Magestade Fidelissima nesta parte do Mundo, que a mesma Augusta Senhora ficou surprehendida quando chegou ao seu Real conhecimento a existencia do supra indicado Breve Apostolico de 9 de Maio, que estava longe de poder esperar em vista das ultimas communicações do Ministro Portuguez na Côrte de Roma, declarando que a Santa Sé se achava inclinada a reconhecer a justiça das nossas reclamações; e que o Governo vae pedir huma condigna satisfação pela sobrepticia publicação do alludido Diploma, estando disposto a manter com energia a integridade dos direitos do Padroado, a dignidade da Corôa, e a honra Nacional.

Desta communicação official, que faço a V. S.ª por ordem do Governo de Sua Magestade, V. S.ª conhecerá a falsidade com que já no citado Breve se affirma, que os honrados Ecclesiasticos que não se prestam a ser consocios dos agentes da Propaganda em huma verdadeira expoliação da fazenda, e das prerogativas da Corôa de Portugal se oppõem aos votos da Rainha Fidelissima: Vergonha eterna a quem, por ambição de ouro, e de mando, e não por piedade christã, e pela salvação dos fieis, se arranjou a pôr na bôca do Vigario de Jesus Christo tão grosseira mentira! A Soberana de Portugal honra o zelo de V. S.ª na defensão dos direitos da sua Real Corôa, e a fidelidade que V. S.ª tem manifestado na guarda da Igreja que lhe foi confiada. 1853 Agosto 10

Deus guarde a V. S.ª Palacio do Governo Geral em Nova Goa, 10 de Agosto de 1852.—Visconde de Villa Nova de Ourem.—Ill.mo Sr. Antonio Mariano Soares, Vigario Geral do Norte.

Iguaes se expediram a todos os Missionarios.

Circular do Governador do Arcebispado de Goa aos Prelados e Missionarios do dito Arcebispado

(Boletim da India, n.º 34 de 1853.)

N.º 196.—Ill.mo e Rev.mo Sr.—Devendo darmos a mais prompta execução á Soberana resolução de Sua Magestade, a Rainha minha Senhora, chegada por esta ultima mala da Europa, ácerca do revoltante Breve de 9 de Maio proximo do anno corrente, attribuido pelos agentes da Propaganda ao Santissimo Padre Pio IX, e transmittida pelo Ex.mo Governador Geral deste Estado, pela fórma, que V. S.ª achará exposta, e assignada pelo mesmo Ex.mo Sr. na sobredita Resolução, que lhe incluimos, ordenâmos a V. S.ª, que ficando na perfeita intelligencia de tudo quanto por ella está manifes- 1853 Agosto 17

1853 Agosto 17 tado, procura mui diligente e religiosamente para persuadir aos seus subditos a mui importante verdade da mesma, instruindo, e certificando-os ultimamente, que a mesma Soberana jámais permittirá, por huma fórma tão dolosa, e obrepticia que fique privada dos direitos do seu Real Padroado adquiridos por mais de tres seculos—ordenâmos finalmente, que esta, em additamento á nossa Pastoral de 21 de Julho ultimo, e ao Edital do Exmo Governador Geral de 18 do mesmo, seja lida, e explicada da cadeira de Estação em tres domingos consecutivos á recepção desta, e copiada no livro competente.

Deus guarde a V. S.^{a} Residencia Episcopal em Betin, 17 de Agosto de 1853.—O Bispo eleito de Cochin, Vigario Capitular, Governador Temporal do Arcebispo de Goa.—Illmo e Rev.^{mo} Sr. Governador Episcopal das Dioceses de Cochim e Cranganor.

Neste sentido foram expedidos, sob a mesma data, aos outros Prelados, e Missionarios deste Arcebispado Metropolitano.

Officio do Governador da India para o Bispo de Macau

(Boletim da India, n.º 45 de 1853.)

1853 Outubro 27 N.º 384.—Exmo e Rev.^{mo} Sr.—Apreciando o relevante serviço que V. Ex.ª acaba de fazer ás Igrejas do Real Padroado na India, e com especialidade a esta Diocese Archiepiscopal de Goa e Metropolitana do Oriente, ordenando hum bom numero de operarios Evangelicos para serem empregados nas differentes Missões a cargo das ditas Igrejas, e para o explendor do Culto Divino, e ministrando o Santo Sacramento da Confirmação a muitos Fieis, que ardentemente o desejavam; assim como reconhecendo igualmente os grandes incommodos, e soffrimentos a que V. Ex.ª se expoz, sahindo da sua Diocese, para satisfazer ás piedosas intenções de Sua Magestade, nossa Augusta Soberana, em beneficio das Christandades do Indostão: eu faltaria ao meu dever se deixasse de dar a V. Ex.ª hum testemunho muito authentico da minha convicção a respeito do que fica referido, e do affecto que consagro a V. Ex.ª pelas suas altas virtudes, e incomparavel dedicação e zelo pelo serviço publico de Sua Magestade. Tambem devo significar a V. Ex.ª o meu profundo pezar pela sua sahida desta capital, no qual creio que sou acompanhado por todos os habitantes da India Portugueza; reconhecendo todavia a necessidade em que V. Ex.ª está de voltar á sua Diocese de Macau. 1853 Outubro 27

Deus guarde a V. Ex.ª muitos annos.—Palacio do Governo Geral em Nova Goa, 27 de Outubro de 1853.—Illmo Exmo e Rev.^mo^ Sr. Bispo de Macau.—Visconde de Villa Nova de Ourem.

Commissão do Governador da India dada ao Secretario do Governo e ao Procurador da Corôa para concederem e confirmarem aos Ranes e Dessays de Satarg as Accas, etc.

(Arch. da India, livro 3.º de Pazes, fol. 76.)

Antonio Cesar de Vasconcellos Correia, Visconde de Torres Novas, do Conselho de Sua Magestade Fidelissima, Fidalgo Cavalleiro de Sua Real Casa, Grão Cruz da muito distincta e Real Ordem de Carlos III de Hespanha, Commendador das Ordens de Christo, e Nossa Senhora da Conceição de Villa Viçosa, Official da antiga e muito nobre Ordem da Torre Espada do valor, lealdade e merito, Cavalleiro da Ordem Militar de S. Bento de Aviz, Marechal de Campo graduado, e Governador Geral do Estado da India, etc., etc. 1856 Maio 2

Dou commissão a Joaquim Heliodoro da Cunha Rivara, Secretario deste Governo Geral, e a José Bernardo Collaço, Procurador da Corôa e Fazenda deste Estado, para da minha parte, e em nome de Sua Magestade Fidelissima concede-

1856 Maio 2 rem, e confirmarem aos Ranes e Dessays de Satary as Accas, Mocaçós, e mais proventos, que direitamente lhes pertencerem. E para constar passei a presente. Palacio do Governo Geral em Nova Goa, 2 de Maio de 1856.—Visconde de Torres Novas.

O original no Livro das *Monções*, do anno de 1856.

Termo confirmando aos Ranes e Dessays de Satary a posse das Accas, Mocaçós e Inamas

(Arch. da India, livro 3.º de Pazes, fol. 77.)

Anno do nascimento de Nosso Senhor Jesus Christo de 1856, aos 2 dias do mez de Maio, aos 12 da Lua minguante do mez de Cheitra do anno de 1778 denominado Nola da Era do Rei Xahalivan, no Palacio do Governo Geral do Estado da India em Pangim, sendo presentes o Ill.mo Sr. Secretario do Governo Geral Joaquim Heliodoro da Cunha Rivara, e o Sr. Procurador da Corôa e Fazenda José Bernardo Collaço, e bem assim Umagi Ranes de Gululem, Gondobá Ranes de Maulinguem, Deubá Ranes de Poriem, Babagi Ranes de Saleli, Narbá Rau Dessay de Rivem, Xabá Dessay de Guleli, Babu Dessay de Advoi, Custobá Dessay de Sanvordem, e Apa Sancrobá Ranes de Corqui, todos da Provincia de Satary, ou Sanquelim, foi dito pelos primeiros nomeados Srs. Secretario e Procurador da Corôa por parte e commissão de S. Ex.ª o Sr. Visconde de Torres Novas, Governador Geral deste Estado, que desejando S. Ex.ª a consolidação da paz e socego de todo o Magestoso Estado, vira, e examinára os differentes requerimentos, e representações dos Dessays acima nomeados sobre os bens e rendimentos, que lhes pertencem na Provincia de Satary; e que visto tudo e examinado, o mesmo Ex.mo Sr. Governador Geral em nome de Sua Magestade Fidelissima confirma aos Ranes e Dessays acima nomeados a posse das Accas e Mocaçós e Inamas, na fórma que foram apurados no anno de 1824, e consta do Livro 23.º

dos Registos Geraes da Contadoria, e mais esclarecimentos 1856
posteriores, e que por certidão e copia authentica fazem Maio
parte deste Termo; e os sobreditos Ranes e Dessays disseram que de sua livre e espontanea vontade acceitavam a dita confirmação nos termos em que he concedida; e como verdadeiros e submissos vassalos, e subditos de Sua Magestade Fidelissima, e deste Magestoso Estado promettiam perpetua obediencia e vassalagem ao Mesmo Augusto Senhor e Estado, e desde já para todo sempre cediam, e renunciavam a qualquer outra reclamação sua, sentença ou decisão, que em juizo ou fóra delle haja sido feita, dada, ou proferida a favor delles, ou de algum, ou alguns delles na parte que não for conforme com os termos da presente concessão, e confirmação, a qual acceitam, acatam, e veneram como prova da benevolencia, equidade, e justiça de Sua Magestade Fidelissima para com elles sobreditos Ranes e Dessays, subditos e vassalos do mesmo Augusto Senhor, e deste Magestoso Estado, e os sobreditos Srs. Secretario e Procurador da Corôa prometteram da parte de S. Ex.ª, e em nome de Sua Magestade Fidelissima conservar aos ditos Ranes e Dessays a mansa e pacifica posse das ditas propriedades, e rendimentos com a mesma segurança e garantias que a qualquer outro subdito e vassalo deste Estado he concedida. E em fé e firmeza de tudo acima dito e estipulado se lavrou este Termo, que todos assignaram, e eu Suriagy Ananda Rau, Lingua do Estado, o escrevi; e neste mesmo acto foi por mim lido e explicado a todos. — Joaquim Heliodoro da Cunha Rivara, Secretario do Governo Geral — José Bernardo Collaço, Procurador da Corôa e Fazenda—Suriagy Ananda Rau, Lingua do Estado — Assignados marathas de Umagi Ranes, Dessay de Gululem — Gondobá Ranes, Sar Dessay de Sanquelim — Deubá Ranes, Sar Dessay da Aldeia Pariem — Babagi Ranes, Sar Dessay Salelicar — Narbá Rau, Dessay da Aldeia Rivem — Xabá, Dessay de Guleli — Babú, Dessay de Advoi — Custobá, Dessay de Sanvordem — Apá Sancorbá Ranes, de Carqui.

O original existe no Livro das *Monções* do anno de 1856.

Termo de aceitação de Ambruta Rau Ranes, Sar Dessay de Sanquelim

(Arch. da India, livro 3.º de Pazes, fol. 79.)

1856 Maio 6 Anno do nascimento de Nosso Senhor Jesus Christo de 1856, aos 6 dias do mez de Maio, dois dias da Lua crescente do mez Vaixae, sendo presentes Ambruta Rau Ranes, Sar Dessay de Sanquelim, administrador da casa, na Secretaria do Governo Geral deste Estado perante Joaquim Heliodoro da Cunha Rivara, Secretario do Governo Geral, foi lido e explicado ao dito Sar Dessay o Termo lavrado na data de 2 do corrente, e assignado pelos outros Dessays e Ranes da mesma Provincia de Satary, e pelo dito Ambruta Rau Ranes Sar Dessay foi declarado que elle da sua parte acceitava a concessão e confirmação de suas Accas, Mocaçós, e Inamas na mesma fórma, e com as mesmas clausulas no dito Termo conteudas, sem discrepancia alguma, reconhecendo-se, e confessando-se da mesma sorte subdito e vassalo fiel de Sua Magestade Fidelissima, a quem promette perpetua, e inalteravel obediencia, e a este Magestoso Estado, renunciando a quaesquer reclamações, sentenças, ou decisões, que em juizo, ou fóra delle hajam sido feitas, dadas, ou proferidas a favor delle, na parte que não forem conformes com os termos da dita concessão e confirmação, constante do referido Termo de 2 do presente, ao qual dá seu pleno, e inteiro assentimento, como se aqui fosse todo *de verbo ad verbum* escripto e incorporado. E em fé e firmeza de tudo acima dito e estipulado se lavrou este Termo, que elle dito Ambruta Rau Ranes Sar Dessay assignou com o Secretario do Governo, sendo a este acto presentes o Official Maior da Secretaria Christovão Sebastião Xavier, e Official Maior graduado da mesma Secretaria Filippe Nery Xavier, que como testemunhas assignaram. E eu Luiz Caetano do Rosario Martins, Official da mesma Secretaria, o escrevi, o que tudo foi por mim Traductor do Juizo de Direito da comarca das Ilhas, no impedimento do Interprete da Secretaria, lido e explicado ao dito Ambruta Rau, que ficou de tudo inteirado. — Joaquim Heliodoro da Cunha Rivara — Assignado maratha de Ambruta Rau Ranes Sar Dessay — Christovão Sebastião Xavier — Filippe Nery Xavier — Luiz Caetano do Rosario Martins. 1856 Maio 6

O original existe no Livro das *Monções* do anno de 1856.

Termo de aceitação de Rangi Ranes, Sar Dessay de Sanquelim

(Arch. da India, livro 3.º de Pazes, fol. 80.)

Anno do nascimento de Nosso Senhor Jesus Christo de 1856 aos 8 dias do mez de Maio, aos quatro da Lua crescente do mez Vaixae do anno de 1778 denominado Nala da Era do Rei Xahalivan, sendo presente Raugi Ranes, Sar Dessay de Sanquelim, na Secretaria do Governo Geral deste Estado, perante o Ill.mo Sr. Joaquim Heliodoro da Cunha Rivara, Secretario do Governo Geral, foi lido e explicado ao dito Sar Dessay o Termo lavrado na data de 2 do corrente, e assignado pelos outros Ranes e Dessays da mesma Provincia de Sanquelim ou Satary, e pelo dito Raugi Ranes foi declarado que elle de sua parte acceitava a concessão, e confirmação de suas Accas, Mocaçós, e Inamas na mesma fórma, e com as mesmas clausulas no mesmo Termo conteudas, sem discrepancia alguma, reconhecendo-se, e confessando-se da mesma sorte subdito e vassalo de Sua Magestade Fidelissima, a quem promette perpetua e inalteravel obediencia, e a este Magestoso Estado, renunciando a quaesquer reclamações, sentenças, ou decisões, que em juizo ou fóra delle hajam sido feitas, dadas, ou proferidas a favor delle na parte que não forem conformes com os termos da dita concessão, e confirmação constante do referido Termo de 2 do presente, ao qual dá seu pleno e inteiro assentimento, como se aqui 1856 Maio 8

1856 Maio 8 fosse todo *de verbo ad verbum* escripto e incorporado. E em fé e firmeza de tudo acima dito e estipulado se lavrou este Termo, que elle dito Raugi Ranes Sar Dessay assignou com o mesmo Sr. Secretario do Governo, sendo a este acto presentes o Official Maior da Secretaria Christovão Sebastião Xavier, e Official Maior graduado da mesma Filippe Nery Xavier, que como testemunhas assignaram. E eu Suriagy Ananda Rau, Lingua do Estado, o escrevi, li, e expliquei ao mesmo Sar Dessay, que de tudo ficou inteirado. — Joaquim Heliodoro da Cunha Rivara — Raugi Ranes, Sar Dessay da Provincia de Sanquelim — Christovão Sebastião Xavier — Filippe Nery Xavier — Suriagy Ananda Rau, Lingua do Estado.

N. B. O original existe no Livro das *Monções* do anno de 1856.

Nota dos Mocaçós, Inamas, e Pensões, que possuiam os Dessays e Sar Dessays Ranes da Provincia de Satary, confeccionada em vista do inventario procedido pelo Des-Porobo Atmarama Porobo, em 6 de Setembro de 1824, e dos mappas dos Torofos da mesma Provincia, enviados a esta Repartição pelo respectivo Administrador Fiscal, por officio n.° 73 de 17 de maio de 1851, e finalmente dos esclarecimentos posteriormente dados em 23 de Agosto de 1853 pelo Administrador sido da segunda divisão, Antonio Salvador do Rosario e Miranda.

(Arch. da India, livro 3.° de Pazes, fol. 81.)

Aos Ranes de Gululem pertence o seguinte:

1856 A aldeia Ravona por Mocaçó (A).

A pensão annual na aldeia Pariem de 20–0–00

O palmar Motto por Inama na dita aldeia Poriem (A).

A vargea de Pariem por Inama (A).

A vargea Moli de Sanquelim pertencente á aldeia Pariem (A).

O arecal Curchirem por Inama, situado na aldeia deste nome (A). 1856

A pensão annual das vargeas de vangana na aldeia Ambelim 70-0-00

A vargea de vangana de um candil na aldeia Gululem (A).

90-0-00

Aos Ranes de Sanquelim e Querim pertence o seguinte:

A pensão annual deduzida da renda das vargeas de vangana da aldeia Amboli importante em 80-0-00

A aldeia Queri por Mocaçó (A).

O palmar Moitem por Inama, sito na Comarca de Bardez, que possue o Colopo (A).

Pensão annual das vargeas de Vangana da aldeia Comarcana de 28-0-00

Dita no arecal Nainguinim, sito em Curchirem.............................. 6-0-00

Dita na de Ravona 18-0-00

O arecal Tollem por Inama, situado na aldeia Sonus (A).

Pensão annual pelo arecal Curchirem por Inama 40-1-30

Dita pelo arecal Podoxem por Inama...... 21-0-00

O arecal Sonús ou Sonús Vonvolliem por Inama (A).

Aos Ranes de Saleli pertence:

A aldeia Saleli por Mocaçó (A).

A pensão annual no arecal Tollem por Inama 4-0-00

Ao Dessay de Advoi Suriabá Rau pertence:

A aldeia Advoi por Mocaçó (A).

Um arecal na aldeia Vantem por Mocaçó (A).

1856

Aos Ranes de Maulinguem Govinda Ranes e outros pertence:

A aldeia Maulinguem por Mocaçó (A).
Um arecal na aldeia Vantem por Mocaçó (A).
A pensão annual pelo arecal Tollem 4-0-00

Aos Dessays de Sanvordem:

A aldeia Sanvordem por Mocaçó (A).

Aos Ranes de Poriem:

A aldeia Poriem por Mocaçó (A).
A pensão annual pelo arecal Tollem 4-0-00
Dita pelo arecal Vana................. 48-2-55

Aos Ranes de Rivem.

As aldeias de Rivem e Dongurli por Mocaçó (A).

Aos Dessays de Guleli:

A aldeia Guleli por Mocaçó (A).

Mais bens que pertencem aos Ranes de Querim, Abá Ranes, ou Custangi Ranes

Como Gorbaga [1], as propriedades sitas na aldeia Podexem (A).

(A) Não vão declaradas nestas verbas as quantias constantes do alludido inventario, e mais documentos existentes nesta repartição, por serem incertos os rendimentos, que lhes respeitam.

Segue-se as Accas, que estes Ranes e mais mercenarios recebem directamente da fazenda

Raugi Ranes e Satrogi Ranes, Dessays de Sanquelim e Queri, vencem a quantia annual de................................2500-0-00

[1] Terreno adjacente á casa, e sua pertença.

1856

N. B. Esta pensão procede da Acca denominada *Chorguem,* que elles percebiam pela alfandega de Sanquelim.

Custobá Irbá Ranes, Sar Dessay de Corqui, vence a quantia annual de 399–4–26

N. B. He huma Acca semelhante á denominada *Chorguem,* da alfandega de Sanquelim.

Zalbá Ranes, Sar Dessay de Gululem, vence a quantia annual de 305–2–03

N. B. He huma Acca que cobrava em outro tempo o dito Ranes pelo desfiladeiro de Sanquelim.

3205–1–29 1/2

Aos Ranes e Dessays da Provincia de Sanquelim se acha garantido o direito á percepção da Acca, ou pensão denominada de *Tainata,* e *Passodi,* importante na quantia de 1808–2–30, emquanto por documentos não mostrarem ter direito para mais, e se lhes permittiu, em analogia com alguns Dessays de outras Provincias, poderem disfrutal-a, separando-a dos fóros, para cujo fim foi extremada a dita importancia da somma dos fóros, pensão, rendas, e mais direitos do inventario, que delles se fez no anno de 1824, e distribuida pela maneira seguinte:

A Raugi Ranes, Sar Dessay de Sanquelim e Querim, uma metade 904–1–15

A Satrogi Ranes uma quarta parte, ou 452–0–37 1/2

A Lacximina Bai, viuva de Zaitogi Ranes, e mai de Balvanta, outra quarta parte 452–0–37 1/2

5013–3–59 1/2

O Escripturario Luiz Maria de Araujo a extrahiu. Contadoria geral 2 de Maio de 1856. — O Contador Geral interino, João Vicente Soares da Veiga.

N. B. O original existe no Livro das *Monções* do anno de 1856.

Traducção da carta do Papa Pio IX a Sua Magestade El-Rey D. Pedro V, e do documento a ella annexo

(Arch. do Ministerio dos Negocios Estrangeiros.)

1856 Julho 25 Senhor.— O Sr. Conselheiro José de Vasconcellos e Sousa, Enviado Extraordinario de Vossa Magestade junto desta Santa Sé, apresentou-me o agradavel autographo, que Vossa Magestade me dirigiu. Foi este para mim de muita consolação, porque confirmou-me na persuação do affecto e acatamento de Vossa Magestade para com o Vigario de Jesus Christo, o que claramente se manifesta pelos sentimentos de rara piedade e religião, que tanto honram a Vossa Magestade, estando disposto a defender e propagar em toda a sua pureza a religião catholica em todos os dominios da sua Real Corôa, seguindo os exemplos dos seus augustos antepassados. Assim é que com os explendidos dotes do seu coração se conforma o desejo que tem de levar a feliz conclusão a sabida questão do Padroado. Não é inferior o meu desejo de me occupar quanto posso, e na conformidade dos deveres do meu ministerio apostolico em reorganisar onde quer que seja necessario as materias ecclesiasticas do seu reino, pois desde o começo do meu pontificado dediquei a isto os meus pensamentos, e os meus cuidados. Em prova disto junto huma historia resumida, em que poderá Vossa Magestade facilmente ver, e diremos quasi em um quadro verdadeiro, o estado da questão, e quanto tem feito a Santa Sé. Á sabedoria de Vossa Magestade a apreciação das suas especiaes circumstancias. No entretanto posso dar a Vossa Magestade segurança de estar plenamente disposto a coadjuvar os seus pedidos relativos ao Padroado com as providencias que redundam no bem espiritual dos povos que lhe estão sujeitos. Confio que Vossa Magestade, admittindo amoravelmente esta confidencial e paterna manifestação, quererá auxilial-a com toda a sua actividade para a levar a feliz conclusão, segundo os seus e meus desejos. Esta consolação ardentemente ambicionâmos todos, e eu a espero do religioso coração de Vossa Magestade, a quem bem como a toda a sua augusta familia com plena effusão do meu coração dou a Benção Apostolica. Roma junto de Santa Maria Maior, 25 de Julho de 1856.—Pius PP. IX. 1856 Julho 25

Documento annexo á carta

A questão do Padroado Portuguez diz respeito particularmente á India, por isso que em relação á China reciprocamente se convencionou que elle ficasse circumscripto á Diocese de Macau.

Esta questão porém é muito simples no estado em que hoje se acha reduzida, visto que a Santa Sé tem constantemente declarado reconhecer o Padroado dependente da Corôa de Portugal, estabelecidas comtudo algumas bases ou condições de manifesta justiça e equidade.

A primeira destas bases he a conveniencia de huma justa divisão do vasto territorio em que ficasse vigorando o Padroado, formando-se delle hum numero de Dioceses proporcionado ás necessidades da população, e ao alto interesse da Religião; resultando daqui claramente que quanto mais multiplicada for a divisão territorial, tanto maior extensão virá a ter o exercicio do Padroado.

A segunda condição exige o inteiro cumprimento em cada huma das novas Dioceses das bem conhecidas prescripções de dotação e seminarios, para a sua canonica instituição, e assegurar por parte da Santa Sé o immediato chamamento de hum, muitos, ou todos os Vigarios Apostolicos actualmente residentes no mencionado territorio Indiano, onde huma, muitas ou todas as novas Dioceses que hajam de erigir-se se mostram canonicamente estabelecidas, e serão proclamados em Consistorio os respectivos Bispos e expedidas as suas competentes Bullas.

Esta condição póde considerar-se huma consequencia da primeira, e he huma nova prova de que a administração dos

Vigarios Apostolicos, tem sido, e he huma medida provisoria, reclamada pelas necessidades dos fieis, dos quaes o verdadeiro Juiz natural he o Chefe da Igreja, e que deve cessar logo que seja restabelecido o ordinario regimen canonico.

A terceira base diz respeito á Diocese de Macau, e á Archidiocese de Goa. Quanto á primeira são applicaveis as duas primeiras condições para aquellas provincias destacadas della provisoriamente, e erigidas em prefeituras, depois de se haver experimentado a indispensavel necessidade de semelhante medida por exigencia de circumstancias que não é mister referir aqui. E isto entende-se, quer ellas tenham tambem em seguida de constituir-se em Bispados distinctos (excluindo aquellas partes de que já se ajustou a cessão) presupposto o inteiro cumprimento das sobreditas prescripções canonicas; quer devam reunir-se á primitiva jurisdicção acabada a necessidade que provocou a sua temporaria separação. Porquanto tambem alli a administração acima indicada foi unicamente suggerida pelas occorrencias, e se aquellas provincias foram declaradas Prefeituras ou Vigariados Apostolicos, dando-se a quem era encarregado dellas o simples titulo de Prefeito, ou de Vigario Apostolico com caracter Episcopal, ou outro qualquer titulo, não houve outra idéa senão a de huma medida provisoria adoptada com o fim de occorrer da melhor fórma possivel á necessidade, e sempre com o fundamento do direito imprescriptivel, e do dever indeclinavel que tem o Chefe da Igreja de prover ás necessidades do rebanho que lhe está confiado.

Quanto a Goa, a condição considera duas partes; a circumscripção do seu territorio reconhecido exorbitante, e incapaz de reunir as circumstancias com que se costumam estabelecer as Dioceses, e alem disso o direito de primazia. A primeira se considera em duplicada hypothese, isto he, ou de se passar logo á nomeação do novo Prelado, e no entretanto mandar os respectivos commissarios para combinarem sobre estes permanentes e necessarios limites, segundo as vistas acima indicadas, e tratar depois da installação do Arcebispo Primaz, retirando e fazendo ao mesmo tempo cessar qualquer outra jurisdicção provisoria, que se achasse estabelecida pela Santa Sé.

Relativamente, pois, ao direito de primazia, conservando-se ao novo Arcebispo o exercicio por emquanto sobre a Diocese de Macau naquellas localidades, que dependem do seu ordinario, ficará suspenso quanto aos outros pontos que agora de facto lhe não estão sujeitos, e ás novas Dioceses que hão de erigir-se no territorio supra indicado, até ao inteiro cumprimento das condições igualmente referidas.

O Governo Portuguez deve pela sua parte, procurar efficazmente por todos os meios possiveis, fazer cessar o scisma que de facto existe na India, empregando para esse fim as medidas em que concordaram o negociador Pontificio, e o de Sua Magestade Fidelissima no decurso das suas conferencias a respeito do Padroado.

Resposta de Sua Magestade El-Rei de Portugal ao Papa Pio IX, com um Memorandum

(Arch. do Ministerio dos Negocios Estrangeiros.)

Beatissimo Padre.—Se grande foi a consolação de Vossa Santidade ao receber, por via do meu Ministro Plenipotenciario e Enviado Extraordinario nessa Côrte as protestações, que á sua sagrada presença elevei, dos sentimentos da minha filial devoção e acatamento: não foi por certo menos intima a satisfação que me deram as letras de confidencial e paternal communicação, que Vossa Santidade me dirigiu em data de 25 de Julho proximo preterito, com o documento a que se referem. Essas letras vieram accrescentar hum respeitavel testemunho á certeza, que sempre tive de que as intenções de Vossa Santidade são tão puras e tão santas, como em mim he, e será sempre constante a summa veneração que professo á Santa Sé, e á Cadeira de S. Pedro, em que Vossa Santidade preside á Igreja Universal com tantas e tão exem- 1856 Novembro 15

1856 Novembro 15 plares virtudes. Entre ellas se fazem bem dignas do Pae commum espiritual os ardentes desejos, que Vossa Santidade me exprime de ver concluida a questão pendente entre as duas Côrtes sobre o Padroado da Minha Real Corôa na India e China, e consolidada por este facto a paz entre os fieis christãos das Igrejas dessas vastissimas e remotas regiões. Eu que assim o reconheço; que venero em Vossa Santidade o centro da União Catholica, e que amo a sagrada pessoa de Vossa Santidade com filial ternura, não só imito e imitarei sempre a Vossa Santidade nestes santissimos desejos; mas nem delles me tenho separado hum só momento, nem me separarei nunca por facto algum, que se me possa attribuir com justo fundamento.

A Suprema dignidade, e a religiosa pureza de animo de Vossa Santidade são para mim sacrosantas e o foram tambem para os meus antecessores.

Supplico porém a Vossa Santidade como filho devotissimo, penetrado do mais filial e vivo desejo do decoro de Vossa Santidade, do bem commum da Igreja, e da veneração ao supremo apostolado, que me permitta que eu desafogue com a sua paternal e apostolica prudencia a justa desconfiança que ao ler os termos em que está concebido o documento annexo ás letras de Vossa Santidade, se apoderou do meu animo e me deixou o receio de que as palavras de unção apostolica empregadas nas mesmas lettras não tenham o salutar effeito a que manifestam dirigir-se. Porquanto, se as informações de facto tivessem sido elevadas em toda a sua exacção á sagrada presença de Vossa Santidade, aquelles termos, em que se pretende dar a historia da questão do Padroado, e mostrar o seu verdadeiro estado actual, parecem provir do mesmo espirito de constante e deliberada hostilidade dos adversarios do Direito do Padroado desta Real Corôa na Asia, termos pelos quaes em vez de remedios efficazes e proprios para curarem, ou ao menos attenuar o mal gravissimo e notario, que se soffre e lamenta, offerecem ao contrario estimulos para o fazer conservar e progredir, e até para alienar as vontades dos que tem a peito com toda a sinceridade acudir-lhe. 1856 Novembro 15

Esse espirito de hostilidade revela-o a historia em innumeraveis e bem expressivos factos, especialmente desde o meado do seculo xvii, e apparecem em maior evidencia depois das deploraveis desintelligencias, que sobrevieram em 1834 entre as duas Côrtes. Nenhum acto de docilidade, nenhuma concessão da parte do Padroeiro Real satisfaz a esse espirito hostil: só poderá contentar-se, ao que mostra, com a anniquilação de todo o effeito do Direito do Padroado em qualquer parte, que não esteja sujeita ao dominio temporal d'esta Real Corôa. Para conseguir-se este injustissimo intento excogitaram-se pretextos, uns após outros, para cobril-o por ora com a côr de huma suspensão temporaria, mas assim mesmo com diversas clausulas e reservas, que tornavam sempre impossivel o seu termo, emquanto perdurar a mesma vontade e proposito.

E isto succede, depois do que tão explicita e tão circumstanciadamente se tem escripto, tratado, e já accordado pelo decurso de mais de tres annos entre os Plenipotenciarios das duas Côrtes. Parece, Beatissimo Padre, que nenhum valor se encontra nas rasões aliás fundamentadas, que por parte desta Real Corôa se tem adduzido nas numerosas conferencias do seu Negociador com o da Santa Sede: e da leitura do documento citado poderia deduzir-se, por quem ignorasse a questão, que se trata de estabelecer Direito novo, e concessões novas á Corôa de Portugal; quando a verdade he que a questão move-se sómente a respeito da extensão e da opportunidade do exercicio do Padroado, como elle era antigamente porquanto este Direito existe ha mais de tres seculos, fundado nos mais solidos principios, reconhecido por todos os Venerandos Pontifices, que tem occupado a Cadeira de S. Pedro desde meados do seculo xv, e exercido pelos Regios Padroeiros meus Predecessores com o zelo e com os generosos sacrificios de que a historia offerece tantos monumentos.

Ainda hoje são Sacerdotes Portuguezes os que, especial-

1856 Novembro 15 mente na India, soccorrem os fieis em suas necessidades espirituaes, e os conservam na Santa Lei do Evangelho; e por isso tem esses Sacerdotes, apezar de tudo quanto contra elles se intenta e pratica, a estima e a affeição das christandades na sua maxima parte. Para os desapossar das Missões e Igrejas, que administram actualmente, recorre-se até aos tribunaes seculares de huma Religião heterodoxa, empregam-se todos os meios, como se fôra contra pagãos. São factos notorios: a India inteira o sabe e o presenceia, assim como sabe, que he o Real Padroeiro que assiste a esses operarios Evangelicos com os meios necessarios á sua congrua sustentação.

Por estas considerações que me pareceu expor na sagrada presença de Vossa Santidade pela confiança illimitada na Sua sabedoria e religiosissima prudencia, e nas demonstrações de paternal affecto para com a minha pessoa: supplico instantemente a Vossa Santidade que lance suas vistas de apostolica attenção sobre o escripto que junto a estas minhas lettras, e no qual se dão algumas noções geraes sobre a questão do Padroado, e huma noticia especial e exactissima do estado presente da mesma questão, em vista das negociações pendentes. Digne-se Vossa Santidade de ponderar com a sua illuminada e paternal prudencia, e julgar com o seu apurado discernimento as circumstancias deste gravissimo negocio, e adoptar as providencias efficazes só proprias da sua indefectivel justiça, para que elle tenha a prompta solução que convem aos verdadeiros interesses da Religião, e ao decoro de ambas as Côrtes. Este acto será hum grande monumento de gloria para o Pontificado de Vossa Santidade, e trará por certo muitas consolações para o seu religiossimo animo pelo augmento e prosperidade, que delle ha de resultar para a Santa Igreja Catholica, a que Vossa Santidade tão dignamente preside.

Possam assim ver-se reduzidos a effeito os paternaes e purissimos desejos, que Vossa Santidade tão expressamente manifesta; e possa tambem desapparecer a menor sombra de desintelligencia entre as duas Côrtes, e perdurar nellas tão estreita união como a que da minha parte, e desta nação catholica e fidelissima, em cujo Governo a Divina Providencia e as leis me collocaram, será sempre inseparavel da sacratissima pessoa de Vossa Santidade. 1856 Novembro 15

E a tantos testemunhos de benevolencia paternal, que Vossa Santidade me dispensa, supplico a Vossa Santidade, que ajunte o de me conservar com toda a Real Familia e a Nação Portugueza debaixo de Sua Apostolica Benção. Lisboa, em 15 de Novembro de 1856.—Muito obediente Filho de Vossa Santidade.—PEDRO.

Memorandum que acompanhou a carta

A questão pendente entre as duas Côrtes de Portugal e de Roma, sobre o Padroado Real Portuguez na Asia podia considerar-se simples e de mui facil composição em seu principio: hoje está ella complexa, e de resolução difficultosa, pelo modo por que se tem procurado tratar por parte da Côrte Pontificia.

Para provar a primeira proposição, basta lançar os olhos sobre os seguintes esclarecimentos.

Noções geraes sobre a questão do Padroado da Corôa Portugueza no Oriente

Cabe innegavelmente á Nação Portugueza a gloria de descobrir por meio de seus intrepidos navegadores as terras Orientaes, e de abrir ao conhecimento dos Europeus a rota maritima para chegar a ellas.

Foi a mesma Nação Portugueza a primeira da Europa, que conquistou possessões na India, e China, e que ahi estabeleceu dominio. Contemporaneamente com as conquistas de dominio temporal, cuidaram os Reis Catholicos e religiosissimos de Portugal da propagação do Evangelho entre as gentilidades que habitavam nos paizes conquistados. Fundaram-se successivamente Igrejas, conventos, seminarios, e outros estabelecimentos de religião e piedade; e deputaram-se Prelados, desde logo, os quaes acudissem ás espiritualidades das novas ovelhas chamadas ao redil da Igreja de Christo.

A Santa Sé, e seus venerandos Pontifices saudaram tão fausto acontecimento, reconheceram com o maior jubilo o zelo dos Monarchas Portuguezes, e, como á porfia, fizeram expedir os mais expressivos documentos de benevolencia para com os mesmos Monarchas, em retribuição do seu religioso empenho e procedimento. Por esses documentos apostolicos concedeu-se, ou antes reconheceu-se hum Direito amplissimo de Padroado em todas as Igrejas já erectas e fundadas, ou que de futuro se erigissem e fundassem; e bem assim em todas as terras *conquistadas e por conquistar, descobertas e por descobrir* das regiões africanas e asiaticas *(acquisita et acquirenda, reperta et reperienda)*. Podem e devem ver-se as Bullas *Dum diversos, e Romanus Pontifex* do Santo Padre Nicolau V em 16 de Junho de 1452, e 2 de Janeiro de 1454; a Bulla *Inter cœtera* do Santo Padre Callixto III, de 2 de Março de 1455; a Bulla do Papa Sixto IV *Alterni Regis clementia* de 21 de Junho de 1481; as dos Papas Innocencio VIII em 11 de Setembro de 1484, e de Alexandre VI em Março de 1493; as Bullas *Pro excellenti, Pro excelso devotionis, e Dudum pro parte* do Santo Padre Leão X, expedidas em Junho e Novembro de 1514, e Março de 1516; as Bullas do Papa Paulo III *Æquum reputamus* de 3 de Novembro de 1534 *Romani Pontificis* de 8 de Julho de 1539; e a outra do mesmo Pontifice (digna de consultar-se) datada de 4 de Janeiro de 1551: e finalmente todas as posteriores relativas á erecção e creação das diversas cathedraes na India e na China, sendo as ultimas do Santo Padre Alexandre VIII.

Da leitura destes notaveis e inconcussos Diplomas se conhece, que o Direito do Padroado, de que se trata, foi adquirido por titulo oneroso, optimo em Direito, e não por mera graça e privilegio Apostolico. Cumpre ter sempre em vista na questão pendente esta circumstancia.

Nas Bullas da erecção dos diversos Bispados estabeleceram-se com pouca individuação os respectivos limites nem podia deixar de ser assim, em terras de infieis, e cujo conhecimento hia necessariamente adquirindo-se pela conquista moral dos prégadores do Evangelho. É porém innegavel que se determinaram os limites respectivos a cada Diocese por meio de denominações genericas dos Reinos ou Provincias. Do mesmo modo se tem em nossos dias limitado o territorio dos Vicariatos e Prefeituras Apostolicas, instituidos pelo expediente da Sagrada Congregação de *Propaganda Fide.*

Com o andar do tempo decahira o poder temporal da Corôa Portugueza na Asia. Sabidos são pela historia os acontecimentos, especialmente durante a dominação dos Reis de Castella neste Reino, desde 1580 a 1640. Nunca, porém, se julgou então, que por esse facto da perda do dominio temporal, caducava o Direito de Padroado: e a Corôa de Portugal o manteve e sustentou sempre, e a Santa Sé lh'o não negou.

Depois, porém, que se creou (1622) e começou a funccionar a Sagrada Congregação *de Propaganda Fide,* a cujo cargo por sua Instituição ficava a prégação do Evangelho nas terras de infieis, e o cuidado das cousas ecclesiasticas em todos os paizes não catholicos, foi por ella menos bem visto o Padroado, nos termos e na extensão em que se exercia, olhando-o talvez como uma excepção offensiva ao poder e attribuições amplissimas da mesma Sagrada Congregação.

É por isso que, aproveitando o ensejo da longa interrupção, que houve de relações amigaveis entre a Côrte de Portugal e a de Roma, depois da gloriosa revolução de 1640, conseguiu a nomeação de alguns Vigarios Apostolicos para logares do territorio de diversas Dioceses do Padroado na India, e a missão de muitos sacerdotes não Portuguezes para as Igrejas das mesmas Dioceses. Os actos, que a esse respeito se expediram por aquella Sagrada Congregação servem de grande esclarecimento para a justa apreciação dos que pela mesma via e no mesmo sentido se tem ordenado desde 1834 até hoje. Podem os ultimos dizer-se, em parte, copia dos primeiros. Os fundamentos, e o espirito, que nelles apparecem são da mesma natureza, ou origem. E note-se que já então se allegava a falta de clero sufficiente e idoneo; e todavia eram numerosas as corporações de regulares, a quem as missões estavam em parte confiadas, e ninguem com justiça podia arguil-as de menos zelosas em propagar a Santa Lei de Jesus Christo, e em promover por todos os meios a prosperidade das Igrejas e dos Estabelecimentos religiosos.

A corôa de Portugal reclamou então contra esses actos, e quando a paz chegou, a legitimidade do Rey Portuguez se reconheceu, e as relações com a Santa Sé se restabeleceram, fez o Venerando Pontifice dessa epocha justiça ao Real Padroeiro. Os Bispos apresentados por elle foram confirmados, as suas Bullas passaram-se sem quebra ou alteração alguma, os Vigarios Apostolicos sahiram do territorio das Dioceses respectivas, e os operarios evangelicos, não Portuguezes, prestaram obediencia aos Bispos do Padroado, e destes receberam a jurisdicção para continuarem a servir á propagação do Evangelho.

Houve ainda depois insistencia por parte da Sagrada Congregação em mandar missionarios seus para as terras da China, principalmente; mas não deixaram de respeitar-se os direitos dos Bispos do Padroado, de Macau, Pekim e Nankim naquelle Imperio, e apenas poderam conservar-se alguns desses Missionarios em Provincias menos exploradas pelos Sacerdotes Portuguezes. Houve tambem diversas pequenas invasões quanto á India; mas sempre o Governo Portuguez reclamou, e nunca por parte da Santa Sé se poz em duvida o seu bom direito.

Depois de restabelecido o throno legitimo da Raynha, a Senhora D. Maria II (que Deus tenha na gloria) os actos expedidos por via da referida Congregação foram mais resolutos, e em maior extensão.

Em 1834, 1836 e 1837, nomearam-se Vigarios Apostolicos para Madras, para Ceylão, e para Maduré, e outros pontos da India, que estavam comprehendidos nos territorios das Dioceses de Meliapor, Cochim e Goa.

Em 1838 pelo Breve *Multa præclare,* de 24 de Abril, declarou-se suspenso o direito de Padroado geralmente em todos os Bispados do mesmo Padroado na India, e igualmente da Auctoridade Metropolitana de Goa; dizendo-se porém no Breve que esta Resolução da Santa Sé era tomada como providencia provisoria, *provisoria ratione,* até que a mesma Sé ordenasse outra cousa.

Esta novidade lançou nas christandades do Oriente o pomo da discordia, cujos effeitos ainda duram. O Governo de Portugal não podia acquiescer a taes actos do modo por que se haviam praticado, como de *motu proprio,* sem nenhuma attenção aos direitos e ao justo decoro do Padroeiro Real.

Como, porém, as relações amigaveis se achavam interrompidas nesse tempo entre esta côrte e a Santa Sé, não poderam ser logo admittidas as reclamações que a Corôa Portugueza fez ao Summo Pontifice.

Chegou felizmento o termo desta desintelligencia em o anno de 1842.

A Santa Sé confirmou os Bispos apresentados para as Dioceses do Continente do Reino, e ilhas adjacentes; igualmente confirmou depois um Arcebispo para a Metropole Primaz de Goa, e um Bispo para a Diocese de Macau. Offereceram-se, porém, difficuldades na confirmação de Bispos para todas as outras Sés da India, e China, e com diversos pretextos se protestou esta confirmação.

Ora o Padroeiro tinha feito já d'antes a nomeação e apresentação desses Bispos, os quaes eram todos, ou quasi todos, Ministros distinctos de diversas ordens regulares, e conhecedores das localidades, para que foram destinados. Não se oppoz, geralmente fallando, defeito canonico contra a sua idoneidade, nem se insinuou ao Padroeiro, que variasse de sujeito. Denegou-se simples e absolutamente a confirmação. Nestes termos he permittido dizer, que não apparece coherencia nos argumentos empregados contra o Padroeiro Real, quanto á falta de Bispos, e ainda mesmo de Operarios Evangelicos.

Se a India carecia de Prelados, e para os supprir se nomearam *provisoriamente* Vigarios Apostolicos, admittissem-se os Bispos idoneos que o Padroeiro propoz. O contrario mostrava, que o motivo da recusa tinha outro fim, qual era annullar o effeito do Padroado, preferindo os Vigarios Apostolicos escolhidos pela sagrada congregação aos Bispos nomeados e apresentados pelo Padroeiro Real.

Se havia falta de Sacerdotes, com mais rasão devia abreviar-se a ida dos Bispos; porque sem elles não póde augmentar-se, nem tão pouco melhorar-se o clero. Em virtude de tão absoluta repugnancia em instituir os Bispos, appareceu o facto muito deploravel de estar hum reino catholico em parte bemquisto da Santa Sé cultivando com ella as mais amigaveis e cordeaes relações, e em parte considerado dissidente, e até appellidado de schismatico!!

Ninguem, em Portugal, podia esperar que isto succedesse depois de abertas, como o foram, as relações entre as duas côrtes em 1842.

As consequencias foram funestas a todos os respeitos, e ainda duram por mal da religião e da paz publica dos fieis. O que devia esperar-se para bem commum, era a admissão das nomeações regias para os Bispados do Padroado em geral, e tratar desde logo de fixar sem nenhum rebuço, nem reserva, os pontos em que houvesse duvida, quanto á intelligencia da extensão do exercicio do direito do Padroado, a respeito de tal ou tal Diocese, de tal ou tal reino, ou provincia, ou districto, e entrar sobre esses pontos essenciaes em negociação; fazendo, *de accordo* as declarações, que parecessem rasoaveis, nos diplomas da confirmação dos Bispos: porquanto se não negou nunca o principio do direito da corôa Portugueza para continuar o seu Padroado.

Eis-ahi porque em principio a questão podia considerar-se simples, e compor-se facilmente; evitando-se todos os resultados que se seguiram e que são, em verdade, deploraveis.

2.ª PROPOSIÇÃO

O modo de proceder por parte da Côrte de Roma complicou a questão do Padroado, e torna cada vez mais difficultosa a sua solução

Basta para demonstração, que se apresente a historia do que se tem passado sobre o negocio.

Até 1848, muito depois de haver em Goa um Arcebispo Sagrado, em Macau um Bispo tambem Sagrado, e nas Missões da India e China Ministros em exercicio por parte do Padroado, nunca a Côrte de Roma se entendeu com o Real Padroeiro, e continuou a adoptar de «motu proprio» o que lhe aprouve sem attenção alguma ao mesmo Padroeiro. N'esse anno pareceu querer entabolar negociações sobre a questão geral. Nomeou-se por parte de Portugal um negociador (o Conde de Thomar), que entrou em conferencias com o actual Cardeal Di Pietro, então Internuncio Extraordinario e Delegado Apostolico n'esta Côrte. Mas em resultado houve apenas algumas resoluções, que deixaram a questão no mesmo estado ou peior. O essencial que se prentendeu e obteve do Governo Portuguez foi o fazer sahir de Goa o Arcebispo Primaz confirmado e sagrado, diante de cuja authoridade, respeitada e bemquista do Clero e Christandades Indianas, mal podiam progredir em seus intentos, nem talvez sustentar-se, as authoridades novas, que por modo tão inesperado appareciam a cada passo, ou de dia para dia.

Quanto á questão geral e mais importante tomaram-se notas *ad referendum*. As desordens na India cresceram, como era consequencia necessaria das esperanças illudidas.

Em 1851 nomeou-se outro negociador por parte de Portugal (o Visconde de Almeida Garrett); mas quando este negociador quiz entrar no positivo da questão, teve em resposta do Representante Pontificio, que só podia tratar *em via officiosa*, para informar a sua Côrte, e que em Roma é que o negocio se devia concluir e compor definitivamente.

Nada se adiantou até 1853. Em Março desse anno foi nomeado outro Negociador (o Conselheiro de Estado Rodrigo da Fonseca Magalhães, então Ministro do Reino e de Justiça) o qual ainda actualmente conserva o Pleno poder.

Começaram-se as Conferencias de modo mais decisivo, e mais proprio da gravidade da questão. E não obstante declarar o Negociador por parte da Santa Sé, que não tinha Instrucções nem Pleno poder para tomar resolução ou concluir cousa alguma definitivamente sobre a questão (como consta da primeira conferencia verbal de 13 de Junho de 1854), formaram-se Actas das Conferencias, as quaes assignadas por ambos os Negociadores, foram remettidas para Roma em Julho do mesmo anno. Os pontos de concordia que se trataram n'essas Conferencias foram todos propostos pelo Representante Pontificio. O resultado d'ellas recebeu-se com bom animo em Roma: assim se communicou officialmente a esta Côrte, acrescentando-se que eram acceitaveis os accordos propostos, na sua generalidade, e que hiam expedir-se Instrucções n'esse sentido ao Representante Pontificio.

Foi só então que este Representante declarou ter recebido um Pleno poder; e só d'ahi em diante, portanto, poude verdadeiramente proseguir nos devidos termos a negociação.

Formulou-se um projecto de Tratado: houve repetidas conferencias sobre cada hum dos artigos, de que já tinha conhecimento a Côrte Pontificia.

Os protocollos d'essas Conferencias em numero de oito mandaram-se para Roma nos principios do anno de 1855. Achava-se então em Roma o Cardeal Patriarcha de Lisboa, o qual com authorisação e com instrucções do Governo sobre o assumpto, teve a honra de expor verbalmente a Sua Santidade os termos do negocio, e recebeu da Sagrada bôca do mesmo Santo Padre as mais solemnes declarações em favor da Conservação do Direito do Padroado, e sobre os meios acceitaveis para, quanto antes, se removerem as duvidas existentes para se assignar o Tratado, de que estava feito o projecto.

O Cardeal regressou, cheio de esperança, e persuadido até de que á sua chegada a esta Côrte estaria já tudo concluido. Achou, porém, o contrario; porque as Instrucções enviadas ao Negociador Pontificio eram em sentido muito diverso do que se dissera nas communicações officiaes, que o Ministro d'esta Côrte na de Roma, e o proprio Cardeal dirigira ao Governo,—e aqui mesmo confirmou na presença dos Negociadores, como consta das conferencias.

Por essas Instrucções disputava-se passo a passo, terra por terra, o exercicio do Padroado, annullava-se indirectamente o Direito em todas as localidades, que não estivessem no dominio actual da Corôa Portugueza,— embora as palavras de Sua Santidade e do seu proprio Negociador nas Conferencias, e ainda no projecto de Tratado, fossem inteiramente em contradicção a essas pertenções, que o mesmo Negociador apresentava, fundando-se nas ultimas Instrucções.

Novas Conferencias se succederam até Agosto do presente anno: já estão em Roma as Actas d'ellas (em numero de 9), e ahi podem ver-se os termos em que foi forçoso responder por parte de Portugal a tão multiplicadas e renascentes difficuldades, offerecidas para impedir que se chegue a hum resultado decoroso. Nada se apresenta claro por parte da Côrte de Roma, que possa assegurar o Padroeiro Regio, de que hade exercitar com effeito o Direito de Padroado fóra das terras dos seus dominios: antes tudo tende a fazer acreditavel um pensamento reservado, muito embora contrario ás declarações repetidas do Santissimo Padre, e ás suas rectissimas intenções e indefectivel justiça.

E eis-ahi tambem comprovada a segunda proposição estabelecida de que a questão do Padroado, sendo simples e de facil solução em seu principio, se tornou complexa, e de mais difficultosa solução, se continuar a tratar-se do mesmo modo obscuro e indefinido por parte de Roma.

Vejamos agora qual o estado presente da questão nos pontos especiaes, em que já se concordou entre os Negociadores, e n'aquelles em que o accordo definitivo depende de novas Instrucções, mais amplas e determinadas ao Negociador por parte da Santa Sé.

Pontos de concordia já assentados

1.º

«Que continue o *exercicio* do Direito do Padroado da Corôa Portugueza em virtude das respectivas Bullas Apostolicas, e na conformidade dos Sagrados Canones, quanto á India na Igreja Metropolitana e Primacial de Goa, e nas suffraganeas de Cranganor, Cochim, Meliapor, e Malaca. E quanto á China na Diocese de Macau.»

(Artigos 1.º e 2.º do projecto de Tratado. Conferencia de 22 de Junho de 1855).

2.º

«Que o Governo Portuguez, como Padroeiro, contribuirá para que se erija opportunamente hum novo Bispado no actual territorio do Arcebispado de Goa, o qual comprehenda aquellas localidades, que de accordo com a Santa Sé, se reputarem mais convenientes á boa administração da Igreja, e á commodidade dos fieis.»

(Artigo 7.º do projecto. Conferencia citada).

3.º

«Que a jurisdicção do Bispado de Macau comprehenda *de ora em diante* o territorio (que já lhe pertencia pelas respectivas Bullas) da cidade e Estabelecimento Portuguez de Macau, da Provincia de Kuang-tong (Cantão) e das ilhas adjacentes, desmembrando-se d'elle sómente a Provincia de Quam-si, e a ilha de Hong-Kong.»

(Artigo 6.º do projecto).

4.º

«Que do Bispado de Malaca fique separada a ilha de Pulo-Penang, conservando-se porém no territorio d'elle a ilha de Singapura, na qual poderá estabelecer-se a residencia do Bispo, com o mesmo titulo de Bispo de Malaca.»

(Artigos 8.º e 9.º do projecto. Citada Conferencia).

5.º

«Que se proceda sem demora á circumscripção dos Bispados, que pareça mais adequada ao prompto e proficuo exercicio da jurisdicção episcopal,—que se fixem n'um Acto Addicional ou Regulamentar os limites dos Bispados,—que nas Bullas Confirmatorias dos Bispos se faça menção dos limites, que, de commum accordo se fixarem, e que para esta fixação se nomeiem dois Commissarios, hum por cada huma das Altas Partes Contractantes, aos quaes serão declarados os territorios em que as mesmas Altas Partes se tem accordado, que continue o exercicio do Padroado Real Portuguez.»

(Artigos 10.°, 11.°, 12.° e 13.° do projecto. Conferencia 1.ª citada, e 2.ª de 26 de Junho de 1855.)

6.°

«Que se explique por Notas entre os dois Negociadores, com a mesma força do Tratado, qual o territorio do Padroado da Corôa Portugueza, depois d'esta Concordia.»

(Conferencia segunda citada).

7.°

«Que nas partes do territorio sujeito ao Padroado Real, que ficarem fóra dos limites, que de accordo se assignarem ás Dioceses *existentes na India,* se poderão erigir novos Bispados, que ficarão sendo do mesmo Padroado Real.»

(Artigo 15.° do projecto. Conferencia 3.ª do 1.° de Julho de 1855).

8.°

«Que ao passo que se for estabelecendo a circumscripção de qualquer dos Bispados suffraganeos na India, será admittida a apresentação de Bispos feita pelo Real Padroeiro, e se mandarão remover do territorio respectivo o Vigario ou Vigarios Apostolicos, que n'elle existirem.»

(Artigo 17.° do projecto).

Pontos a respeito dos quaes houve accordo em parte, mas que dependem de definitiva intelligencia, para se consignar no Tratado a competente resolução, ou para se poder regular o procedimento do Padroeiro segundo ella.

1.° PONTO

Sobre o prompto provimento da Igreja Metropolitana e Primacial de Goa

A necessidade e urgencia d'este provimento foi reconhecida já pelo proprio Negociador Pontificio no Convenio de 21 de Outubro de 1848; ahi se resolveu, de accordo entre os Negociadores, o seguinte:

«Depois da partida do actual Arcebispo, será preenchida a sua vagatura, e na expedição das Bullas se fará menção das innovações que se convencionarem sobre os limites da sua jurisdicção local.»

Esta ingerencia tem crescido pela demora, como é notoria: e deu logar ás propostas e ponderações do Negociador Portuguez nas conferencias (5.ª, 6.ª e 7.ª) de 5, 12, e 20 de Dezembro de 1854, e bem assim na Conferencia (4.ª) de 3 de Julho de 1855, e nas Conferencias 6.ª, 7.ª, 8.ª e 9.ª de 7, 12 e 18 de Abril e de 15 de Julho do presente anno.

N'essas conferencias chegou a concordar-se, que no projecto haveria um artigo especial a respeito do dito Arcebispado.

Propozeram-se dois arbitrios por parte do Negociador Pontificio: o primeiro consiste em fazer-se desde já a circumscripção definitiva do territorio do Arcebispado, desmembrando d'elle a parte, que parecesse para hum novo Bispado, nos termos do artigo 7.° do projecto: n'este caso a Santa Sé admittiria a nomeação de novo Arcebispo, e reconheceria, não só a sua jurisdicção ordinaria, mas tambem a Metropolitica, com respeito ao Bispado Suffraganeo, novamente erecto.

O segundo arbitrio consiste em proceder-se desde logo a huma circumscripção provisoria, na qual se fixem certos e determinados pontos para o exercicio da jurisdicção ordinaria, suspendendo-se a Metropolitica nas Dioceses suffraganeas na India, até que n'esta tenha logar a circumscripção de que se falla no Tratado. (Conferencia 4.ª de 3 de Julho de 1855).

O Negociador Portuguez adoptou em nome do Governo, o segundo arbitrio. Tratou-se então de redigir o artigo do projecto correspondente, e depois de diversas lembranças e longa discussão entre os dois Negociadores, formulou-se o artigo nos termos que constam do projecto. O Negociador Pontificio porém declarou ainda, que se reservava para responder definitivamente, quando recebesse as Instrucções que passava logo a pedir á sua Côrte.

No artigo combinado nas Conferencias declara-se que se adopta uma circumscripção provisoria,—que nas Bullas do Arcebispo se faça menção expressa dos limites;—que feita a circumscripção definitiva se dêem novas Bullas ao Arcebispo, nas quaes se declarem determinadamente os limites do seu territorio, segundo essa circumscripção;—que a jurisdicção metropolitica fique suspensa quanto ás Dioceses suffraganeas da India; mas que irá sendo successivamente reconhecida á proporção que se concorde na circumscripção d'essas suffraganeas, e no provimento dos Bispos respectivos.

O Negociador Pontificio só respondeu na Conferencia (6.ª) de 7 de Abril d'este anno, a respeito d'este ponto pendente: e declarou, que o Tratado seria ratificado pela sua Côrte, *se os limites provisorios do Arcebispado de Goa fossem de tal modo definidos que não podessem extender-se áquelles que são proprios dos Vicariatos Apostolicos existentes.*

Esta proposição surprehendeu o Negociador Portuguez, e o Governo: na citada Conferencia de 7 de Abril se acham as considerações offerecidas desde logo contra os termos da mesma proposição, que fechava a porta a todo o accordo, e que parecia em manifesta contradicção com tudo quanto se tinha já declarado nas Conferencias, e com o que o Cardeal Patriarcha de Lisboa ouvíra da parte de Sua Santidade; isto é, que nos limites provisorios se incluiriam quaesquer terras fóra do dominio actual portuguez, huma vez que se expressassem as localidades, para evitar motivos de desintelligencia, até que de futuro se pozesse termo a todas as differenças, por meio de circumscripção definitiva.

(Veja-se a Conferencia 4.ª de 3 de Julho de 1855).

Nem podia causar obstaculo a existencia de Vigarios Apostolicos, pelo que já se concordára quanto á sua saida, logo que fosse nomeado e admittido o Prelado Portuguez do Padroado.

Por parte do Governo Portuguez offereceu-se hum meio, que pareceu o mais conciliador no estado da questão. Consiste elle em se determinar, que os limites provisorios do Arcebispado sejam os do *statu quo*, isto é, que comprehendam (alem das terras que lhe pertencem sujeitas á dominação da Corôa Portugueza) todos os Districtos das Missões e Igrejas, que se tem conservado na obediencia do mesmo Arcebispado.

E que, quanto ás Missões e Igrejas que existem na obediencia de quaesquer Vigarios ou Prefeitos Apostolicos, continuem na mesma sujeição, segundo a circumscripção em que se accordar entre as duas Côrtes.

Para facilitar ainda a solução d'este ponto, o Governo, por via do seu Negociodor deu ao Negociador Pontificio, e fez juntar á Acta da Conferencia duas relações, em huma das quaes estão clara e especificadamente mencionadas as Missões e Igrejas na posse actual do Padroado, sujeitas á jurisdicção do Arcebispado, servidas por Sacerdotes Portuguezes, e providas de todo o necessario por parte do Real Padroeiro na outra relação mencionam-se as Missões e Igrejas sujeitas aos novos Vicariatos Apostolicos, segundo as noticias officialmente recebidas. Todas são, talvez sem huma só excepção, fundação do Governo, e de subditos de Portugal.

O Governo Portuguez, portanto, depois das muitas e mui importantes provas que tem dado de espirito conciliador, e até de abnegação, quanto ás antigas regalias do Padroado, como se vê das Conferencias e do Projecto de Tratado, reduz a sua instancia, quanto a Goa, a que se lhe conserve ao menos a posse do que sempre lhe pertenceu por centos de annos, e de que não poude ainda ser desapossado, apesar de tantos e tão repetidos esforços em contrario.

Este facto da posse, depois de 22 annos de lucta desigual basta para demonstrar, que nenhum nome é mais bemquisto na India do que o Portuguez, e de que nenhum clero terá em caso algum mais acceitação das Christandades Indianas do que o de Portugal.

Os proprios actos da Sagrada Congregação de propaganda o demonstram todos os dias.

2.º PONTO

Quanto ao Bispado de Macau

O territorio d'este Bispado, para n'elle ser *de ora em diante* reconhecida a sua jurisdicção está expressamente fixado no projecto de Tratado (artigo 6.º).

Já d'elle se declara separada a vastissima Provincia de Quam-si, e o valioso estabelecimento de Hong-Kong, não obstante a sua proximidade da Sede Episcopal.

Pretende-se ainda agora por parte do Negociador da Santa Sé, que a jurisdicção do Bispo fique suspensa em todo esse territorio mencionado no Tratodo, e que por consequencia a authoridade do Bispo Portuguez só seja por ora reconhecida de facto e de direito nas tres freguezias, ou parochias do estabelecimento Portuguez de Macau.

Nas Conferencias (1.ª e 2.ª) de 22 e 26 de Junho de 1855 está consignado tudo quanto póde fazer sobresahir até á evidencia a justiça da Corôa de Portugal, e do que ella espera da sabedoria e da rectidão do chefe da Igreja.

Nenhum dos motivos allegados contra o reconhecimento da jurisdicção nos termos concordados, póde subsistir hum momento na presença d'aquellas rasões de justiça, e nas allegações de facto. Ha em Macau hum Bispo Sagrado, ha hum Seminario, tres Missionarios nas terras onde esse reconhecimento se lhe nega.

E quando não houvesse numero sufficiente de operarios evangelicos, o Governo Portuguez já declarou que está prompto a acceitar a cooperação de quaesquer sacerdotes não portuguezes, que lá estejam servindo, e até se presta a auxilial-os como se fossem Portuguezes. O que só exige, é que elles recebam a jurisdicção do Bispo do Padroado, e lhe prestem obediencia, como nos antigos tempos de maior zêlo e mais espirito religioso se praticou muitas vezes.

3.º PONTO

Sobre a verdadeira intelligencia do que fica sendo territorio do Padroado Portuguez depois da Concordata de que se trata

Na segunda Conferencia verbal de 18 de Junho de 1854 (sexto ponto), propoz o Negociador da Santa Sé, que os territorios das Dioceses do Padroado na India *se limitassem ás terras das possessões inglezas.*

O Negociador Portuguez admittiu esta restricção grandissima do Direito antigo do Padroado; mas declarou logo na Conferencia de 24 do mesmo mez de Junho, que ás palavras «Possessões Inglezas» se devia dar a accepção politica em que ellas commumente se entendem, isto é, todas as terras sujeitas ao dominio *immediato* ou *mediato* da Gran Bretanha. E fez ver quão extensa era a cessão, em que assim mesmo se convinha por parte do Padroeiro Real, em relação ao seu antigo direito; pois que ficavam desde logo fóra do Padroado vastissimas regiões, que pelos titulos primitivos lhe perten-ciam, especialmente nos Bispados de Meliapor, Cranganor e Malaca.

N'este sentido se fallou em todas as Conferencias posteriores por parte do Negociador Portuguez.

E quando se discutiram os artigos do projecto de Tratado, concordou-se (Conferencia 2.ª de 26 de Junho de 1855) em que essa declaração, quanto ao territorio do Padroado no futuro, se fizesse por Notas entre os Negociadores, as quaes ficassem tendo a mesma força do Tratado.

Este accordo foi tomado no presença das informações dadas pelo Cardeal Patriarcha de Lisboa, quanto ao que lhe fôra dito em Roma, pelo substituto da secretaria d'estado,

Mr. Berardi da parte de Sua Santidade e confirmado depois pelo proprio Santissimo Padre.

Houve discussão sobre os termos da redacção da Nota, e depois dos diversos projectos de minuta apresentados por ambos os negociadores nas conferencias 2.ª, 3.ª e 4.ª dos mezes de Junho a Julho de 1855, apurou-se nesta ultima huma redacção, que pareceu adoptavel, e que o dito Cardeal julgou a mais conforme aos desejos manifestados por Sua Santidade para evitar no futuro a repetição de desintelligencias e conflictos.

O Negociador por parte da Santa Sé não se julgou auctorisado a tomar accordo definitivo sobre a acceitação da Nota, como se redigiu, e reservou-se consultar a sua côrte, pedindo-lhe novas instrucções.

Está pois este negocio ainda pendente: e he claro ser essencial a sua definitiva solução.

Depois do que se consignou nos artigos do Tratado, quanto á obrigação, de se promover a creação de novos Bispados, que comprehendam as terras que, pela circumscripção definitiva vierem a ficar fóra dos limites dos Bispados existentes da India; e depois da declaração de que esses novos Bispados serão Padroado Real, e de que o exercicio do direito de Padroeiro começará a ter todo o seu effeito desde que forem constituidos canonicamente os mesmos novos Bispados: parece justissimo, que se acceite a ultima redacção offerecida para a Nota, de que acima se trata, e pela qual se obsta a futuros conflictos, sempre perigosos, sempre prejudiciaes aos interesses da religião e á tranquillidade dos fieis.

Recapitulação

De tudo o que fica exposto, se conclue clarissimamente, que são tres os pontos principaes, de cuja solução depende o chegar-se a perfeito accordo, e á assignatura do projectado Tratado ou concordia, a saber:

1.º Determinar a intelligencia do que fica sendo na India, em geral, o territorio do Padroado da Real corôa Portugueza, para que ella possa de presente e successivamente de futuro reclamar o exercicio do seu direito, nos termos estipulados.

Para remover esta difficuldade basta adoptar a minuta concertada nas conferencias entre os dois negociadores.

2.º Nomeação prompta do novo Arcebispo para Goa. O modo mais conveniente e mais decoroso a ambas as côrtes de conseguir este fim, parece ser o concordar-se na redacção tambem apurada na conferencia 4.ª de 3 de Julho de 1855, e desenvolvida nas seguintes; e acceitar-se como circumscripção provisoria a posse actual, com a designação dos districtos e localidades, que se especificaram na proposta do Negociador Portuguez na conferencia (7.ª) de 12 de Abril deste anno.

Ficarão assim contemplados ainda os Vigarios Apostolicos, e evitada a óccasião de conflicto entre elles e o novo Arcebispo.

3.º Reconhecimento da jurisdicção ordinaria do Bispado de Macau no territorio que lhe foi *definitivamente* assignado no artigo 6.º do Tratado.

E para satisfazer aos escrupulos ou receios apresentados por parte do Negociador da Santa Sé, basta concordar no projecto de Nota, proposto pelo Negociador Portuguez na 2.ª conferencia de 26 de Junho de 1855, e confirmado na 5.ª conferencia, de 4 de Março do presente anno.

De outro modo apparecerá o facto pouco decoroso de reduzir a auctoridade Episcopal de Macau a hum territorio e a hum numero de parochias inferior ao de qualquer Vigario da Vara, ou Chefe de Missão nas outras Dioceses; sem que jámais possa, aos olhos de quem conhece o negocio de que se trata, justificar-se com fundamento solido huma tamanha desconsideração inferida a hum Prelado sagrado, em exercicio de suas funcções, e na graça e communhão da Santa Sede Apostolica.

São estes os pontos importantes, sobre os quaes se espera instrucções competentes ao Negociador por parte da Santa Sé. Concordados elles, facil será, ao que parece, chegar a accordo em quaesquer outros pontos de menor difficuldade, como, por exemplo, nos meios de resalvar os direitos do Padroeiro Real, quanto ás temporalidades das Igrejas e fundações do Padroado Portuguez nas Dioceses suffraganeas da India, situadas dentro do territorio geral que se declarar pertencente ao mesmo Padroado, emquanto não tiver logar a circumscripção definitiva das Dioceses respectivas, e não entrarem no exercicio da jurisdicção ordinaria os Bispos de apresentação da corôa de Portugal.

Compostas que sejam estas difficuldades, que a sabedoria e bondade do supremo Pastor da Igreja pôde, logo que queira, desatar, o Governo Portuguez ha de, como tem constante e explicitamente declarado por via do seu Negociador nas conferencias, ordenar todas as providencias e empregar todos os meios, que delle dependem, para que a paz religiosa, e a concordia entre os fieis se mantenham inalteravelmente nas terras do Padroado; pondo-se de huma vez termo ás desintelligencias por certo deploraveis, que os factos sabidos tem occasionado e pela existencia dos quaes nunca poderá com justiça fazer-se inculpação alguma ao Real Padroeiro.

Origem da Pastoral do Vigario Apostolico de Bombaim contra os Padres Portuguezes

Os soldados Europeus catholicos da guarnição de Rathnaguery foram induzidos por insinuação occulta a duvidar da orthodoxia do Vigario Missionario da jurisdicção Goana naquella localidade, e escrupulisaram por isso em frequentar a Igreja, e receber nella os Sacramentos. O Vigario Missionario de Rathnaguery, porque sabia que o seu collega de Saunt-Varim era bemquisto e estimado dos officiaes e soldados catholicos, alli estacionados, os quaes com satisfação espiritual frequentavam a Igreja de Saunt-Varim, que he igualmente da jurisdicção Goana, escrevêra a este Sacerdote referindo-lhe o caso. O Vigario de Saunt-Varim, Padre Perozy, julgou conveniente dirigir a seguinte carta ao Major Saunders, Commandante em Rathnaguery, certificando-lhe não haver interrupção de relações ecclesiasticas e religiosas entre o Chefe da Igreja universal e o clero Goano.

(Reflexões sobre o Padroado Portuguez no Oriente.)

Carta do Vigario Superior em Saunt-Varim ao Major A. B. Saunders, Commandante em Ratnaguery

1857 Dezembro 17

Senhor.—A pedido do Reverendo A. R. Pinto, Vigario Missionario em Rathnaguery, em consequencia da desintelligencia que teve logar com os soldados catholicos romanos ahi estacionados, tomo a liberdade de certificar-vos que o Arcebispo de Goa com o seu clero, e a Nação Portugueza, a que pertencem, professam a religião catholica romana, e conservam a communhão ecclesiastica, e amigaveis relações com Sua Santidade o Papa: que as palavras «excommunhão e schisma» são uma invenção dos padres da propaganda, ha tempos usada como meio, posto que improprio, para desviar os catholicos romanos dos padres Portuguezes, e tomar posse de suas missões, ha longo tempo estabelecidas na India pela Nação Portugueza; porém a maior parte dos christãos não se deixando illudir daquelles meios, não conseguem elles, os padres da propaganda, os seus intentos. Discute-se ha muito tempo se a Nação Portugueza gosa do direito do Padroado nas missões por ella estabelecidas; e esta questão tão conhecida pelas folhas publicas, acaba de ser decidida em favor da Nação Portugueza, e desde então cessaram os sobreditos padres da propaganda de usar as palavras «excommunhão e schisma; por tanto claro fica que os soldados catholicos romanos dessa localidade estão enganados.—Sou vosso obediente servo.—(Assignado) T. C. Perozy, Vigario Superior.—Saunt-Varim, 17 de Dezembro de 1857.

Pastoral do Vigario Apostolico de Bombaim aos soldados catholicos romanos

Fr. Angelico, da ordem dos Capuchinhos de S. Francisco, pro-Vigario Apostolico de Bombaim e Punem; a nossos amados subditos os soldados catholicos romanos da Presidencia de Bombaim: Saude. 1857 Dezembro 27

Soldados catholicos romanos! Muitos de vós estaes plenamente scientes dos arranjos para o Governo da Igreja na India Britannica, feitos pelo Papa Gregorio XVI em 1838 em seu Apostolico Breve *Multa Præclare,* e Pio IX em 1853 em sua Bulla *Probe Nostis,* porque muitos de vós durante vossa longa residencia na India tendes sido instruidos por vossos respectivos Pastores sobre esta importante materia. Mas muitos outros, que sois recentemente chegados á India, póde ser que não estejaes instruidos nesta questão, importante a vossa felicidade espiritual; e como alguns dos Padres dissidentes, como somos informados, e se vê de huma carta publicada no presente *Num.* do *Catholic Examiner,* armam laços a vossas almas, estamos na rigorosa obrigação de vos instruir, e para vossa guia reproduzir as ultimas Ordens Pontificaes, a que temos alludido.

As razões expendidas no Breve *Multa Præclare* mostram o imperativo dever, e o pleno direito do Supremo Pastor para assim o ordenar. O Vigario Capitular de Goa, que então era, foi o primeiro que declarou guerra á Bulla *Multa Præclare,* e achou o seu principal apoio no Clero de Goa amplamente espalhado nos territorios Britannicos, e ligado com alguns Padres nativos de Bombaim. As admoestações do Supremo Pontifice não foram ouvidas, sem embargo de elles (os Padres Portuguezes) terem sempre o Papa na bôca a fim de assim illudirem os fieis. Não obstante esta desgraçada opposição aos arranjos da Santa Sé, os fieis mostraram diariamente a maior disposição para se submetterem á authoridade do Vigario Apostolico, e o schisma de Goa estava proximo de

1857 Dezembro 27 sua extincção. Neste meio tempo (1844) o ultimo Arcebispo de Goa, José da Silva Torres, chegou á India. Seguiu o estandarte do schisma, e por quasi cinco annos, encheu toda a India de confusão, escandalo, e afflicção, até que a Santa Sé, com accordo da Corôa de Portugal, o revocou, e o fez pedir venia.

Isto feito, o schisma pareceu perder muito de sua virulencia: e os fieis estavam novamente bem dispostos a prestar obediencia aos arranjos do Soberano Pontifice. Porém, estando as cousas assim, uma vigorosa opposição foi offerecida pelo seu clero. Alguns cabeças do schisma julgaram pois conveniente convidar o Bispo de Macau, e desta sorte conservar os fieis no schisma. Apenas aquelle Prelado em Fevereiro de 1853 pizou as praias de Bombaim, toda a communidade catholica foi de novo involvida n'uma terrivel commoção. No pulpito, e em presença do mesmo Bispo, os Vigarios Apostolicos e Missionarios Europeus foram denunciados como usurpadores, lobos, perturbadores da paz, e outras cousas semelhantes. Não houve invectiva e abuso de linguagem, por peior que fosse, que não fosse lançada contra os que elles chamavam Propagandistas, em ordem a encher todos os corações de aborrecimento contra os Vigarios Apostolicos e Missionarios, e a desviar os fieis de sua obediencia.

O Mui Reverendo Bispo Hartmann provou logo os amargos fructos, que a visita do Bispo de Macau produziu em Bombaim.

A Igreja de S. Miguel de Mahim foi fechada contra elle a 10 de Março de 1853, e a 20 do mesmo mez e anno S. S.ª com 80 pessoas foi litteralmente encerrado na Igreja, cujas portas e janellas foram pregadas, para lhe impedir qualquer possivel communicação com seus fieis subditos. Logo que estas tristes novas foram sabidas em Roma, o Sacro Collegio dos Cardeaes e o Soberano Pontifice ficaram extremamente afflictos; e cogitando em tudo o que por annos havia sido praticado pelo Clero Goano, unanimemente reconheceram a necessidade de adoptar mais rigorosas providencias, e em consequencia Sua Santidade publicou a 9 de Maio de 1853, assignado de sua propria mão, o Breve Apostolico, aqui junto, que começa pelas palavras *Probe Nostis,* dirigido a todos os Bispos e Fieis das Indias Orientaes, incluindo Ceilão. O original foi remettido ao Bispo Hartmann, e existe ainda em sua mão, e delle se segue adiante a verdadeira versão. 1857 Dezembro 27

Este importante documento da Santa Sé não deixa lugar a pretexto ou subterfugio. Os dissidentes ou hão de voltar á obediencia do Vigario Apostolico, ou não podem ser reconhecidos estar em communhão com a Cadeira de S. Pedro. Já não são reputados Catholicos; e portanto nos Padres dissidentes não ha faculdade nem jurisdicção; nenhum Catholico os póde seguir sem perda da eterna salvação; nem póde assistir á Missa, e sacrificio divino por elles celebrado, ou receber os Sacramentos de sua mão. Aquelles que não poderem ouvir Missa ou receber os Sacramentos de outro modo se não de taes Padres desobedientes, não ouçam Missa, nem recebam os Sacramentos, antes do que juntarem-se a elles em suas sacrilegas funcções, que em vez de celestes bençãos trazem sobre os Christãos a divina indignação como sobre Core, Datan, e Abiron, e sobre todos aquelles que se intromettem no sagrado misterio. Assim como nós entendemos ser nosso dever fazer conhecidas, e inculcar as Ordens Pontificaes actualmente existentes; assim o faremos igualmente quando outras ordens no futuro nos hajam de ser communicadas de Roma.

Para obviar toda a equivocação, em que poderá caír algum dos soldados catholicos romanos, pareceu-nos conveniente apontar os nomes dos Padres nativos nas estações provinciaes, que estão debaixo da obediencia do Vigario Apostolico de Bombaim, e em communhão com a Igreja Catholica Romana. São F. F. e F.

Estes só, e não outros Padres nativos estão nas estações provinciaes da Presidencia de Bombaim. De suas mãos portanto podem os soldados catholicos romanos receber os Sacramentos, e assistir á Missa e serviço Divino por elles celebrado.

Dada na Residencia Episcopal de Bombaim, a 27 de Dezembro de 1857. — Fr. Angelico Pro-Vic.

Tratado entre Portugal e o Summo Pontifice Pio IX sobre a continuação do exercicio do Real Padroado da Corôa Portugueza no Oriente, feito em Lisboa, aos 21 de Fevereiro de 1857.

1857 Fevereiro 21 Em nome da Santissima e Individua Trindade. Sua Santidade o Summo Pontifice Pio IX e Sua Magestade Fidelissima El-Rei D. Pedro V, tendo resolvido fazer hum Tratado, no qual se estabeleçam os artigos de concordia para a continuação do exercicio dos Direitos do Padroado da corôa Portugueza na India e China, nos termos constantes dos mesmos artigos; nomearam para este fim dois Plenipotenciarios, a saber: por parte de Sua Santidade o Eminentissimo e Reverendissimo Senhor Cardeal Camillo Di Pietro, Pro-Nuncio Apostolico em Portugal; e por parte de Sua Magestade Fidelissima o Ex.mo Sr. Rodrigo da Fonseca Magalhães, Par do Reino, Conselheiro effectivo, Ministro e Secretario d'Estado honorario e Grão-Cruz da Ordem de Nosso Senhor Jesus Christo; ós quaes, trocados os seus respectivos plenos poderes, e achando-os em boa e devida fórma, convieram nos artigos seguintes:

ARTIGO 1.°

Em virtude das respectivas Bullas Apostolicas, e na conformidade dos sagrados canones, continuará o exercicio do Direito do Padroado da corôa Portugueza, quanto á India e China nas cathedraes abaixo declaradas.

ARTIGO 2.°

Quanto á India:

Na Igreja Metropolitana e Primacial de Goa; na Igreja Archiepiscopal *ad honorem* de Cranganor; na Igreja Episcopal de Cochim; na Igreja Episcopal de S. Thomé de Meliapor; e na Igreja Episcopal de Malaca.

ARTIGO 3.°

Quanto á China:

Na Igreja Episcopal de Macau.

ARTIGO 4.º

Concorda-se em que a provincia de Quam-Si não ficará incluida de futuro na jurisdicção Episcopal de Macau, e por consequencia no Padroado; reservando-se Sua Santidade tomar livremente nesta provincia, em utilidade dos fieis, as determinações que julgar convenientes e necessarias. 1857 Fevereiro 21

ARTIGO 5.º

O Santo Padre reserva-se fazer o mesmo, quanto á ilha de Hong-Kong, a qual, posto que incluida na provincia de Kuang-Tong (Cantão), ficará separada da jurisdicção Episcopal de Macau, e fóra do Padroado.

ARTIGO 6.º

A jurisdicção do Bispado de Macau, e o Padroado na China, comprehenderá assim de ora em diante o territorio, que lhe pertence, segundo as respectivas Bullas; a saber: Macau, provincia de Kuang-Tong (Cantão) e as ilhas adjacentes; exceptuadas sómente a dita provincia de Quam-Si e a ilha de Hong-Kong.

ARTIGO 7.º

Em vista das considerações de conveniencia religiosa, offerecidas por parte da Santa Sé, quanto á erecção de hum novo Bispado em alguma parte do territorio actual do Arcebispado de Goa, o Governo Portuguez, como Padroeiro, contribuirá, quanto delle dependa, para que esta erecção se realise opportunamente nos termos e nas localidades, que de accordo com a Santa Sé se reputarem mais convenientes á boa administração daquella Igreja e á commodidade dos fieis.

ARTIGO 8.º

Ficará separada da jurisdicção do Bispado de Malaca e do Padroado a ilha de Pulo-Penang, a respeito da qual tomará Sua Santidade as disposições, que lhe parecerem opportunas.

ARTIGO 9.º

Mas a ilha de Singapura continuará a pertencer ao mesmo

1857 Fevereiro 21 Bispado de Malaca; e poderá na mesma ilha estabelecer-se a residencia Episcopal, conservando o Prelado o titulo de Bispo de Malaca.

ARTIGO 10.º

Devendo o territorio de cada hum dos Bispados suffraganeos da India acima mencionados, ter tal extensão, que nelle se não difficulte o prompto e proficuo exercicio da jurisdicção Episcopal; as altas partes contratantes convem em que, de accordo, se proceda á circumscripção dos mesmos Bispados, que parecer mais adequada áquelle fim.

ARTIGO 11.º

O Santo Padre, tendo em vista os deveres dictados pelo seu apostolico ministerio, e desejando que se ponha quanto antes termo ás desintelligencias e perturbações, que têem affligido e ainda affligem as Igrejas das Indias Orientaes, com grave prejuiso dos interesses da religião e da paz publica dos fieis das mesmas Igrejas, situação esta que Sua Santidade não poderia ver continuar sem acudir-lhe com o remedio competente: e Sua Magestade Fidelissima o Senhor D. Pedro V, animado do mesmo desejo de ver prosperas aquellas Igrejas, e restabelecido o socego nas suas respectivas christandades: concordaram em que se proceda sem demora á feitura de hum acto addicional ou regulamento, no qual se fixem os limites dos ditos Bispados do Padroado, nos termos do artigo antecedente.

ARTIGO 12.º

Nas Bullas dos Bispos, que forem apresentados, deverá fazer-se menção dos limites, que, de commum accordo, se fixarem.

ARTIGO 13.º

Para este fim serão nomeados dois Commissarios, hum por cada huma das altas partes contratantes, os quaes animados de espirito de conciliação, e conhecedores das localidades, proponham as respectivas circumscripções de cada Diocese.

A estes Commissarios serão declarados os territorios, em que as altas partes contratantes se tem accordado, que continue o exercicio do Padroado da corôa de Portugal. 1857 Fevereiro 21

ARTIGO 14.º

Nas partes do territorio, que ficarem fóra dos limites assignados ás supramencionadas Dioceses na India, poderão erigir-se, com as competentes formalidades, novos Bispados, o exercicio de cujo Padroado pela corôa Portugueza começará desde então.

ARTIGO 15.º

Em vista do que se acha convindo sobre a materia do artigo 7.º do presente Tratado, Sua Santidade annue a accordar a instituição canonica á pessoa, que por Sua Magestade Fidelissima for nomeada e apresentada para a Igreja Metropolitana de Goa.

E as altas partes contratantes concordam em que, logo que se effectue a posse do novo Arcebispo, passem os Commissarios nomeados a occupar-se da definitiva circumscripção da Diocese, que deve erigir-se no territorio do mesmo Arcebispado, na conformidade e para os fins do citado artigo 7.º

Outrosim concordam as mesmas altas partes contratantes em que para o exercicio da jurisdicção ordinaria do novo Arcebispo se declarem, como limites provisorios do seu territorio, as Igrejas e missões, que ao tempo da assignatura do presente Tratado estiverem de facto na obediencia da Sé Archiepiscopal; devendo ficar na pacifica obediencia dos Vigarios Apostolicos todas as outras, que na mesma data se acharem tambem de facto sujeitas á sua auctoridade. Este estado permanecerá até á definitiva constituição canonica do Bispado que ha de erigir-se.

E ao passo que se for concluindo e approvando a circumscripção das Dioceses suffraganeas da India, e effeituando o provimento canonico dos respectivos Bispos será successivamente reconhecido pela Santa Sé nessas Dioceses o exercicio da jurisdicção Metropolitica do mesmo Arcebispo.

ARTIGO 16.°

1857 Fevereiro 21 Á medida que se for estabelecendo a circumscripção de qualquer dos Bispados suffraganeos da India, e achando-se provida de meios convenientes a Sé Episcopal, será admittida pelo Summo Pontifice a apresentação do Bispo, feita pelo Real Padroeiro Portuguez: e expedidas que sejam as respectivas Bullas confirmatorias, remover-se-hão successivamente do territorio do Bispado o Vigario ou Vigarios Apostolicos, que nelle existirem; a fim de que o Prelado nomeado possa entrar no regimen da Diocese.

ARTIGO 17.°

O presente Tratado, com os seus dois annexos A e B, que delle formam parte integrante, será ratificado pelas altas partes contratantes, e as ratificações trocadas em Lisboa dentro de quatro mezes, da data da assignatura, ou antes se for possivel.

Em fé do que os Plenipotenciarios acima nomeados assignaram em originaes duplicados, portuguez e italiano, o mesmo Tratado, e lhe pozeram o sêllo de suas armas.

Feito em Lisboa a 21 dias do mez de Fevereiro de 1857.— (L. S.) Camillo Card. Di Pietro P. N. A.— (L. S.) Rodrigo da Fonseca Magalhães.

Annexo A

No artigo 6.° do Tratado, firmado em data de hoje pelos abaixo assignados, declarou-se, que a jurisdicção do Bispo de Macau deve comprehender a provincia de Cantão (Kuang-Tong) e as ilhas adjacentes, entre as quaes a principal, quanto a Christandades, he a ilha de Hainan; em vista porém do que se concordou nas conferencias, e pelos motivos ponderados nellas por ambos os Negociadores, julgou-se opportuno demorar por hum praso de tempo determinado o exercicio exclusivo da jurisdicção ordinaria do Bispo de Macau nos territorios das ditas provincia e ilha. Este praso foi limitado a hum anno improrogavel, que deverá ter principio do dia em que o Tratado obtiver a ratificação das duas altas partes contratantes; e findo que seja o anno, terá inteira execução o referido artigo 6.º: promettendo-se por parte do abaixo assignado Negociador Portuguez, que se procurará pelo Real Padroeiro augmentar o numero de habeis e idoneos missionarios, que, alem dos existentes, se empreguem na conservação e na propagação da Fé Catholica naquellas regiões. 1857 Fevereiro 21

E a fim de que este especial accordo tenha a força do Tratado, e seja considerado como parte integrante delle, não só vae assignado pelos dois Negociadores, mas tambem será ratificado conjunctamente com o mesmo Tratado por ambas as altas partes contratantes.

Lisboa, 21 de Fevereiro de 1857.—Camillo Card. Di Pietro P. N. A.—Rodrigo da Fonseca Magalhães.

Annexo B

Tendo-se dito no artigo 13.º do Tratado, firmado no dia de hoje sobre o Padroado da corôa Portugueza no Oriente, que aos Commissarios, incumbidos de propor as respectivas circumscripções das Dioceses da India, mencionadas no mesmo Tratado, se dará conhecimento dos territorios, em que as altas partes contratantes convem que continue o exercicio do referido Padroado Real Portuguez; os abaixo assignados, Plenipotenciarios Pontificio e Portuguez, declaram para completa intelligencia do mesmo artigo, que as ditas altas partes contratantes se têem accordado em que o territorio do Padroado da corôa de Portugal na India seja o territorio da *India Ingleza;* entendendo-se por estas palavras as terras sujeitas *immediata* ou *mediatamente* ao Governo Britannico: e que portanto devem os Commissarios nomeados para a circumscripção das Dioceses ter em vista por hum lado, que as localidades pertençam á India Ingleza na accepção referida; e bem assim o estabelecimento de missões Portuguezas, e as fundações de religião e de piedade por esforços e generosidade do Governo de Portugal, e de seus subditos ecclesiasticos ou seculares, embora algumas dessas fundações não estejam actualmente na administração de sacerdotes Portugue-

1857 Fevereiro 21 zes: por outro lado a mais commoda e prompta assistencia espiritual do Pastor ao seu rebanho, segundo a extensão e distancia das missões, o numero das Christandades, e outras circumstancias, que devam attender-se para melhor se conseguir o mesmo fim.

Declaram mais os abaixo assignados, que as altas partes contratantes concordam em que este acto haja a mesma força do Tratado, e como tal obrigue a ambas as ditas altas partes contratantes, que os abaixo assignados têem a honra de representar.

As mesmas altas partes contratantes o ratificarão conjunctamente com o Tratado.

Lisboa, 21 de Fevereiro de 1857.—Camillo Card. Di Pietro P. N. A.—Rodrigo da Fonseca Magalhães.

Carta de lei ratificando o Tratado entre Portugal e a Santa Sé

1857 Julho 21 Dom Pedro, por Graça de Deus, Rei de Portugal e dos Algarves, etc. Fazemos saber a todos os nossos subditos que as côrtes geraes decretaram, e nós queremos a lei seguinte:

ARTIGO I

É approvado, para poder ser ratificado pelo poder executivo, nos termos declarados no artigo 2.º d'esta lei, o Tratado entre Portugal e a Santa Sé, sobre a continuação do exercicio do Real Padroado da Corôa Portugueza no Oriente, assignado em 21 de Fevereiro de 1857.

ARTIGO II

A ratificação só deverá ter logar depois que o governo se tenha accordado com a Santa Sé, e obtido por parte d'ella explicações cathegoricas ácerca dos pontos seguintes, a saber: 1857 Julho 21

1.º Sobre a providencia Apostolica para a continuação do regimen das Dioceses suffraganeas da India (quanto ás igrejas e missões na obediencia do Padroado) até á definitiva circumscripção das mesmas Dioceses, e confirmação dos respectivos Bispos; commettendo-se ao Arcebispo de Goa esse regimen para o exercer por si ou por Vigarios de sua nomeação; e obtendo-se a ampliação da mesma providencia Apostolica ao cabido da metropole *sede vacante*.

2.º Sobre a verdadeira intelligencia das palavras «India ingleza» empregadas no annexo B, de modo que fique bem claramente assentado entre as altas partes contratantes, que por *India ingleza* se entenderá, não só as terras que estão debaixo do dominio do governo inglez e da companhia das Indias orientaes, mas tambem as que estão sujeitas a principes indigenas, ou estes sejam tributarios da mesma companhia, ou por ella protegidos e subsidiados; com todas as fundações de religião e de piedade, que n'umas e n'outras terras houver, seja qual for a sua proveniencia.

3.º Sobre a verdadeira intelligencia da palavra de que se faz uso no artigo 16.º do Tratado, quanto aos meios com que devem ser providas as sés Episcopaes dos Bispados suffraganeos na India, definindo-se o vago em que possam tornar-se as expressões de «meios convenientes» para que se fixe o modo por que se devem entender *providas de meios convenientes as ditas sés.*

4.º A respeito dos fundos e rendimentos que pertenciam ás duas Cathedraes de Nankim e de Pekim, na China, para que fique bem entendido que esses fundos e mais bens continuam á disposição do Real Padroeiro para serem applicados á dotação do seminario de S. José de Macau, e á manutenção das missões que ficam pertencendo ao Padroado da Corôa Portugueza. E outrosim ácerca das seguranças necessarias para que os bens, fundos, paramentos e alfaias preciosas das igrejas e missões, e fundações de religião e piedade que ficaram debaixo do regimen e administração dos Viga-

1857 Julho 21 rios Apostolicos até á circumscripção dos Bispados suffraganeos, na India, sejam conservados para se fazer de tudo entrega aos respectivos Prelados do Real Padroado.

ARTIGO III

Fica revogada a legislação em contrario.

Mandamos portanto a todas as auctoridades, a quem o conhecimento e execução da referida lei pertencer, que a cumpram e guardem, e façam cumprir e guardar tão inteiramente como n'ella se contém. O Ministro e Secretario d'Estado dos Negocios Estrangeiros a faça imprimir, publicar e correr. Dada no paço de Cintra, em 21 de Julho de 1857. —(L. S.) El-Rei (com rubrica e guarda). — Marquez de Loulé.

Carta de lei pela qual Vossa Magestade, tendo sanccionado o decreto das Côrtes Geraes de 10 do corrente mez, que approva, para poder ser ratificado pelo poder executivo, nos termos declarados no artigo 2.º d'esta lei, o Tratado entre Portugal e a Santa Sé, sobre a continuação do exercicio do Real Padroado da Corôa Portugueza, no Oriente, assignado em 21 de Fevereiro proximo passado, o manda cumprir e guardar como n'elle se contém, tudo pela fórma retro declarada. — Para Vossa Magestade ver. — Julio Firmino Judice Biker a fez.

Traducção da Nota (ou Memorandum) do Cardeal Pro-Nuncio, declarando como a Corte de Roma acceita as explicações exigidas pela carta de lei de 21 de Fevereiro de 1857.

(Documentos impressos por determinação da camara dos deputados.)

1857 Outubro 28 Lisboa 28 de Outubro de 1857. — A ausencia por motivos de saude tem impedido a S. Ex.ª o Sr. Conselheiro d'Estado Rodrigo da Fonseca Magalhães, Negociador nos negocios pendentes com a Santa Sé, de poder occupar-se das respostas que a Santa Sé julgou dever dar á Nota de 14 de Julho ultimo; o abaixo assignado Cardeal Pro-Nuncio teve a honra de dar verbalmente conhecimento dellas a S. Ex.ª o Sr. Marquez de Loulé, Presidente dos Ministros e Ministro e Secretario d'Estado dos Negocios Estrangeiros e do Reino, como tambem a S. Ex.ª o Sr. Conselheiro Avila, Ministro e Secretari d'Estado da Fazenda, e provisoriamente dos Negocios Ecclesiasticos e da Graça e Justiça, estando tambem presente o Sr. Conselheiro Bartholomeu dos Martyres Dias e Sousa, em huma conferencia que teve lugar a 27 do corrente. 1857 Outubro 28

E para que, em conformidade dos expressados desejos de S. Ex.as, fique consignado em hum *Memorandum* tudo quanto o abaixo assignado teve a honra de communicar vocalmente, repete-se neste escripto.

Que deu logar a alguma admiração o ver como na occasião em que chegava finalmente ao seu termo huma negociação tão prolongada, como foi a do Padroado Portuguez na India e China, se julgou dever exigir-se ulteriores declarações, depois de ter sido tão discutida, debatida, e finalmente resolvida a materia entre os dois Negociadores em Portugal. E isto é tanto mais para notar a respeito da primeira das explicações de que se trata, pois que nella se volta de novo *ex-integro* sobre um provimento ao qual já se havia satisfeito por hum dos modos alternativamente propostos pelo Regio Negociador.

Mas vindo desde já á resposta categorica que se pede a cada huma das quatro explicações exigidas, o abaixo assignado está encarregado de delarar:

Que pelo que toca ao *statu quo* que se deseja conservar no novo Arcebispo de Goa para poder exercer a jurisdicção sobre aquelles logares das futuras Dioceses suffraganeas na India aonde a exercia dantes, pelo facto de se não haverem sujeitado á jurisdicção dos Vigarios Apostolicos, Sua Santidade, por hum rasgo de ulterior condescendencia, prestar-se-ha a conceder ao dito Prelado huma Apostolica Delegação provisoria para aquelle fim, na persuasão de que o mesmo Prelado, reconhecendo-se estar munido de todos os requisi-

1857 Outubro 28 tos que o habilitam para o Ministerio Pastoral, e apreciando devidamente o rigoroso dever que o clero, e particularmente os Parochos e Missionarios, tem de huma exacta obediencia ás ordens da Santa Sé, saberá e fará por distinguir quem cumpriu ou deixou de cumprir este seu principal dever, como tambem chamar ao recto caminho aquelles que desgraçadamente se afastaram delle. Esta Delegação Apostolica deverá pois considerar-se provisoria e como huma temporaria providencia, que ha de durar pelo espaço de tempo que mediar até á nova circumscripção da Diocese de Goa, para cuja realisação, animados como estão com tanto empenho Sua Santidade e Sua Magestade Fidelissima, deverá reputar-se sufficiente o praso de hum anno, pouco mais ou menos, a contar do dia em que tomar posse o novo Arcebispo.

Dizia em segundo logar a dita Nota, que as camaras Legislativas não auctorisavam a Corôa a ratificar o Tratado assignado em 21 de Fevereiro ultimo, sem que previamente a Santa Sé explicasse o que entendia pelas palavras *India Ingleza mediata ou immediatamente sujeita ao Imperio Britannico.*

Responde-se a isto que a Santa Sé reconhece naquelle Tratado o direito do Padroado da Corôa Portugueza na India naquella mesma extensão em que dantes o exercia, e pela fórma prescripta no Tratado, com a unica limitação convencionada no mesmo Tratado a respeito da China. Parece por conseguinte não ser necessario nenhuma outra declaração, que a final poderia antes ter a apparencia de huma restricção ao mesmo Padroado.

Pedindo-se em terceiro logar esclarecimentos sobre as palavras *providas de meios convenientes,* das quaes se fez uso no artigo 16.º, o abaixo assignado está auctorisado para declarar:

Que aquellas palavras devem entender-se em conformidade das notorias prescripções canonicas, estando o Santo Padre bem persuadido, que o piedoso animo do Pio Monarcha que rege Portugal e o zêlo dos seus Ministros, se esforçarão para que hum clero sufficiente, ecclesiasticamente instruido, e decorosamente dótado, exercite seu Sagrado Ministerio nas Dioceses já erigidas, e nas que vierem a erigir-se, como tambem em todas as partes da India e China em que o Tratado já assignado permitte a continuação do exercicio do Padroado Portuguez. Por consequencia, Sua Santidade está persuadido que alem dos sufficientes meios pecuniarios que hão de conceder-se aos respectivos Pastores, poderão estes tambem contar (aonde seja possivel erigil-os) com a assistencia dos Capitulos, e com a erecção de novos Seminarios, a fim de que, em rasão das grandes distancias, se facilite assim, com a maior solicitude possivel, huma regular instrucção ecclesiastica. Que haja pois em cada huma das Dioceses casas decentes para habitação dos Bispos, e sobretudo Igrejas decorosamente mantidas para os officios Divinos.

1857 Outubro 28

Pedia-se em quarto logar que os fundos e outros bens que pertenciam ás duas Cathedraes de Pekim e Nankim continuassem á disposição do Real Padroado para serem applicados á dotação do Seminario de S. José de Macau, e á manutenção das Missões que ficam pertencendo ao Padroado da Corôa Portugueza.

Aquillo que neste ponto póde responder a Santa Sé he que se admitte a proposta, se se trata daquelles que já se acham em virtude do Beneplacito Apostolico, transferidos para Macau. Se a proposição porém se refere a outros, convirá que o Governo de Sua Magestade Fidelissima indique quaes elles são á Santa Sé, a quem faltam as necessarias informações para poder fixar as suas determinações.

Finalmente, pediam-se seguranças para que os bens, paramentos e ricas alfaias das Igrejas e Missões e fundações de Religião e piedade que ficam debaixo do governo e administração dos Vigarios Apostolicos até á circumscripção dos Bispados suffraganeos na India fossem conservados, a fim de ser tudo entregue aos respectivos Prelados do Real Padroeiro; e o Santo Padre não acha difficuldade em que nos logares mencionados se proceda á formação de inventarios exactos, á qual deverão e poderão concorrer os Vigarios Apostolicos, e pessoas delegadas pelo Real Governo.

1857 Outubro 28 Parece depois disto ao abaixo assignado que, assegurando-lhe S. Ex.ª o teor das ordens efficazes que hão de ser effectivamente expedidas pelo Governo de Sua Magestade, para que o Tratado, quando for publicado, seja exactamente observado, póde em vista das expressas declarações acima feitas desde já considerar concluido este importante e protrahido negocio, no qual foi encarregado de tomar parte.

Não deixa de aproveitar a occasião para confirmar a S. Ex.ª o Sr. Marquez de Loulé, Presidente do Conselho de Ministros, Ministro e Secretario d'Estado dos Negocios Estrangeiros e do Reino, os sentimentos da sua mais alta consideração, — C. Cardeal Di Pietro. — A S. Ex.ª o Sr. Marquez de Loulé, Presidente do Conselho de Ministros, Ministro e Secretario d'Estado dos Negocios Estrangeiros e dos do Reino.

Nota do Ministro dos Negocios Estrangeiros ao Cardeal Pro-Nuncio

(Documentos impressos por determinação da camara dos deputados.)

1857 Novembro 11 O abaixo assignado, Presidente do Conselho de Ministros, Ministro e Secretario d'Estado dos Negocios Estrangeiros e dos do Reino, teve a honra de receber o *Memorandum*, em que S. Ex.ª o Sr. Cardeal Pro-Nuncio, na qualidade de Negociador por parte da Santa Sé, consigna as declarações que verbalmente se serviu de communicar-lhe, em vista das instrucções da sua côrte, relativamente á materia das explicações, das quaes o abaixo assignado remetteu copia a S. Em.ª em Nota datada de 15 de Julho ultimo.

A communicação verbal de S. Em.ª fôra feita na conferencia que teve logar no dia 27 do mez passado, e á qual assistiram, alem do abaixo assignado, S. Ex.ª o Ministro e Secretario d'Estado dos Negocios da Fazenda, interinamente encarregado dos Negocios Ecclesiasticos e de Justiça, e o Conselheiro Bartholomeu dos Martyres Dias e Sousa, Secretario nomeado para assistir ás negociações; não comparecendo por ausente da capital S. Ex.ª o Conselheiro d'Estado Rodrigo da Fonseca Magalhães, Plenipotenciario de Sua Magestade para tratar dos negocios pendentes com a Santa Sé, e especialmente do que respeita ao Padroado Real Portuguez no Oriente. 1857 Novembro 11

Do contheudo no dito *Memorandum* vê-se, que as instrucções recebidas por S. Em.ª o não habilitam a dar uma solução cabal sobre todos os quatro pontos que o Governo de Sua Magestade deseja que fiquem bem definidos para maior segurança da paz e dos interesses religiosos nas Igrejas do Padroado, para manter inalteravel a boa harmonia entre as duas côrtes, e para facilitar a execução do Tratado, entre ellas concluido depois de tão longos e embaraçosos debates.

Este facto era inesperado pelo Governo de Sua Magestade depois das noticias que official e extra-officialmente se lhe haviam dado a respeito das disposições benevola e abertamente favoraveis da parte do Venerando Pontifice que hoje preside á Igreja universal, e tambem na presença do que se havia já concordado, e das diversas discussões e explicações que houve entre os Negociadores das duas Altas Partes Contratantes, como consta do extenso Protocollo de suas conferencias.

Nestes termos cumpre ao abaixo assignado responder em nome do Governo de Sua Magestade ao *Memorandum* de S. Em.ª, com algumas reflexões sobre cada hum dos pontos de que se trata; para que se fique bem conhecendo as idéas e intenções do mesmo Governo no negocio sujeito.

PRIMEIRO PONTO

Quanto ao modo de prover á continuação da jurisdicção ordinaria nas Dioceses suffraganeas da India em respeito ás Igrejas e Missões na obediencia do Padroado, até á definitiva circumscripção das mesmas Dioceses, e confirmação dos respectivos Bispos.

Pede-se por parte de Portugal para este fim huma providencia Apostolica, pela qual se commetta ao novo Arcebispo

1857 Novembro 11 de Goa o regimen dessas Dioceses, para o exercer por si ou por Vigarios de sua nomeação, ampliando-se essa providencia ao Cabido da Metropole, *Sede Vacante.*

Por parte da Santa Sé, como se vê do *Memorandum*, accede-se á proposta quanto á pessoa do novo Arcebispo, mas alem de não se dizer palavra sobre a ampliação pedida, classificando-se de *provisoria* (como na verdade o he) a Delegação Apostolica, dá-se a essa palavra *provisoria* huma intelligencia inteiramente estranha ao assumpto de que se trata.

Diz-se que durará até á nova *circumscripção da Diocese de Goa*, isto he, até á creação do novo Bispado que as Altas Partes Contratantes accordaram que se constituisse no territorio da mesma Diocese.

Parece haver nisto algum equivoco. A jurisdicção quanto a Goa está definitivamente resolvida no artigo 15.º do Tratado: trata-se agora das Dioceses suffraganeas da India, a respeito das quaes a suspensão dos direitos metropoliticos do Arcebispo Primaz só deve durar até que se ultime a circumscripção de qualquer dessas suffraganeas.

É expressa a disposição do artigo 16.º do Tratado. Por conseguinte a palavra *provisoria* não póde, sem offensa e contradicção ao que já se concordou, limitar-se no sentido do que se diz no *Memorandum.*

O abaixo assignado não deseja dar maior extensão a esta resposta, e por isso deixa de offerecer muitas das ponderações a proposito do que S. Em.ª reflecte ácerca deste primeiro ponto, antes de entrar na materia particular delle. Limita-se portanto e lembrar a S. Em.ª; 1.º, que nenhum accordo houve ainda a respeito da alternativa, mencionada na Nota do Negociador Portuguez em 21 de Fevereiro deste anno; 2.º, que a providencia Apostolica a que S. Em.ª se refere não poderia rasoavelmente preferir-se, porque ella foi applicada em Portugal unica e exclusivamente ás Dioceses do Reino, que tinham ainda vivos, mas fóra do exercicio, os seus Bispos Sagrados, como os de Vizeu, Coimbra, Guarda e Evora; que quanto ás Dioceses canonicamente vacantes houve, como S. Ex.ª sabe por facto proprio, a mesma providencia Apostolica que se pede agora para as Dioceses da India, todas canonicamente vagas, como succedeu a respeito dos Bispados de Pinhel, de Aveiro, de Castello Branco, de Beja e de Portalegre; 3.º, finalmente, que qualquer que fosse a intenção de satisfazer á citada Nota, não he della que hoje se trata, mas sim do que o Governo de Sua Magestade tem feito pôr na Sagrada Presença de Sua Santidade, em virtude das resoluções tomadas pelo corpo legislativo. 1857 No-embro 11

SEGUNDO PONTO

Sobre a verdadeira intelligencia das palavras «India Ingleza» de que se usa no Annexo B ao Tratado de 21 de Fevereiro.

A respeito deste ponto o Governo de Sua Magestade infere com satisfação pelo que se lê no *Memorandum*, que a Santa Sé não põe duvida em concordar na explicação pedida nos termos expressos nella; o Governo sempre assim o esperou com segura confiança no que por parte do Santissimo Padre se declarava por tantas vezes.

Não deve porém o abaixo assignado deixar de reflectir, em vista dos termos empregados neste logar do *Memorandum*, que não foi por parte do Governo de Sua Magestade Fidelissima, ou do seu Negociador, que se propusera restricções no Real Padroado da Asia. Mas foram em muito maior extensão ainda exigidas pela Côrte Pontificia, como se vê da negociação, e S. Em.ª o sabe perfeitamente. O Real Padroeiro accedeu a algumas dessas exigencias, embora as não tivesse por justificadas para dar ao Mundo Catholico em geral e ao Chefe da Igreja em particular as mais claras provas de que tinha a peito sobretudo a paz religiosa, que por outro modo não poderia tão cedo conseguir-se em tantas e tão distantes christandades. Pareceu portanto notavel a resposta por parte da Santa Sé: contra ella está o que se diz no artigo 13.º do Tratado, e no annexo B ao mesmo Tratado.

TERCEIRO PONTO

Sobre a verdadeira intelligencia das palavras «Meios competentes» usados no artigo 16.º do tratado.

1857 Novembro 11 No *Memorandum* diz-se que aquellas palavras se hão de entender na conformidade das notaveis prescripções canonicas. E depois desce a diversas particularidades, quaes são a existencia do clero sufficiente e instruido, e decorosamente dotado: a erecção de cabidos, quando *seja possivel erigil-os,* bem como de seminarios para huma regular instrucção ecclesiastica, e ultimamente casas de residencia decente para os Bispos, e sobretudo Igrejas decorosamente mantidas para os diversos officios.

A respeito destas declarações cumpre ao abaixo assignado assegurar por parte do Governo, que lhe parece não se offerecer maior duvida de chegar a hum prompto e facil accordo, em vista dos termos empregados por parte de S. Em.ª em nome da Santa Sé.

Porquanto:

1.º Pelo que respeita aos Bispos, o Governo não tem duvida em assegurar, que ha de competentemente obter hum augmento rasoavel em suas congruas em harmonia com o que já se praticou a respeito dos Prelados das Dioceses de Cabo Verde e Angola, que recebem hoje da Fazenda Publica mais talvez do triplo que por ella noutro tempo lhe estava assignado. Este augmento porém deverá o Governo attendel-o com respeito ás circumstancias de cada huma das Dioceses suffraganeas, as quaes são diversas quanto aos meios de manter os respectivos Prelados.

2.º Pelo que toca aos Missionarios e Parochos, acham-se as suas congruas estabelecidas e regularmente pagas pela Fazenda Publica de Goa desde longos annos; muitas dellas foram nos ultimos tempos augmentadas; e o Governo nunca deixará de attender a qualquer exigencia justa que os Prelados respectivos fizerem a esse respeito. E a prova de que aos Missionarios e Parochos do Padroado nunca faltaram, nem faltarão meios de decente mantimento, está nos factos notorios de que se alguns têem abandonado Igrejas, o fazem violentados pelos meios que he escusado aqui especificar, mas nunca por vontade propria, nascida da falta de recursos para manter-se. 1857 Novembro 11

3.º Quanto a habitações decentes para os Prelados, e as Igrejas bem providas dos objectos necessarios ao Culto, não parece ao abaixo assignado que, depois do que se tem passado e visto aos olhos do mundo, ha mais de tresentos annos de existencia das Dioceses do Padroado, se queira agora mostrar que ha necessidade de impôr por obrigação ao Real Padroeiro o que nunca este esqueceu por zelo proprio. He impossivel que na côrte Pontificia se ignore o que houve e ha a este respeito.

4.º Pelo que pertence á creação de cabidos nas Dioceses suffraganeas do Padroado na India, o Governo de Sua Magestade acceita o que se diz no *Memorandum* com a expressão de hum desejo louvavel; mas não póde ver ahi huma exigencia, ou huma condição prévia para serem recebidas pela Santa Sé as Nomeações Regias dos Bispos para essas Dioceses, á proporção que se ultimar a sua respectiva circumscripção.

Desde seculos que essas cathedraes existem sem cabidos, cuja erecção prévia não he aliás necessaria, para que se crie e exista huma Sé cathedral, como S. Ex.ª perfeitamente sabe.

5.º O mesmo se póde dizer da instituição de Seminarios. Aonde for possivel erigil-os commodadamente, o Governo de Sua Magestade ha de obrar, quanto delle dependa, para a sua regular existencia. Mas sendo isto difficil, especialmente attendendo a que o territorio das suffraganeas na India não está sujeito a dominação temporal do Real Padroeiro não pôde acceitar-se *como condição,* no sentido sobredito, a exigencia de que falla o *Memorandum.*

No territorio da Metropole Goana existem em exercicio dois Seminarios, nelles se educam e instruem como sempre alumnos que, depois de habilitados canonicamente, acodem

1857 Novembro 11 ao serviço religioso das Missões e Igrejas nos Bispados Suffraganeos.

Existem alem disso na Diocese de Cochim o Seminario de Vaipicota, que hoje funcciona, e que pelo zelo do actual Governador Ecclesiastico desta Diocese tem recebido grandes e importantes melhoramentos; sendo de esperar que se torne em breve hum utilissimo Estabelecimento para a educação e instrucção de ordinandos, tanto deste Bispado de Cochim como do Arcebispado *ad honorem* de Cranganor.

E a este proposito não póde o abaixo assignado deixar de advertir, que a existencia de Bispos Sagrados nas Dioceses do Padroado será o meio mais efficaz de melhorar o seu estado a todos os respeitos, valendo muito menos quantas palavras e discussões se gastem antes desse facto.

QUARTO PONTO

Este quarto e ultimo ponto das explicações pedidas pelo Governo Portuguez consiste: 1.º, em se declarar, que os fundos e rendimentos quaesquer, que dantes se applicavam á manutenção das duas Cathedraes de Nankim e de Pekim, e das suas respectivas Missões, *continuem* á disposição do Real Padroeiro, para serem applicados á dotação do Real Collegio ou Seminario de S. José de Macau, e á manutenção das Missões que ficam pertencendo ao Padroado da Corôa Portugueza; 2.º, em se darem as seguranças necessarias para que os bens, fundos, paramentos e alfaias preciosas das Igrejas e Missões e fundações de Religião e piedade, que ficam debaixo do regimen e administração dos Vigarios Apostolicos até á circumscripção dos Bispados suffraganeos na India, sejam conservados para se fazer de tudo entrega aos respectivos Prelados do Real Padroado.

Quanto á materia da segunda parte referida neste ponto, o Governo de Sua Magestade fica plenamente satisfeito com a resolução da Santa Sé.

Quanto porém á primeira parte relativa ás Cathedraes e Missões de cujo Padroado fica privada a Corôa Portugueza na China, cumpre ao abaixo assignado declarar, que o Governo de Sua Magestade só se refere aos bens e rendimentos, que existiam e existem actualmente debaixo da administração das Auctoridades Portuguezas no Collegio de Macau, que formam o fundo chamado das Missões, assim na Cidade de Macau, como na Ilha de Singapura; e aos quaes, de accordo com o Real Padroeiro, e por Resoluções delle, se tem já dado applicação fixa em conformidade com a instituição do mesmo fundo, para as Missões do Regio Padroado actual da China, e para algum subsidio do Collegio das Missões estabelecido neste Reino no antigo Seminario de Sernache do Bom Jardim. 1857 Novembro 11

O Real Padroeiro não faz exigencia, nem pede compensação por bens alguns de qualquer natureza que existem, ou possam com justo titulo reclamar-se nas Sédes das duas Cathedraes de Nankim e Pekim, ou em quaesquer localidades de suas respectivas Missões; esses quaesquer que sejam continuam a pertencer ás mesmas Cathedraes, incumbindo a sua conservação e reivindicação ás Auctoridades a quem for confiado o regimen dellas.

Mas o Real Padroeiro não póde consentir em que dos bens na posse actual das Auctoridades do seu Padroado, administrados por ellas, debaixo da sua Regia inspecção, e destinados desde o principio a acudir ao mantimento decente dos Bispados e das Missões do Padroado da Corôa Portugueza, se applique de ora em diante rendimento algum para Bispados ou Missões, cujo Padroado lhe não he reconhecido hoje pela Santa Sé. E na verdade pareceria estranho, que da parte do mesmo Padroeiro, cujo direito se desconheceu e se extinguiu, ficasssem subsistindo obrigações só correlativas a esse direito extincto. Alem de que não se trata de applicação alguma desses bens contraria ao seu primitivo e natural destino, como se disse.

Este destino era o acudir ás necessidades dos Bispos e Missões do Padroado Real Portuguez na China e Japão. Cessou, por difficuldades invenciveis, o exercicio do mesmo Padroado no Japão; e nada depois desse facto saiu daquelle fundo para o antigo Bispado de Funay. O Santo Padre Inno-

1857 Novembro 11 cencio XII em 1696 tomou Resoluções pelas quaes ficaram de facto desmembrados dos Bispados de Nankim e Pekim muitas das Provincias do Imperio Chinez, que até ahi lhes pertenciam, e ninguem então se lembrou que do fundo das Missões Portuguezas em Macau se podesse exigir cousa alguma para as necessidades do Catholicismo nessas Provincias excluidas do Padroado.

O Governo de Sua Magestade nunca duvidou da justiça que lhe assiste, nem portanto de ser contrariado a este respeito; e por isso nada propoz, por via do seu Plenipotenciario, durante as negociações. Na presença porém de tudo o que se tem passado depois das mesmas negociações, o Governo tem por necessaria huma declaração explicita do assenso Apostolico, para evitar-se no futuro todo e qualquer motivo que possa porventura trazer embaraço á prompta e fiel execução do Tratado, como he por certo da intenção de ambas as Altas Partes Contratantes.

Recapitulando quanto acaba de ponderar, o abaixo assignado declara a S. Em.ª que o Governo de Sua Magestade, confiado na indefectivel justiça da Santa Sé, e na paternal benevolencia do Santissimo Padre, espera que por parte da mesma Santa Sé se annuirá satisfactoriamente ao que pelo mesmo Governo lhe tem sido representado; e que para esse fim auctorise o seu Negociador nesta Côrte a declarar: 1.º, quanto ao primeiro ponto, que a Delegação Apostolica de que se trata em favor do novo Arcebispo se entende *provisoria* até que se ultime a circumscripção de qualquer das Igrejas suffraganeas na India, e se effectue o provimento canonico do Bispo respectivo; e bem assim que esta delegação se ampliará, durando o mesmo estado, ao Cabido da Metropole Primaz de Goa, Sede vacante; 2.º, quanto ao terceiro ponto, que por meios convenientes se entende sómente como condição prévia para a confirmação dos Bispos suffraganeos, feita que seja a respectiva circumscripção, o augmento rasoavel da congrua dos mesmos Bispos, para manter o decoro do seu caracter sagrado. E que tudo o mais se deve entender não como *condição prévia* para o dito fim, mas como huma recommendação instante da Santa Sé, para ser satisfeita logo que as circumstancias o permittam, pelo Real Padroeiro; 3.º, quanto ao quarto ponto, que os fundos e quaesquer bens a que se faz referencia continuem a ser administrados e applicados como até agora; cessando portanto a applicação de alguma parte do seu rendimento para as Cathedraes da China, em que não é reconhecido pelo Tratado o direito do Real Padroeiro Portuguez. 1857 Novembro 11

Parecem ao abaixo assignado tão justos os desejos que acaba de manifestar por parte do Governo de Sua Magestade Fidelissima, que nutre a esperança de que S. Em.ª verá nelles mais huma prova do vivo empenho de acabar com as difficuldades para a ractificação do Tratado entre as duas Côrtes, e não deixará de solicitar competentemente as auctorisações convenientes, para satisfazer por parte da Santa Sé áquelles desejos; e pôr-se assim termo a esta tão protelada Negociação sobre o Padroado.

E aproveitando a opportunidade, o abaixo assignado tem a honra de assegurar a S. Em.ª o Sr. Cardeal di Pietro, Pro-Nuncio de Sua Santidade, e seu Negociador n'esta Côrte, dos sentimentos da sua mais alta consideração.—Secretaria d'Estado dos Negocios Estrangeiros, em 11 de Novembro de 1857.—Marquez de Loulé.

Nota do Ministro em Roma ao Cardeal Secretario d'Estado

(Documentos impressos por determinação da camara dos deputados.)

A posição delicada para com o seu Governo, em que parece achar-se o abaixo assignado, Enviado Extraordinario e Ministro Plenipotenciario de Sua Magestade Fidelissima em Missão especial junto da Santa Sé, em vista dos dois importantes documentos recebidos ultimamente de Lisboa, e que são relativos ás explicações pedidas pelas camaras, a fim de 1857 Dezembro 14

1857 Dezembro 14 poder ser ratificado o Tratado concluido entre a Corôa de Portugal e a Santa Sé sobre o Padroado do Oriente, e que foi assignado em 21 de Fevereiro ultimo, lhe impõem a necessidade de dirigir-se ao Em.^{mo} Cardeal Secretario d'Estado para, no desempenho da sua Missão, apresentar a S. Em.^{a} algumas considerações sobre a materia em questão.

E em primeiro logar, considerando a discordancia das explicações offerecidas pelo Cardeal Di Pietro ao Governo de Sua Magestade com o que o abaixo assignado entendeu ter sido assentado e definido nas conferencias que teve a honra de ter com o Em.^{mo} Secretario de Estado, parece não será inutil chamar a sua attenção sobre alguns pontos dessas conferencias.

O ponto principal do desaccordo é sem duvida aquelle que diz respeito ao regimen das Dioceses suffraganeas da India quanto ás Igrejas e Missões na obediencia do Padroado. A lei das Côrtes Portuguezas de 10 de Julho ultimo exige, para que o Tratado possa ser ratificado, que se entenda pelo respectivo artigo que o *statu quo* continua para todas as Igrejas e Missões na obediencia do Padroado até á circumscripção das Dioceses suffraganeas da India, e confirmação dos respectivos Bispos. Esta lei, pela qual o Governo de Sua Magestade teve de regular nessa parte as instrucções dadas ao abaixo assignado, não podia ser desconhecida por S. Em.^{a}, ella fazia a base da discussão; entretanto, assim S. Em.^{a}, como já antes em Bologna Monsenhor Berardi, manifestaram ao abaixo assignado grande admiração por as camaras exigirem explicação de hum ponto que se deprehendia perfeitamente do artigo do Tratado. Não competia por certo ao abaixo assignado suscitar duvidas sobre a intelligencia que os Ministros de Sua Santidade davam ao dito artigo, sendo ella tanto conforme ao que pediam as camaras, e por isso se julgou satisfeito; e na conta que deu ao seu Governo, e que teve a honra de ler a S. Em.^{a}, disse: «*que na opinião da Santa Sé parecia dever dar-se ao artigo 15.º do Tratado hum sentido mais lato, do que entenderam as camaras.*» E o abaixo assignado ainda mais se confirmou neste modo de entender as explicações, quando S. Em.ª se referia á inconveniencia de se proceder provisoriamente á mudança de jurisdicção, apesar da enorme distancia de algumas dessas Igrejas e Missões. Parece que se essa inconveniencia se dá, tanto deve ser até á circumscripção do novo Bispado, que deve formar-se no territorio do antigo Arcebispado de Goa, como até á circumscripção dos Bispados suffraganeos; e afigura-se ao abaixo assignado que se a continuação do *statu quo* para todas as Igrejas e Missões na obediencia do Padroado até á erecção daquelle novo Bispado não vae de encontro ás disposições dos Sagrados Canones, tambem isso não póde dar-se até á circumscripção dos outros suffraganeos. O abaixo assignado tem ainda bem presente na memoria a observação que S. Em.ª lhe fez referindo-se ao projecto de Despacho telegraphico, que desejava mandar ao seu Governo no dia 16 de Setembro ultimo: «Mais je ne sais pas», disse S. Em.ª «si vos chambres seront satisfaites avec les explications, que je vous ai données: par exemple, sur le premier point: Je ne sais pas si elles l'entendent pour toutes les Églises du Padroado, ou seulement celles qui seraient dans son obéissance à la signature du Traité»: ao que o abaixo assignado respondeu que se entendia sómente estas, e S. Em.ª replicou: «Alors nous sommes d'accord». 1857 Dezembro 14

Segundo se vê do *Memorandum* do Cardeal Di Pietro de 28 de Outubro ultimo, ao passo que se maravilha que se peçam explicações, maximè ao primeiro ponto, diz que Sua Santidade por hum rasgo de ulterior condescendencia se prestará a conceder ao Arcebispo de Goa delegação Apostolica para o regimen das Igrejas e Missões das futuras Dioceses na India, que se acham na obediencia do Padroado, a qual delegação se deverá considerar como provisoria, *e que durará até á nova circumscripção* da Diocese de Goa, etc.

O Cardeal Pro-Nuncio maravilha-se que se peça a explicação para que se entenda «até á circumscripção das Dioceses suffraganeas», e depois apresenta o Santo Padre concedendo *per tratte di ulteriore condiscendenza,* não, como era natural e parece deduzir-se do principio da sua explicação, a medida

1857 Dezembro 14 que as camaras pediam, mas aquillo que se acha expresso e declarado no proprio artigo do Tratado. E bem diz o Sr. Ministro dos Negocios Estrangeiros, na sua Nota de 11 de Novembro em resposta ao citado *Memorandum*, que parece haver algum *equivoco* nesta parte da explicação dada pelo Em.^{mo} Pro-Nuncio, pois que a jurisdicção quanto a Goa estava definitivamente resolvida no artigo 15.º do Tratado; e que por conseguinte a palavra provisoria não póde limitar-se ao sentido que se diz no *Memorandum*. Nem mesmo parece ao abaixo assignado que a medida que se pede estèja em contradicção com o principio estabelecido no Tratado de restringir a *jurisdicção immediata*, por isso que a erecção de hum novo Bispado na Diocese de Goa he huma medida de permanencia, ao passo que a outra he essencialmente provisoria para durar tão sómente até á circumscripção dos Bispados suffraganeos, que nas piedosas intenções de Sua Magestade Fidelissima, e nas idéas do seu Governo he provavel que essa circumscripção se vá fazendo ou contemporaneamente, ou logo em seguida á daquelle novo Bispado: e se outras provas fossem precisas lá estão as observações offerecidas na Nota já alludida sobre o terceiro ponto tendentes a facilitar a erecção dos Bispados suffraganeos. E tambem o abaixo assignado não póde julgar que a delegação, que se pede para o Arcebispo de Goa, se possa considerar sem limitação emquanto á sua duração, por isso que só deve exercel-a até á circumscripção de cada Bispado suffraganeo; mas he limitadissima emquanto á extensão, pois que se reduz ás Igrejas e Missões dessas suffraganeas, que se conservaram na obediencia do Padroado.

Segundo o abaixo assignado pôde comprehender das palavras de S. Em.ª, a ampliação pedida para a delegação ser exercida pelo Cabido da Metropole Primaz de Goa *sede vacante*, apresenta o receio de recair em pessoa que não seja da plena approvação da Santa Sé; mas alem de não ser provavel que elle venha a ter effeito, convem ponderar e reflectir se por esse simples receio se devem annullar as tão grandes vantagens que da ratificação do Tratado resultam aos interesses da Religião naquellas partes do Oriente; e não escapa de certo á alta sagacidade de S. Em.ª que ella não póde ter logar sem esta ampliação. 1857 Dezembro 14

Em vista da explicação dada pelo Cardeal Pro-Nuncio ao terceiro ponto não parece ao abaixo assignado que haja desaccordo: pois ainda que pelo principio della se possa deduzir que por «meios convenientes» para a erecção dos novos Bispados e confirmação dos respectivos Bispos se devem entender *as notorias prescripções canonicas,* pelo seguimento da explicação he claro que a Santa Sé não faz por modo algum dependente de todas estas prescripções a circumscrição dos Bispados suffraganeos.

E na verdade, como seria possivel a Portugal estabelecer Seminarios nesses territorios, em que não tem dominio temporal antes de nelles ter os seus Bispos, e se achar installado espiritualmente? As Cathedraes e outras Igrejas hão de ser as mesmas, de que ora estão de posse os Vigarios Apostolicos e os seus agentes. As decentes residencias dos Bispos terão de ser providas depois de feitas as circumscripções, etc. Portanto depois das seguranças dadas pelo Governo de Sua Magestade na supracitada Nota quanto ao augmento das congruas para os Bispos, e todas as outras recommendações do *Memorandum,* é evidente que insistir neste caso especial pelas prescripções canonicas era o mesmo que recusar *in limine* a erecção de nenhum Bispado suffraganeo, porque seria exigir o que era impossivel satisfazer, nem isso se conformaria com os desejos da Santa Sé tão repetidamente manifestados por S. Em.ª, de que a circumscripção dos Bispados suffraganeos se verificasse promptamente.

Finalmente pelo que respeita ao quarto ponto, a explicação do Cardeal Pro-Nuncio parece satisfazer, e a declaração que o Governo de Sua Magestade pede com relação á primeira parte he com o fim de evitar qualquer motivo de embaraço no futuro, e por tal modo rasoavel, que não pode haver duvida em se conceder.

Tendo examinado os pontos principaes da questão não póde o abaixo assignado deixar de pedir a mais seria atten-

1857 Dezembro 14

ção de S. Em.ª para a posição definida em que está collocado o Governo de Sua Magestade. Havendo por seus esforços e muita habilidade podido vencer a fortissima opposição que dentro e fóra do Parlamento se levantou contra a approvação do Tratado, conseguiu fazel-o passar nas camaras, mediante as explicações que tem feito o objecto desta protelada discussão, e as quaes em nada alteram os principios nelle estabelecidos. Desta posição não póde arredar-se o Governo; e as camaras ora reunidas bem depressa lhe pedirão talvez estreitas contas das lisonjeiras esperanças com que obteve o seu voto de approvação. Oxalá que a demora da ratificação não faça levantar mais embaraços, e não forneça novos motivos de opposição áquelles que tem sempre attribuido á Santa Sé certos designios que ella de certo jámais poderia ter. Se isso acontecer não será por falta do abaixo assignado ter instado com a Santa Sé pela prompta resolução desta pendencia, tratando de fazer conhecer o verdadeiro estado de cousas e da opinião publica em Portugal, pois que emquanto aos interesses da Religião no Oriente, sobejas, e bem afflictivas noticias tem chegado ao conhecimento da Santa Sé, e por isso não he preciso fazer valer o estado em que ficarão aquellas remotas christandades, com o rompimento de huma negociação de que ellas com rasão esperam cabal remedio a seus males, dando-lhes a paz e a tranquillidade religiosa; nem tão pouco o abaixo assignado ousaria alludir á enorme responsabilidade em que por esse facto incorreria a Santa Sé depois dos grandes sacrificios feitos pela Corôa Portugueza para chegar a hum accordo, os quaes pela casual publicação das disposições do Tratado são já conhecidos não só no Oriente, onde mais interessam, mas por todo o mundo, que não deixará de lhe fazer justiça pela sua opinião favoravel.

A muita penetração de S. Em.ª e as informações que sem duvida terá recebido do illustrado Pro-Nuncio Apostolico em Lisboa tornam desnecessario ao abaixo assignado de produzir ainda algumas considerações sobre a impossibilidade de fazer voltar esta questão ao Corpo Legislativo, na certeza de que não votaria segunda vez em termos tão favoraveis á

Santa Sé, especialmente pelo que respeita á cessão do Real Padroado na China. 1857 Dezembro 14

O abaixo assignado, tendo a honra de offerecer com tanta franqueza e lealdade estas observações á consideração de S. Em.ª o Cardeal Secretario d'Estado, nutre a lisonjeira esperança de que o Venerando Pontifice, que hoje preside a Igreja Universal, e de cujas benevolas e conciliantes intenções o abaixo assignado tem já recebido consoladoras provas, julgará em sua alta sabedoria e indefectivel justiça ser de extrema necessidade fazer cessar as tão lamentaveis discordias que ha tanto tempo existem naquellas partes do Oriente, e dará as suas ordens Soberanas para que se mandem instrucções precisas ao Cardeal Di Pietro, com o fim de annuir por parte da Santa Sé aos desejos manifestados pelo Governo de Sua Magestade Fidelissima na Nota de 11 de Novembro, e possa desse modo effectuar-se a ratificação do importante Tratado de que tantos bens devem resultar áquellas christandades.

O abaixo assignado aproveita ao mesmo tempo esta occasião para renovar ao Em.mo Cardeal Secretario d'Estado os protestos da sua mais subida consideração.—Visconde de Alte.

Traducção da Nota do Cardeal Secretario d'Estado em resposta á do Ministro em Roma

(Documentos impressos por determinação da camara dos deputados.)

Palacio do Vaticano, 7 de Janeiro de 1858.—Em Nota de 14 de Dezembro proximo passado S. Ex.ª o Sr. Visconde de Alte, encarregado ultimamente de huma Missão especial junto da Santa Sé, dirigiu-se ao abaixo assignado, Cardeal Secretario d'Estado de Sua Santidade, a fim de lhe communicar algumas considerações a respeito da recentissima divergencia suscitada sobre alguns pontos relativos á questão 1858 Janeiro 7

1858 Janeiro 7 do Padroado Portuguez no Oriente, depois de haver sido terminada pelos Plenipotenciarios Pontificio e Regio a diuturna negociação sobre este assumpto.

Não leve a mal o sobredito Sr. Visconde se o abaixo assignado, passando a responder á mencionada Nota, toma a liberdade de observar, que ella lhe chegou ás mãos inesperadamente depois de S. Ex.ª lhe haver declarado, em huma das primeiras conferencias, que achando-se concluido o objecto essencial da Missão especial que lhe fôra confiada, e não tendo instrucções que o auctorisassem a intervir officialmente na actual questão pendente sobre o referido Padroado, se limitaria, quando fosse necessario, a tomar parte nella sómente por via confidencial.

Concedida esta breve observação que de modo algum diminue o valor que merece, em rasão da sua procedencia, o documento que lhe dirigira o honrado Sr. Visconde, o abaixo assignado passa a observar que as reflexões adduzidas por S. Ex.ª são principalmente relativas á resposta dada pela Santa Sé sobre a primeira das quatro explicações, de que ás Camaras Legislativas de Portugal entenderam fazer depender a ratificação da Convenção sobre o Padroado de que se trata.

A primeira das mencionadas explicações dizia respeito ao modo de regular o Governo espiritual de algumas partes das Dioceses suffraganeas do Arcebispado de Goa, actualmente administradas por Vigarios Apostolicos, aonde estão funccionando Ecclesiasticos Portuguezes, que continuaram de facto a conservar-se dependentes do Prelado da Metropolitana de Goa, e que presentemente não poderiam ser por elle confirmados nas suas respectivas jurisdicções, em consequencia da temporaria suspensão dos direitos metropoliticos contemplados na ultima parte do artigo 15.º do Tratado que está para ratificar.

Sobre este ponto, a resposta dada pela Santa Sé, ainda que analoga ao pedido das Camaras Portuguezas, quanto á dilação que deve ter logar para aquelle fim, não se achou comtudo satisfactoria pelo que toca ao praso de tempo a que fôra por ora circumscripta, e daqui se tirou motivo para ponderar na sobredita Nota que hum similhante praso se não conforma com o *statu quo*, convencionado no precitado artigo 15.º do Tratado, nem com aquillo que ao mesmo Sr. Visconde pareceu concluir-se das respectivas conferencias confidencias que tivera com o abaixo assignado.

Pretende assim alludir-se á segunda parte do dito artigo, em que se declararam como limites provisorios do Arcebispado de Goa as Igrejas e Missões que, ao tempo da assignatura do Tratado, estivessem de facto na obediencia da Sé Archiepiscopal.

Julga porém o abaixo assignado que lhe basta sómente appellar para o bom senso de S. Ex.ª o sr. Visconde de Alte para que S. Ex.ª reconheça com plena convicção, que não póde ser allegada para o seu intento a declaração posta no mencionado artigo. É claro, pela sua propria letra, que na sobredita parte do artigo 15.º se trata daquellas Igrejas e Missões que hão de constituir os limites provisorios do territorio do novo Arcebispado de Goa para o exercicio da jurisdicção ordinaria. Daqui se segue que o *statu quo* estabelecido para as Igrejas e Missões que ali se mencionam diz respeito inteiramente ao districto territorial diocesano do Arcebispado de Goa, sem que possa tornar-se de modo algum extensivo, como se suppõe na Nota, ás outras Igrejas e Missões de igual natureza, comprehendidas no territorio das Dioceses suffraganeas do dito Arcebispado. E visto que da ultima parte do sobredito artigo se deprehende dever ficar suspensa, a respeito de taes Dioceses, a jurisdicção metropolitica do Arcebispado de Goa até se verificarem as já indicadas condições, resulta dahi a confirmação de que não póde attribuir-se á precedente parte daquelle artigo hum pensamento correspondente ás idéas manifestadas na Nota, para que o *statu quo* concernente ás Igrejas e Missões que se deixam provisoriamente como limites do territorio Diocesano de Goa deva servir de base para tambem se dever reunir no Arcebispado de Goa a jurisdicção do Governo temporario das supramencionadas outras Igrejas e Missões existentes nos

1858 Janeiro 7 territorios das Dioceses suffraganeas, até se verificar nestas a circumscripção e confirmação dos respectivos Prelados.

Estas observações adquirem ainda maior força em vista do procedimento do mesmo Plenipotenciario de Sua Magestade Fidelissima, que sem duvida não póde deixar de ter tido perfeito conhecimento do sentido e fundamento do artigo de que se trata, havendo S. Ex.ª tomado parte em avaliar o seu pensamento e os seus termos.

Em huma pois das conferencias relativas ao Tratado ponderou S. Ex.ª que, achando-se convencionada a suspensão temporaria dos direitos metropoliticos do futuro Arcebispo de Goa, era indispensavel estabelecer hum accordo quanto ao modo por que devia continuar a conferir-se a jurisdicção ao clero em exercicio nos logares das Dioceses suffraganeas da India, que de facto tinham ficado dependentes do Metropolitano de Goa. E pouco depois, continuando a este respeito n'outro discurso a indicada ponderação, concluia perguntando ao Plenipotenciario Pontificio se a jurisdicção para o mencionado clero continuaria sem altercação alguma depois de haver tomado posse o novo Arcebispo de Goa, ou se ficava dependente de huma providencia Apostolica extraordinaria. E no segundo caso, se essa providencia seria dada na mesma fórma por que se fazia em circumstancias anteriores, confiando-se ao dito Arcebispo a administração provisoria dos logares supramencionados, auctorisando-se o Nuncio Apostolico *pro tempore* a prover, com as necessarias delegações, os Ecclesiasticos que lhe fossem propostos pelo Real Padroeiro.

Deste modo a demonstração chega ao seu termo. Porquanto, se o Negociador, isto he, se o natural e legitimo interprete do sentido dos ajustados artigos, reconhecia que, em virtude das disposições contidas no artigo 15.º do Tratado, vinha a ser causa de novas discussões e de ulterior intelligencia entre as Partes Contratantes o modo de prover o Governo temporario espiritual das mencionadas partes das Dioceses suffraganeas da India, como he possivel ao mesmo tempo, que tudo quanto se acha estabelecido no mesmo artigo sirva de fundamento para a exigencia manifestada pelas

Camaras Portuguezas a respeito do dito Governo provisorio? Torna-se pois aqui indispensavel huma rectificação sobre aquella parte da Nota, em que se diz que por occasião de haver S. Ex.ª o sr. Visconde notado o desaccordo entre a primeira das explicações pedidas pelas Camaras do Reino, e a resposta dada por parte da Santa Sé, o abaixo asssignado e outros lhe manifestaram o espanto que lhes causava as explicações exigidas pelas camaras do Reino sobre hum ponto que estava perfeitamente claro no artigo do Tratado, servindo isto de motivo para na mesma Nota se tirar huma conclusão analoga ao exorbitante alcance que nella se fórma do artigo 15.º Longe porém de se poder interpretar nesse sentido o manifestado espanto, sómente se quiz mostrar, que se não via a rasão porque as Camaras se inquietavam quanto ao modo por que a Santa Sé tinha declarado dever prover-se ao governo temporario ecclesiastico nas já referidas partes das Dioceses suffraganeas; porquanto, limitando-se ao ponto de jurisdicção ordinaria do futuro Arcebispo de Goa o accordo estabelecido no artigo de que se trata, e resultando do subsequente paragrapho a temporaria suspensão da jurisdicção metropolitica, era claro e evidente, tanto pela materia, como pelos termos daquelle artigo, dever considerar-se como objecto de particular e especial providencia quanto dizia respeito ao dito governo temporal nos logares das Dioceses suffraganeas. Entre estas providencias, tendo-se ao principio decidido a Santa Sé por hum dos arbitrios indicados na alternativa da opinião manifestada pelo Regio Negociador, na occasião das respectivas conferencias, dava tambem motivo de admiração ver suscitar-se questão, como *ex integro*, sobre hum negocio já resolvido, e sobre o qual não poderia jámais imaginar-se tanta divergencia entre a maneira de ver das Camaras Portuguezas e a do mencionado Regio Negociador.

1858 Janeiro 7

Do que fica ponderado, sobre a rectificação de inexactas interpretações relativamente a circumstancia acima enunciada, poderá facilmente inferir o sr. Visconde quanto he preciso para rectificar alguma outra similhante e menos justa hy-

1858 Janeiro 7 pothese formada por S. Ex.ª na conferencia mencionada na Nota; não julgando o abaixo assignado dever estender-se em promenores sobre ulteriores esclarecimentos, e isto tambem a fim de não demorar excessivamente a presente resposta. Entretanto não póde dispensar-se de chamar de passagem a attenção de S. Ex.ª sobre os termos de que usára na sua resposta sobre a preventiva communicação confidencial do Despacho telegraphico de que faz menção na Nota. Por quanto o teor daquella Nota, já respondida, tinha por fim de certo modo indicar o cuidado de verificar bem se as expressões daquelle Despacho estavam de pleno accordo com quanto fôra exposto pelo abaixo assignado ao Sr. Visconde, sobre a resposta que então ia dar-se por parte da Santa Sé, particularmente a respeito da primeira das quatro explicações exigidas pelas Reaes Camaras, por isso que o abaixo assignado nutria alguma duvida de não terem talvez sido bem comprehendidos por S. Ex.ª os termos da mencionada condescendencia Pontificia.

De resto compete ao abaixo assignado fazer seriamente considerar como hum novo e relevante rasgo de condescendencia o haver a Santa Sé resolvido alterar em conformidade com o pedido das Camaras Portuguezas, o predisposto provimento para as já citadas partes das Dioceses suffraganeas da India, declarando-se assim disposto o Santo Padre a munir com provisoria delegação o novo Arcebispo de Goa, a respeito daquellas partes das Dioceses.

Que se para tal delegação se entendeu dever marcar o praso indicado ao Governo Portuguez por meio da Nunciatura em Lisboa, isto foi por causa daquella conscienciosa circumscripção e previsão, que a Santa·Sé precisa ter em vista em materia de delegações extraordinarias e summamente delicadas pelas suas relações. Nem o Governo Portuguez póde certamente dissimular a si mesmo a necessidade que sobre o caso tem a Santa Sé de ser tanto mais cautelosa e prudente, em rasão da infausta lembrança das grandes desordens occorridas por abuso de jurisdicção durante o turbulento Governo da Metropolitana Igreja de Goa, deplorando-se ainda as consequencias tão perniciosas dessas desordens. Não foi pois motivada por hum espirito de mal entendido obstaculo, mas sim aconselhada pelo dever, a reserva de hum rasoavel praso de tempo na designada delegação, a fim de apreciar o uso que della se fizesse durante o tempo marcado. 1858 Janeiro 7

Se portanto, pelas referidas rasões, a Santa Sé achou huma justa difficuldade em prestar-se a huma delegação pelo tempo indeterminado que se indica no pedido, muito maior obstaculo encontraria no concurso da mesma extensão ao Cabido Metropolitano no caso de *Sede Vacante*. Não é necessario repetir aqui as rasões que obstariam a tal extensão, como já o abaixo assignado fez observar nas suas conferencias com o Sr. Visconde, indicando-lhe sobretudo o receio com que se ficaria de ver recaír huma delegação extraordinaria em pessoa menos digna da confiança da Santa Sé. Como pois ao Sr. Visconde parece menos fundado hum tal receio, pela mesma rasão poderia prescindir-se, no pedido das Camaras Portuguezas, de contemplar o caso de *Sede Vacante*, não parecendo na actualidade dever insistir-se em similhante caso sobre a extensão pedida.

As considerações acima expendidas são no fundo applicaveis áquella parte da Nota em que S. Ex.ª declára parecer-lhe, que assim como não he contraria aos Sagrados Canones a mencionada delegação até ao termo fixado pela Santa Sé, do mesmo modo nenhum mal haveria em prorogal-a até ao praso designado no respectivo pedido. Deve aqui advertir-se que conhecendo-se precisamente pelos preceitos geraes canonicos com que cautela e descripção deve proceder-se especialmente nos casos de delegação extraordinaria de jurisdicção ecclesiastica, o Santo Padre não julgou conforme aos Sagrados Canones aquella amplitude que resultaria, delegando-se indeterminadamente ao Arcebispo de Goa a jurisdicção extraordinaria sobre as referidas fracções das Dioceses suffraganeas, até que estas tivessem a circumscripção regular, e lhes fossem destinados os respectivos Bispos.

Mas as observações contrarias ao assumpto da Nota ainda vão mais longe. Porquanto, se por hum lado os motivos de

1858 Janeiro 7 huma justa e prudente economia, e de consciencioso calculo impedem ao Augusto Chefe da Igreja de se decidir pela amplitude ha pouco indicada, por outro lado não lh'o permitte a rasão de congruencia que se deriva das proprias disposições do Tratado. E de facto, segundo o accordo nelle estabelecido, a jurisdicção metropolitana deve ficar suspensa no futuro Arcebispo de Goa, até ao estabelecimento dos Bispados suffraganeos. E não foi sem grave rasão que as Altas Partes Contratantes convieram naquella medida suspensiva. Isto posto, se, emquanto de huma parte se suspende a jurisdicção metropolitica até á epocha agora indicada, de outra parte, com delegações duradouras até á mesma epocha, se auctorisasse o novo Bispo em exercicio com poderes equivalentes áquelles que se entendem suspender-lhe, comprehender-se-ha bem como, ao menos indirectamente, se iria frustrar as convencionadas disposições, de modo que deve concluir-se que a pedida indeterminada delegação do mencionado Arcebispo, he a final contraria ao espirito do Tratado, e precisamente daquelle mesmo artigo para o qual se quer appellar.

Em vista do exposto fica justificada, por graves e legitimas causas, a limitação do tempo por que foi circumscripto pelo Santo Padre o provimento que se pedia para as já mencionadas fracções das Dioceses suffraganeas da Igreja de Goa, mostrando-se igualmente que tudo que diz respeito ao modo do governo provisorio espiritual daquellas localidades deve considerar-se como hum dos cuidados naturalmente pertencentes á suprema auctoridade do Augusto Chefe da Igreja, o qual por isso se reserva determinar o que convem depois de expirado o praso, da temporaria delegação agora concedida.

Concluindo as suas observações sobre o principal argumento da Nota de S. Ex.ª o abaixo assignado passa a tocar de passagem no que nella se accrescenta, em conformidade tambem com a opinião do Sr. Ministro dos Negocios Estrangeiros de Sua Magestade Fidelissima, a respeito da resposta da Santa Sé á primeira das explicações pedidas pelas Camaras Portuguezas, isto he, que, na annunciada providencia para os logares das Dioceses suffraganeas da India, parece achar-se hum certo equivoco, por isso que com ella no fundo não se concede o que pedem as Camaras, mas, em seu logar, aquillo que já se acha expresso e declarado no respectivo artigo do Tratado. A este respeito o abaixo assignado julga sufficiente referir-se ao bom senso e criterio das duas respectivas personagens, convidando-as a reflectirem melhor sobre o assumpto. Porquanto, se se quer prestar séria attenção ao recente ambiguo texto do artigo a que se allude, reconhecer-se-ha com evidencia que tudo quanto nelle se concordou ácerca da jurisdicção ordinaria para as Igrejas de Goa não tem, nem póde ter, segundo o que acima fica dito, nenhuma relação com a questão do provimento de que se falla, pois que isto diz respeito exclusivamente á jurisdicção para as mencionadas partes das Dioceses suffraganeas. Seria pois extraordinario dizer-se, que o provimento para o prefixo praso temporario não subministra nada de analogo ao pedido feito pelas camaras. Longe portanto de existir qualquer equivoco no sentido da concedida providencia temporaria da Santa Sé, convem dizer que antes houve equivoco na interpretação que se lhe deu por causa de huma certa inexacta prevenção a respeito do teor e alcance do allegado artigo.

1858 Janeiro 7

Passando agora brevemente aos outros pontos de que S. Ex.ª o Sr. Visconde trata na sua Nota, cumpre ao abaixo assignado ponderar, que tudo quanto se declarou, em resposta á explicação *sobre os meios convenientes* para o provimento das Igrejas suffraganeas da India, tem a sua base em hum artigo do Tratado, e funda-se ao mesmo tempo nas já mencionadas e mui conhecidas prescripções canonicas. De resto, dependerá da apreciação das respectivas circumstancias dos logares, o ver se as mesmas facilidades podem admittir-se pela Santa Sé nas applicações relativas. Entretanto deseja-se que fique aqui bem entendido que a creação dos Seminarios deve considerar-se como condição impreterivel a respeito daquellas Dioceses que, pela sua distancia de algum Seminario situado n'outra parte, não tenham a vantagem de poder

1858 Janeiro 7 facilmente mandar ali os jovens clerigos, para a regular educação e conveniente instrucção.

Pelo que toca á declaração pedida a respeito dos bens das antigas Igrejas Cathedraes de Nankin e Pekin, o abaixo assignado julga poder, quanto antes, dar ao Real Governo Portuguez huma categorica resposta segundo o resultado das investigações que de necessidade foram indispensaveis.

A ultima parte da Nota do Sr. Visconde tem por fim fazer ver as desastrosas consequencias que resultariam, se porventura ficasse sem conclusão definitiva o Tratado que chegaram a concluir os dois Plenipotenciarios depois de tão demoradas e complicadas negociações. A este respeito o abaixo assignado não deve occultar que a Santa Sé, assim como teria muito pezar que se désse o caso previsto pelo Sr. Visconde, ver-se-ía tambem muito longe de dever attribuir a si a responsabilidade desse facto. O curso das negociações que tiveram logar subministra numerosos e amplos documentos da mais extensa condescendencia da parte do Augusto Pontifice, e delles se tiraria huma demonstração bastante evidente, para se poder concluir, que se não se chegasse infelizmente ao indicado accordo, seria isso sómente por causa de exigencias a que o Augusto Chefe da Igreja não poderia prestar-se, em rasão daquelles limites que não é licito ultrapassar por condescendencia. Essa occorrencia porém quer o abaixo assignado consideral-a em tudo bem distante, confiando que o Real Governo Portuguez, e as outras Auctoridades legislativas do Reino, com a sua rectidão e intelligencia, não deixarão de reconhecer, pelo que acima fica exposto, o obstaculo que impede o Santo Padre de estender a sua deferencia Pontificia em conformidade do primeiro dos mencionados pedidos.

O abaixo assignado aproveita esta opportunidade para novamente confirmar a S. Ex.ª o Sr. Visconde os sentimentos da sua distincta consideração.—G. C. Antonelli.

Nota confidencial do Ministro dos Negocios Estrangeiros, ao Cardeal Pro-Nuncio, acompanhando o projecto de Nota relativo á do Cardeal Antonelli

(Documentos impressos por determinação da camara dos deputados.)

Confidencial. — Lisboa, em 22 de Março de 1858. — Em.^{mo} e Rev.^{mo} Sr. — Enviei confidencialmente a V. Em.^{a} o projecto de Nota que, depois de ouvido o Negociador Portuguez, julgaria opportuno dirigir a V. Em.^{a} Antes porém de dar á mesma caracter official, no desejo de ver conciliado este importante negocio, estimaria saber se V. Em.^{a} tem algumas observações a fazer sobre o mesmo projecto. 1858 Março 22

Teria sido mais opportuno e concludente que nós tratassemos delle numa conferencia com S. Ex.ª o Sr. Rodrigo da Fonseca Magalhães, Negociador por parte de Portugal, mas infelizmente o mesmo Senhor ha já dias que se acha mais indisposto de saude, e seria muito difficil neste momento empenhal-o em huma discussão deste genero; porém, se V. Em.^{a} não considera este negocio como acabado com a transmissão da Nota que se propõem, será necessario estabelecer, por meio de hum acto qualquer, a prorogação do novo termo para as ratificações que Sua Santidade deixa ao arbitrio de V. Em.^{a}, a fim de que se possa tomar hum accordo sobre as difficuldades que porventura V. Em.^{a} encontrar no incluso projecto de Nota.

Aproveito esta occasião para reiterar a V. Em.^{a} os protestos da minha mais alta consideração. — Marquez de Loulé. — Em.^{mo} e Rev.^{mo} Sr. Sr. Cardeal Pro-Nuncio.

Projecto de Nota do Ministro dos Negocios Estrangeiros ao Cardeal Pro-Nuncio

(Documentos impressos por determinação da camara dos deputados.)

1858 Março 10 Em.mo e Rev.mo Sr. — O abaixo assignado, Presidente do Conselho de Ministros, Ministro e Secretario d'Estado dos Negocios Estrangeiros e dos do Reino, tem a honra de levar ao conhecimento de S. Em.ª o Sr. Cardeal Di Pietro, Pro-Nuncio Apostolico, que havendo-lhe S. Em.ª lembrado, em 20 de Fevereiro proximo passado, que os seus poderes expiravam nos primeiros dias do corrente mez, e que convinha apurar o objecto das explicações que as Côrtes exigiram para se verificar a ratificação do Tratado concluido pelos dois Negociadores e assignado em 21 de Fevereiro de 1857, sobre a continuação do exercicio do Real Padroado da Corôa de Portugal no Oriente, não deixou, em cumprimento das ordens de Sua Magestade, de occupar-se, com a mais seria attenção, de tão importante assumpto, tendo em vista, não só os artigos que foram approvados nas camaras legislativas, mas tambem o teor da Nota que S. Em.ª o Sr. Cardeal Secretario d'Estado de Sua Santidade dirigiu ultimamente ao Visconde de Alte, Ministro de Sua Magestade na Côrte de Roma, e de que se tratou nas conferencias que os Ministros de Sua Magestade tiveram com S. Em.ª em 7 e 28 de Fevereiro findo, e 4 do corrente.

O Governo de Sua Magestade sente não poder obtemperar inteiramente aos desejos que S. Em.ª lhe manifesta por parte da Santa Sé, quanto aos bens que pertenceram ás Igrejas de Pekim e Nankim, por isso que a relação minuciosa delles seria hoje impossivel, ainda quando o mesmo Governo quizesse apresental-a a Sua Santidade.

A palavra de El-Rei de Portugal communicada pelo seu Governo, tem de certo maior valor do que documentos, que hoje não significariam a existencia de muitos objectos.

O Real Padroeiro determinou que o producto dos bens

dessas Igrejas que cessavam de pertencer ao Real Padroado, fosse rigorosamente applicado para objectos de primeira necessidade, taes como a sustentação do Seminario das Missões de Macau, e edificação de hum soberbo Templo em Singapura, aonde nenhum havia, e a auxilios a outras Igrejas da India. 1858 Março 10

Estas applicações tiveram logar em pacifica execução, não sendo admissivel suppor-se que ellas foram ignoradas de Sua Santidade; antes devendo entender-se que o silencio que sobre este ponto guardou o seu illustre Negociador significava o pleno assenso ás sobreditas medidas de justa e zelosa administração, que o Supremo Chefe da Igreja não poderia deixar de louvar no Real Padroeiro.

Em tudo quanto diz respeito a este ponto dos bens das duas sobreditas Igrejas, sua applicação, e distincção das mesmas, o abaixo assignado se reporta ao que teve a honra de expor a S. Em.ª na sua resposta de 11 de Novembro do anno passado ao *Memorandum* de S. Em.ª de 28 de Outubro do mesmo anno, porque nessa resposta bem clara e terminantemente se patenteiam os motivos do procedimento do Governo de Sua Magestade, e as verdadeiras intenções do Real Padroeiro.

É pois evidente que o Governo não tem duvida em fazer conhecer a Sua Santidade a importancia dos ditos bens e sua applicação, exigindo a expressa approvação do Summo Pontifice a essa applicação, como não póde deixar de exigir formalmente.

Pelo que toca ao outro ponto, a saber, que se tornem claras as palavras inseridas no artigo 16.º do Tratado *meios convenientes,* já o Governo de Sua Magestade verbalmente certificou a S. Em.ª da disposição em que se acha de prover á maior instrucção do clero em todos os pontos do Padroado, mandando instituir Seminarios, se tanto for necessario, e provendo a que os Sacerdotes empregados nas Igrejas e Missões possuam a devida instrucção.

Obrando assim o Governo de Sua Magestade satisfaz não menos aos seus proprios desejos, e ao que reputa seu imprescriptivel dever, do que á vontade de Sua Santidade.

1858 Março 10 Tambem o abaixo assignado confirma aqui o que sobre este objecto expoz na citada respôsta de 11 de Novembro, pelos mesmos motivos que tem para revalidar a primeira declaração.

Durante a negociação, muitas vezes, como se vê das actas das conferencias, satisfez o Negociador Portuguez ás exigencias da Santa Sé quanto aos meios de sustentação do Clero e provimento das Igrejas. Seria superfluo repetir o mesmo que foi allegado e achado rasoavel sem a minima contradicção. E agora só resta ao abaixo assignado repetir ainda a S. Em.ª que o Governo, ao apresentar as nomeações dos Bispos para as Dioceses suffraganeas da India, não perderá de vista que ellas tenham o numero de Sacerdotes proporcionado ás suas necessidades; procurando outrosim que os mesmos Sacerdotes sejam providos de todos os meios precisos, tanto para a sua decente manutenção, como para o decoro do serviço religioso das sobreditas Igrejas e Missões.

Pelo que toca ao provimento da jurisdicção superior dos Bispados suffraganeos e suas Igrejas que ficaram, pelo Tratado, pertencendo ao Real Padroeiro, visto que a suspensão dos direitos metropoliticos do Arcebispo Primaz se concordou que subsistisse só emquanto se fosse effectuando a circumscripção successiva dos ditos Bispados, o abaixo assignado tem a honra de apresentar em seguida a S. Em.ª a redacção de hum artigo ou de huma Nota em que as Altas Partes contratantes declarem que se acham concordes sobre a fórma de tal regimen, a fim de que não haja motivo ou pretexto para suppor-se que o Real Padroeiro cede do exercicio dos seus direitos, nem que deixa de reconhecer os da Santa Sé para acudir ás necessidades dos fieis daquellas remotas regiões, relativamente ás Igrejas do Padroado, que se devem, durante a circumscripção, conservar no *statu quo*.

«As Altas Partes contratantes promettem que cooperarão efficazmente, quanto dellas depender, para que dentro do praso de tres annos, ou antes se for possivel, se effectuem as circumscripções das Dioceses suffraganeas da India, na conformidade do que se acha estipulado no Tratado; e o Santo

Padre promette durante o praso mencionado, e até á confirmação dos Bispos das Dioceses suffraganeas da India, munir a auctoridade ordinaria do Arcebispado de Goa com as faculdades competentes para prover ao regimen das mesmas Dioceses (quanto ás Igrejas e Missões na obediencia do Padroado), commettendo-se ao Arcebispo de Goa esse regimen para o exercer por si ou por Vigarios da sua nomeação, ampliando a mesma providencia ao Cabido *sede vacante;* mas se por qualquer circumstancia a circumscripção das Dioceses não estiver terminada no praso marcado neste artigo, continuarão as faculdades concedidas ao Arcebispo de Goa e ao Cabido *sede vacante,* independentemente de nova concessão Apostolica.» 1858 Março 10

O Governo de Sua Magestade confia na alta illustração de S. Em.ª, no conhecimento que tem adquirido da lealdade com que o mesmo Governo procedeu sempre durante a longa negociação em que S. Em.ª tem tomado parte mui principal, que terá por acceitaveis e dignas de immediata approvação as declarações que ficam exaradas, e cujo effeito será pôr termo ás tristes dissenções que, com tanto detrimento da Religião Catholica, ha annos se manifestam nas vastas regiões da Asia, e no territorio do Real Padroado.

Huma resposta positiva de S. Em.ª produzirá desde logo a troca das ratificações e a approvação de hum Tratado tão desejado por todos os amantes da paz e da Religião.

O abaixo assignado aproveita esta occasião para reiterar a S. Em.ª o Sr. Cardeal Di Pietro os protestos da sua mais alta consideração.

Secretaria d'Estado dos Negocios Estrangeiros, em 10 de Março de 1858. — Marquez de Loulé.

Traducção da Nota do Cardeal Pro-Nuncio ao Negociador Portuguez, dando as explicações exigidas pela carta de lei de 21 de Julho de 1857 para se poder ratificar a concordata.

(Documentos impressos por determinação da camara dos deputados.)

1858 Junho 9 Lisboa 9 de Junho de 1858. — Emquanto S. Ex.ª o Sr. Marquez de Loulé, Presidente do Conselho de Ministros, e Ministro e Secretario d'Estado dos Negocios Estrangeiros, transmittia confidencialmente ao abaixo assignado hum projecto de Nota, com o qual julgava poder conciliar as duvidas suscitadas a respeito das explicações exigidas pelas camaras Portuguezas sobre alguns pontos do Tratado celebrado em 21 de Fevereiro do anno findo, ácerca do Padroado da India e China, para que Sua Magestade ElRei ficasse auctorisado a ratifical-o, chamava o abaixo assignado a attenção de S. Ex.ª sobre o que se havia discutido nas ultimas conferencias verbaes, e não achando os termos daquelle projecto conformes ás idéas apresentadas nas ditas conferencias, procurava fallar novamente com o Negociador que então era o Sr. Rodrigo da Fonseca Magalhães, na presença tambem de S. Ex.ª como Ministro da Corôa.

Aggravando-se, porém, a doença do sobredito Negociador até ao seu fallecimento, tornou-se impossivel a projectada reunião, e o abaixo assignado aproveitou o intervallo que mediava para obter instrucções da Santa Sé sobre o projecto proposto.

O Santo Padre mandou communicar ao abaixo assignado algumas reflexões sobre o assumpto, e o mesmo abaixo assignado tem a satisfação de annunciar que tambem nesta occasião quiz Sua Santidade dar huma nova prova de benevolencia para com Portugal, estendendo ainda mais as concessões que julgou poder ulteriormente fazer. Achando-se portanto actualmente nomeado para novo Negociador S. Ex.ª o Sr. Conselheiro d'Estado João de Sousa Pinto de Magalhães,

185[illegible] Junho 9

apressa-se o abaixo assignado Cardeal Pro-Nuncio a transmittir a S. Ex.ª essas mesmas reflexões em relação aos quatro pontos que ficaram em discussão para as explicações exigidas pelas camaras, porque é sobre a fórma e a base destas sómente que a Santa Sé admittiria a redacção de huma Nota.

Em primeiro logar, tratando das palavras *meios convenientes* de que devem ser providas as Dioceses suffraganeas na India, como no projecto da Nota se repete no fundo o mesmo que se declarava no *Memorandum* de 12 de Novembro proximo preterito, isto é, que o Governo as acceitava como a expressão de hum vivo *desejo* da Santa Sé, mas não como condição, na instituição dos novos Bispados naquellas Dioceses, a erecção de capitulos e Seminarios; a Santa Sé não julga poder conformar-se com o modo de ver do Governo de Portugal, não o consentindo assim as respectivas disposições canonicas, nem o claro texto do artigo 16.º do Tratado, onde os termos *meios convenientes* tem o sentido de huma verdadeira e propria condição, em relação ás ditas Dioceses, por meio das quaes se entendeu contemplar particularmente o estabelecimento dos capitulos e Seminarios, sendo estes e aquelles hum dos elementos constitutivos mais essenciaes das Dioceses. E de facto ninguem ignora qual seja a importancia dos capitulos cathedraes, assim como a necessidade que os Bispos tem de serem assistidos e coadjuvados pelo seu conselho e concurso em muitas occorrencias, interessando grandemente que essa assistencia continue nas Dioceses a sua legitima jurisdicção nos casos de *sede vacante*. Daqui se conclue que se existem ha muitos seculos as mencionadas Dioceses na India sem capitulos, não póde nunca este facto constituir hum argumento favoravel á opinião do Governo Portuguez, não podendo de outro modo considerar hum tal estado de cousas senão como huma irregularidade, da qual a Santa Sé tira hoje melhor fundamento para sustentar em regra quanto diz respeito á erecção dos *capitulos cathedraes* nas supramencionadas Dioceses suffraganeas. Huma vez que fique estabelecido, por huma parte o principio da erecção dos capitulos, pela outra consente o Santo Padre que na occa-

1858 Junho 9 são de se pôr em pratica esse principio se possa calcular em proporção das circumstancias dos logares a execução relativa, especialmente quanto ao numero dos capitulares.

Pelo que toca aos Seminarios, não são precisas muitas considerações para mostrar a sua necessidade tratando-se de hum objecto tal para as Dioceses, qual a educação e instrucção do joven clero, de cujo corpo deve resultar o ministerio de que indispensavelmente necessitam os Bispos para a assistencia espiritual das povoções das Dioceses que lhes estão confiadas. Sobre este assumpto julga o Governo Portuguez dever reduzir-se a prometter, no projecto de Nota, de effectuar a abertura dos Seminarios, *se assim for necessario*. Porém, a Santa Sé não póde contentar-se com huma promessa, sobre cujo effeito poderiam seguir-se graves contestações, por quanto não seria raro o caso de suppor a Santa Sé necessaria a abertura de hum ou outro Seminario nas mencionadas Dioceses, e de pensar differentemente o Governo Portuguez. Por conseguinte em relação aos Seminarios as cousas devem conservar-se no mesmo sentido exarado na Nota dirigida ao Sr. Visconde de Alte pelo Em.^mo Sr. Cardeal Secretario d'Estado, isto é, deve entender-se como *condição impreterivel* o estabelecimento dos Seminarios, a respeito daquellas Dioceses que, em rasão da sua distancia de alguns Seminarios já existentes n'outro ponto, estejam privadas das vantagens de facilmente mandarem ali os jovens clerigos, a fim de receberem huma educação regular e a conveniente instrucção.

Quanto aos bens das antigas Dioceses de Pekim e Nankim concorda a Santa Sé em que o Real Padroeiro possa continuar a applicar aquelles bens para fins ecclesiasticos; mas espera que se lhe dê huma relação dos ditos bens dentro do praso de *tres annos o mais tardar*, a fim de se poder conhecer se taes bens pertencem á Corôa de Portugal, ou se devem ser applicados á mesma com Breves Pontificios; restando, em caso contrario, deliberar a Santa Sé sobre a applicação que convenha dar-lhes em vantagem das Igrejas do Padroado, salvos sempre os direitos dos cessionarios.

Relativamente á delegação provisoria para o governo espiritual do *stato quo* nas Dioceses suffraganeas (conforme o mesmo Sr. Cardeal Secretario d'Estado declarára já na mencionada Nota ao Ministro Portuguez), como isto respeita ao modo do governo provisorio espiritual dos ditos logares, deve considerar-se com hum dos cuidados naturalmente pertencentes á suprema auctoridade do Augusto Chefe da Igreja, cuja consciencia em objectos tão delicados deve ficar completamente livre, convindo absolutamente reconhecer quaes delegações extraordinarias, entre as quaes se comprehende aquella de que se trata, são verdadeiras e proprias delegações de confiança, e por isso devem recair em pessoas com quem a auctoridade delegante possa seguramente contar. Em presença destas considerações não poderia o Summo Pontifice dispor-se a delegar a dita jurisdicção em pessoas desconhecidas, como, por exemplo, hum *Vigario Capitular* no caso de fallecimento do futuro Arcebispo de Goa, antes de estabelecida a nova circumscripção das Dioceses suffraganeas da India, qualquer que seja o termo em que se prometta effeitual-a. Não he por conseguinte admissivel em principio huma delegação estranha desde já para o caso de *sede vacante*. 1858 Junho 9

Em vista, porém, das combinações já assentadas, relativamente ao primeiro Arcebispo de Goa, não ha difficuldade por parte do Santo Padre em que seja delegada ao dito Arcebispo a sobredita jurisdicção por hum triennio, em fórma porém de *delegação em tudo pessoal*, de modo que se não estenda ao Vigario Capitular *sede vacante*. Mas dado o caso ou da morte do Arcebispo dentro do triennio, ou da necessidade de prorogação depois de acabado este, sem se haver verificado a circumscripção das Dioceses suffraganeas, e o provimento dos respectivos Pastores, reserva-se o Summo Pontifice occorrer a tal respeito com as providencias opportunas.

O abaixo assignado, levando pois o exposto ao conhecimento de S. Ex.ª o Negociador Portuguez, tem instrucções positivas para lhe participar que tudo quanto actualmente se concede por parte da Santa Sé, he o ultimo ponto quanto ás

1858 Junho 9 concessões que se podem fazer; de modo que se infelizmente se apresentassem novas exigencias não poderiam ellas achar no Negociador Pontificio, em virtude das ordens que recebeu, nenhum acolhimento favoravel.

O abaixo assignado está persuadido de que S. Ex.ª pela leitura e exame das conferencias passadas, facilmente reconhecerá como o Santo Padre, na sua benevolencia para com este Reino, tem procurado até ao presente conceder sempre novas facilidades compativeis com os deveres do seu sagrado ministerio; mas se por parte de Portugal se pretendesse hoje ir alem desses limites, não teria certamente a Santa Sé de imputar a si a culpa de declarar indefinidamente adiada huma conciliação tornada agora, depois de tantas e longas provas, infelizmente quasi impossivel. — C. Cardeal Di Pietro. — A S. Ex.ª o Sr. Conselheiro d'Estado, João de Sousa Pinto de Magalhães, Negociador Regio.

Despacho do Ministro dos Negocios Estranèeiros ao Ministro em Roma

(Documentos impressos por determinação da camara dos deputados.)

1858 Outubro 7 As ultimas communicações telegraphicas enviadas por V. S.ª a este Ministerio, em resposta ás que por igual modo lhe haviam sido dirigidas, fazem receiar, que, em rasão do laconismo inevitavel em tal genero de correspondencias, não se tenha podido formar hum conceito claro e preciso, assim do estado presente das nossas pretensões na negociação relativa ao Padroado do Oriente, como das respostas ultimamente dadas pelo Governo Pontificio. É por esse motivo que julguei necessario dirigir-me agora a V. S.ª de hum modo mais explicito, a fim de o habilitar a formar, neste grave negocio, huma justa idéa da situação e das intenções do Governo de Sua Magestade, e do unico ponto a que se acha actualmente reduzido o dissentimento que tem obstado á ratificação da concordata.

V. S.ª sabe perfeitamente que das quatro explicações exigidas pelas Côrtes na Lei de 21 de Julho do anno proximo preterito, como condição para essa ratificação, nenhuma questão existe já senão sobre a primeira, na qual se pede huma Providencia Apostolica. 1858 Outubro 7

1.º Para commetter ao Arcebispo de Goa o regimen das Dioceses suffraganeas da India (não na sua integridade, note-se bem, mas só quanto ás Igrejas e Missões na obediencia do Padroado) até á circumscripção dessas Dioceses, e confirmação dos respectivos Bispos; podendo o Arcebispo exercer esse regimen tanto por si, como por Vigarios da sua nomeação.

2.º Para se ampliar essa Providencia ao Cabido, *Sede Vacante.*

Com rasão reputaram as Côrtes que era, não só contrario aos piedosos fins a que se dirige a Concordata, mas tambem indecoroso ao Augusto Padroeiro, apresentar á Confirmação Apostolica para Arcebispo Primaz do Oriente, e enviar ao seu destino, hum Prelado que se apresentasse em Goa humilhado com a privação dos direitos metropoliticos nas mesmas Igrejas que reconhecem o Padroado, e reduzido á simples condição de qualquer outro Bispo dentro dos limites da sua Diocese, e estes mesmos coarctados pelo artigo 15.º da Concordata. Isto posto, e sendo o respeito e a veneração dos povos indispensaveis para o fructuoso desempenho da Santa Missão de qualquer Prelado, como as poderia inspirar aos Christãos da India hum Arcebispo que se lhes apresentasse trazendo impresso na frente o ferrete da desconfiança do Supremo Pastor da Igreja?

Por outro lado, receiaram tambem as Côrtes, que não havendo no Oriente huma auctoridade, que podesse prover ao regimen das Dioceses suffraganeas do Padroado da Corôa, á medida que faltassem os Vigarios Capitulares que regem as mesmas Dioceses por nomeação do ultimo Arcebispo, ou Cabido *Sede vacante*, viriam estas, verificada aquella hypothese, a ficar desannexadas do Padroado; o que aconteceria irremediavelmente demorando-se as circumscripções dos Bis-

1858 Outubro 7

pados, e por consequencia a nomeação e confirmação dos respectivos Bispos.

Foi por estes motivos, que se pediu que a Providencia Apostolica requerida em favor do Arcebispo fosse transmissivel ao Cabido *Sede Vacante.*

Com estas medidas mantinha-se o *statu quo,* em quanto se não ultimassem as circumscripções, ficando na obediencia do Padroado as Igrejas e Missões que ainda não deixaram de o reconhecer, e punha-se hum termo ás infelizes dissenções, que se dão entre os Catholicos no Oriente, e que tanto affligem o animo piedoso de Sua Magestade.

Estas pretensões, tão justas, tão conformes com os Sagradas canones, foram desattendidas pela Curia Romana; denegou-se absolutamente a delegação ao Cabido *Sede vacante,* e apenas se concedeu por tres annos ao proprio Arcebispo.

O Governo, querendo provar á Santa Sé a sinceridade dos seus desejos, que manifestava, de remover, quanto em si coubesse, todas as difficuldades que se oppunham á ratificação da Concordata, annuiu a esta limitação da delegação, com a condição porém de que ella seria prorogada por mais tres annos, e assim successivamente, até que estivesse ultimada a circumseripção das Dioceses, e confirmados os respectivos Bispos. E quanto á transmissão da delegação ao Cabido *Sede vacante,* como o motivo que se produziu da denegação era que, sendo a delegação hum acto de confiança, não podia ser dada ao acaso a pessoa incerta, o Governo de Sua Magestade, persuadido de que o fim essencial a que tende a Lei nesta parte he a permanencia de delegação Apostolica até á circumscripção das Dioceses suffraganeas, desejoso sempre de aplanar, por todos os meios ao seu alcance, os caminhos para a ratificação da Concordata, ousou tomar a responsabilidade de substituir neste particular objecto á Providencia exigida na lei a outra que propoz á Santa Sé, consistindo em que o Governo Portuguez quando propozesse, pela fórma convencionada na Nota de 21 de Fevereiro de 1857, o individuo que havia de ser apresentado no Arcebispado de Goa, apresentaria tambem huma lista de Ecclesiasticos, entre os quaes o Santo Padre escolheria dois ou tres, a fim de que, em caso de fallecimento ou impedimento physico do Arcebispo confirmado, podessem, em seu logar, exercer successivamente, huns em falta de outros, a delegação Apostolica. 1858 Outubro 7

Esta proposta, que removia completamente os motivos produzidos para a denegação, pois que segundo ella nunca a delegação recahiria senão em pessoas certas da escolha de Sua Santidade, o que era huma irrecusavel prova da boa fé e sinceridade com que o Governo de Sua Magestade procede neste negocio, nem por isso foi inteiramente attendida, pois que, como V. S.ª sabe, apenas se obteve que a delegação eventual sómente se désse a hum dos Ecclesiasticos offerecidos na lista, e por tres annos; ficando dependente a concessão da delegação por mais tres annos do comportamento do mesmo Ecclesiastico, condição com que tambem a Santa Sé annue em continuar a delegação ao Arcebispo pelo mesmo praso de tempo.

O Governo não teria duvida em apresentar nas Camaras Legislativas a alteração que propoz á Santa Sé, na Lei de 21 de Julho, quanto á substituição do Cabido, em relação á delegação, por hum Ecclesiastico da escolha do Santo Padre sobre a proposta do Real Padroeiro, e tem a esperança de obter a approvação desta medida. Mas não póde dizer outro tanto quanto á modificação, que lhe foi feita pela Côrte de Roma, especialmente no que diz respeito ao Arcebispo. Esta declaração, de que a delegação só continuaria por mais tres annos, se aquelle Prelado a merecesse, acredita o Governo, que seria considerada pelas Côrtes como hum mero pretexto para pôr termo á delegação no fim do primeiro triennio, ficando a questão do Padroado, a verificar-se a hypothese de não estar então ultimada a circumscripção das Dioceses, em muito peior estado do que se acha hoje.

As rasões, com que, segundo parece, se tem pretendido justificar a limitação da delegação concedida ao Arcebispo, hum breve exame as desvanece. Receia-se que o Arcebispo abuse desta concessão? Mas quem póde tal receiar de hum

1858 Outubro 7 Prelado, que não terá obtido a sua alta dignidade senão depois de approvado por Sua Santidade, sob proposta do Augusto Padroeiro? E que qualidade de abuso se póde delle receiar? Será contra os dogmas ou contra a disciplina da Igreja? Se tal desgraça acontecesse ninguem ignora que a permanencia da delegação Apostolica em nada podia obstar a que o Supremo Pastor da Igreja empregasse livremente todos os meios que por Missão Divina lhe foram confiados para defender e firmar a unidade Catholica. Receia-se que o Arcebispo abuse da delegação para deixar de se conformar escrupulosamente com tudo quanto se acha estabelecido na Concordata; mas não se attende a que nesse caso qualquer das duas Altas Partes Contratantes, cada huma na esphera da sua respectiva jurisdicção, se dariam pressa em reprimir e emendar o abuso. Não he para ver rasgar e pisar aos pés a Concordata, que o nosso Augusto Monarcha tem feito tão penosos sacrificios, a fim de a ajustar e concluir; a sua conclusão, tão necessaria pelo lado religioso, não o he menos pelo lado politico, para pôr hum termo breve á agitação e discordia dos povos da India.

Não tem mais vigor a outra rasão que parece ter-se tambem allegado como obstaculo á concessão da permanencia da delegação, e que consiste em se receiar que o Governo Portuguez, tendo-a obtido, seja menos zeloso em apressar a circumscripção das Dioceses suffraganeas. He incrivel que se não tenha reparado que das duas Côrtes he a de Portugal a mais altamente interessada em que com a maior rapidez se conclua a circumscripção, para que os Bispos suffraganeos vão occupar as suas cadeiras, e os Vigarios Apostolicos sejam removidos na conformidade do artigo 16.° da Concordata. Sendo para esse fim mui principalmente que Portugal ajustou essa Concordata, quem poderá crer que será elle proprio quem a queira protrahir ou difficultar? Se alguma das duas Côrtes tivesse julgado necessario exigir garantias para a brevidade das circumscripções, nenhuma duvida póde haver de que seria só Portugal que as devia pedir. He por tanto evidente que nós, quando exigimos a prolongação da delegação Apostolica até á circumscripção das Dioceses e enthronisação dos Bispos, não he para affastar essa epocha, que temos todo o interesse em approximar, o que esperâmos ver chegar antes do triennio prescripto; he unicamente para tirar á delegação o caracter precario que a faz geralmente considerar, alem de indecorosa, como por si só capaz de tornar illusoria a concordata. 1858 Outubro 7

Determina por tanto Sua Magestade, que V. S.ª fundando-se nestas evidentes rasões, e nas mais que lhe suggerir o seu zelo e intelligencia, se dirija ao Governo Pontificio a fim de obter do paternal coração de Sua Santidade, que se prometta a prorogação da delegação Apostolica por mais tres annos, e assim successivamente até á definitiva circumscripção das Dioceses, e confirmação dos respectivos Bispos, tanto aos Arcebispos, como aos Ecclesiasticss escolhidos por Sua Santidade sob proposta do Real Padroeiro, para substituir aquelle Prelado, quanto á delegação no caso de morte ou de impedimento physico. Feita esta promessa, o Governo não perderá hum momento em submetter ás Côrtes estas modificações á Lei de 21 de Julho de 1857, que o auctorisou a ratificar a Concordata, obtidas determinadas explicações, e lisonjeia-se de alcançar a sua approvação pelo Corpo Legislativo. Está tambem convencido de que quando houvesse hum Ministerio, que ousasse levar ao Parlamento as ultimas propostas da Côrte de Roma, teria immediatamente em resposta huma rejeição formal.

Deus guarde a V. S.ª Secretaria d'Estado dos Negocios Estrangeiros, a 7 de Outubro de 1858.—Marquez de Loulé.—Sr. Visconde de Alte.

Nota do Ministro dos Negocios Estrangeiros ao Cardeal Pro-Nuncio

(Documentos impressos por determinação da camara dos deputados.)

Paço, 27 de Novembro de 1858.—Em.^{mo} e Rev.^{mo} Sr.—O Governo de Sua Magestade, depois das conferencias que teve com V. Em.ª, infelizmente infructuosas, julgou dever 1858 Novembro 27

1858 Novembro 27 dirigir em 7 de Outubro ultimo ao Ministro de Portugal em Roma o *ultimatum*, que por copia tenho a honra de enviar a V. Em.ª Parece ao mesmo Governo que o piedoso animo de Sua Santidade deseja pôr termo a esta prolongada negociação, pelo menos assim o fazem esperar as ultimas noticias recebidas do mencionado Ministro. Nestas circumstancias, se V. Em.ª, antes da sua partida, se achar realmente habilitado para terminar este negocio, rogo-lhe queira ter a bondade de me indicar os termos em que poderá ter logar a sua conclusão. Aproveito esta occasião para reiterar a V. Em.ª os protestos da minha alta consideração.—Ao Em.mo e Rev.mo Sr. Cardeal Di Pietro, Pro-Nuncio de Sua Santidade.—Marquez de Loulé.

Traducção da Nota do Cardeal Pro-Nuncio em resposta ao Ultimatum

(Documentos impressos por determinação da camara dos deputados.)

1858 Novembro 28 Lisboa, 28 de Novembro de 1858. — O abaixo assignado, Pro-Nuncio de Sua Santidade, recebeu a Nota de S. Ex.ª o Sr. Marquez de Loulé, Presidente do Conselho, Ministro e Secretario d'Estado dos Negocios Estrangeiros e dos do Reino, em data de 27 do corrente, no qual, communicando-lhe quanto S. Ex.ª o Sr. Visconde de Alte, Ministro em Roma, foi incumbido de participar em nome do seu Governo ao Em.mo Sr. Cardeal Antonelli, Secretario d'Estado de Sua Santidade, deseja saber se por parte da Santa Sé esta Nunciatura recebeu instrucções pelas quaes possa esperar-se, antes da sua proxima saida desta Côrte, hum arranjo definitivo da prolongada negociação do Padroado Portuguez na India e China.

Cumpre ao mesmo abaixo assignado manisfestar a S. Ex.ª, em resposta á dita Nota, que elle se acha felizmente habilitado com instrucções taes, que podem fazer esperar a solução satisfactoria nos termos que vai declarar.

De accordo no ponto da significação das palavras «India ingleza mediata e immediata», como já na antecedente sua Nota o abaixo assignado declarou a S. Ex.ª, ficam ainda pendentes as explicações pedidas pelas Camaras Portuguezas nos tres pontos seguintes: 1858 Novembro 28

1.º O que a Santa Sé entendeu no Tratado assignado no dia 21 de Fevereiro, pelas palavras «meios convenientes» dos quaes devem ser providas as Dioceses suffraganeas na India. O Santo Padre entende que por estas palavras particularmente se quer significar o estabelecimento dos *Cabidos* e *Seminarios*. Permanecendo firme no *principio da erecção dos Cabidos Cathedraes* nas Dioceses suffraganeas, o Santo Padre, na sua benignidade, consente em que possa calcular-se em proporção das circumstancias dos logares a relativa execução em especie, quanto ao *numero dos Capitulares*.

Quanto porém aos Seminarios, as cousas devem permanecer firmes no sentido em que o Em.mo Cardeal Secretario d'Estado escreveu já ha tempo ao Sr. Ministro Portuguez em Roma, entendendo-se como *condição impreterivel* que os Seminarios sejam erigidos naquellas Dioceses, que, em rasão da sua distancia de qualquer Seminario existente n'outra parte, careçam da vantagem de poder mandar ahi educar os seus ordinandos, a receber e conveniente instrucção.

2.º Pelo que toca ao ponto relativo aos bens das antigas Dioceses de Pekim e de Nankim, a Santa Sé não discute que o Real Padroeiro possa continuar na applicação daquelles bens para fins ecclesiasticos; mas o Santo Padre aguarda que Sua Magestade dê huma relação delles, dentro de tres annos, o mais tardar, a fim de se poder conhecer se elles pertencem á Corôa de Portugal, ou têem sido applicados á mesma com Breve Pontificio; restando, em caso contrario, o deliberar Sua Santidade sobre a applicação que convenha dar-lhes em vantagem das Igrejas do Padroado, salvo sempre os direitos dos cessionarios. Mas, como o abaixo assignado já teve a honra de communicar ao Ministerio Portuguez na sua Nota de 28 de Outubro de 1857, Sua Santidade consente que se proceda nos mencionados logares á formação de inventarios

1858 Novembro 28 dos bens, paramentos e alfaias das Igrejas do Padroado onde existam Vigarios Apostolicos, aos quaes inventarios deverão por isso concorrer os mesmos Vigarios Apostolicos e os Delegados do Governo Portuguez.

3.º Finalmente pelo que toca á jurisdicção extraordinaria, que deve ser exercida por delegação Pontificia nos logares comprehendidos no denominado *statu quo*, esta jurisdicção, que foi consentida pela Santa Sé por tres annos (tempo que se julgou necessario para se effectuar a circumscripção nas Dioceses da India, mas que foi em seguida reconhecido este termo de tres annos como muito breve para se poder effectuar a circumscripção de todas as Dioceses suffraganeas), o Santo Padre dignou-se prorogal-a por outros tres annos. Sua Santidade promette tambem delegar o exercicio desta extraordinaria jurisdicção ao Prelado Arcebispo de Goa, e no caso da sua morte a hum ecclesiastico, que deve ser escolhido n'huma lista de sacerdotes que Sua Magestade El-Rei de Portugal lhe fará apresentar.

Desta maneira o Arcebispo de Goa poderá exercer a jurisdicção a elle delegada pelos seis annos, e no caso do seu impedimento absoluto o substituirá no exercicio da dita jurisdicção o ecclesiastico escolhido pelo Santo Padre, pelo modo acima indicado. E quando tal circumstancia se verifique, Sua Santidade, para que não caduque a dita delegação, consente que Sua Magestade Fidelissima apresente outra lista de ecclesiasticos, na qual o Summo Pontifice possa escolher outro que, faltando o primeiro escolhido, o substitua na continuação do exercicio daquella jurisdicção durante os seis annos. Que se acabados os seis annos, por qualquer circumstancia actualmente imprevista, não estiver terminada ainda a circumscripção de todas as Dioceses, continuará a delegação, á qual pelo tempo que de commum accordo se julgar necessario até á ultimação total da circumscripção se dará hum caracter de especialidade em referencia aos logares restantes do *statu quo* das Dioceses ainda não circumscriptas. Persuadido o abaixo assignado que estas explicações satisfazem aos desejos do Gabinete Portuguez, lisonjeia-se de poder receber de S. Ex.ª a agradavel communicação de que ficam assim removidas todas as difficuldades que por parte de Portugal faziam demorar a ratificação do Tratado já assignado. Deve pois o abaixo assignado lembrar a S. Ex.ª quanto já prometteu o Negociador Portuguez o Sr. Rodrigo da Fonseca Magalhães, de saudosa memoria, para que sejam expedidas, por parte do Governo, ordens efficazes para o exacto cumprimento do que fica determinado naquelle Tratado, e possam assim terminar as discussões que infelizmente, e com tanto escandalo, continuam a ter logar nas Dioceses da India. 1858 Novembro 28

O abaixo assignado Cardeal Pro-Nuncio, aproveita pois com gosto esta occasião para confirmar a S. Ex.ª o Sr. Marquez de Loulé os sentimentos da sua mais alta consideração. — A S. Ex.ª o Sr. Marquez de Loulé, Presidente do Conselho, Ministro e Secretario d'Estado dos Negocios Estrangeiros e dos do Reino, etc., etc., etc. C. Cardeal Di Pietro.

Nota do Ministro dos Negocios Estrangeiros ao Cardeal Pro-Nuncio

(Documentos impressos por determinação da camara dos deputados.)

Em.^{mo} e Rev.^{mo} Sr. — O abaixo assignado, Presidente do Conselho, Ministro e Secretario d'Estado dos Negocios Estrangeiros e dos do Reino, teve a honra de receber e de levar immediatamente ao superior conhecimento de Sua Magestade ElRei a Nota que S. Em.ª o Sr. Cardeal Di Pietro, Pro-Nuncio de Sua Santidade, lhe dirigiu em data de hontem, em resposta á sua de 27 do corrente, na qual enviára a S. Em.ª copia do *Ultimatum* que pelo Governo Portuguez, em 7 de Outubro findo, foi expedido ao Ministro de Sua Magestade em Roma para o fazer presente á Santa Sé. 1858 Novembro 29

Inteirado o abaixo assignado do conteudo da referida Nota, não póde deixar de observar que as instrucções dadas a

1858 Novembro 29 S. Em.ª o não auctorisam a concordar inteiramente com os precisos termos exarados na carta de lei de 21 de Julho de 1857; comtudo sendo algumas das explicações dadas por S. Em.ª plenamente satisfactorias, e conseguindo-se em outras o mesmo fim que se tinha em vista, não duvida o Governo de Sua Magestade acceital-as. Em presença, porém, desta divergencia não póde o Governo proceder á ratificação do Tratado sem nova auctorisação das Côrtes, a qual vae immediatamente solicitar.

O abaixo assignado lisonjeia-se de que por esta fórma se poderá terminar satisfactoriamente, e quanto antes, esta tão demorada negociação, na qual S. Em.ª manifestou ós mais decididos sentimentos de conciliação que o abaixo assignado se compraz em reconhecer.

Logo pois que as camaras acceitem as explicações que S. Em.ª acaba de dar ao Governo Portuguez, expedirá as ordens a que S. Em.ª allude na citada sua Nota.

O abaixo assignado aproveita com muito gosto esta occasião para reiterar a S. Em.ª o Sr. Cardeal Di Pietro a segurança da sua alta consideração.

Secretaria d'Estado dos Negocios Estrangeiros, em 29 de Novembro de 1858. — Marquez de Loulé.

Circular da Congregação da Propaganda Fide aos Vigarios Apostolicos da Missão das Indias Orientaes

(Additamento ás Reflexões sobre o Padroado Portuguez no Oriente. Nova Goa, 1858.)

Logo que foi conhecido do publico o texto da Concordata
1858 Junho 4 de 21 de Fevereiro de 1857 entre Sua Magestade Fidelissima e a Santa Sé, os homens mais notaveis de Portugal e do Oriente dividiram-se em duas opiniões sobre o valor e consequencias daquelle importantissimo documento.

Uns confiados em que a Concordata pela qualidade das

Altas Partes Contratantes não podia deixar de ser hum documento sincero, e pela gravidade da materia obra profundamente considerada para o effeito de trazer a paz e quietação ás attribuladas Igrejas Orientaes, acceitavam as suas estipulações com a significação obvia e natural das palavras, como remedio a grandes males. 1858 Junho 4

Outros armados de mais severa critica, confrontando entre si os artigos da mesma Concordata, e outros documentos a ella attinentes, deduziam do seu complexo conclusões menos favoraveis, e indicavam os perigos, a que os direitos da Corôa Portugueza (aliás confessados cathegoricamente na Concordata) estavam expostos pela nullidade de facto, e que as ambiguidades, e as intenções reservadas, que transpareceriam em seus artigos, directamente os condemnavam.

Era licito a cada hum seguir a opinião, que mais bem fundada lhes parecesse; ao mesmo tempo que as Altas Partes Contratantes procediam mui avisadamente guardando silencio sobre a significação do acto, e andamento do negocio, ainda pendente da ultima resolução, e abstendo-se de publicar officialmente qualquer declaração que o prejudicasse.

Não guardou porém a mesma reserva a Congregação da Propaganda, orgão official da Curia Romana nos negocios desta qualidade. Por huma circular, dirigida aos Vigarios Apostolicos em 4 de Junho deste mesmo anno para haver de ser publicada, commenta e explica aquella Congregação a seu modo as estipulações da Concordata, e lança perante o publico officialmente a sua opinião sobre negociações pendentes na região secreta da diplomacia.

Sem nos importar avaliar se esta publicação foi discreta, ou indiscreta; se foi leal, ou menos conforme á boa fé, que deve reinar em negociações desta ordem; convem que o publico Portuguez seja conhecedor deste diploma, que posto que até certo ponto affecte huma apparente singeleza, revela comtudo claramente as futuras intenções menos singelas da Congregação da Propaganda.

A circular, conforme foi publicada no *Bombay Catholic Examiner* n.º 14, de 24 de Julho de 1858, he a seguinte:

1838 Junho 4 «Ill.^me et Rev.^me Dom.^ne—Ubi primum plerique ex Apostolicis Missionis Indiarum Orientalium Vicariis per Ephemerides vulgatos acceperunt, et inspexerunt nonnullos majoris momenti articulos Conventionis, quam illæ ferebant ad exitum jam perductam, sancitamque, S. Sedem inter et Serenissimum Lusitaniæ Regem quoad Regalis Patronatûs in Indias quæstionem, sui muneris esse merito duxerunt, super hisce S. hanc Congregationem edocentes, exquirendum an ita se res haberent, opportunasque in casu pro sui agendi ratione instructiones Apostolicæ Sedis efflagitandas. Porro quantotius licuit, laudatos Præsules per litteras mense Januario vertentis anni datas, monendos curavimus, cum nihil eis per S. C. innotuisset, quod præstituram pollicita erat, vel facile arguere pronum fuisse, conventionem, de qua sermo, nondum esse penitus absolutam. Interim tamen sibi omnino persuaderent, præter ea quæ in Ephemeridibus nunciabantur, et alia, quæ ad rem Catholicam protuendam sarta tecta que sint, cautum erat, illud inprimis consultum, ac statutum omnino fuisse, ut ante omnia *deflendum plane schisma Indo-Lusitanum* per Gubernii auctoritatem omnino auferatur, utque S. Sedis Vicarii, atque Operarii ab demandato ipsis munere nequaquam solvantur, vel regiones eis creditas derelinquant, nisi cum, et postquam Episcopales Ecclesiæ aptiori circumscriptione prius disponendæ, rite, congruenterque fuerint institutæ. Hæc vero omnia, etsi fortassis aliquando absolvi posse non diffiteremur, quandonam tamen perficiendi facultas fieret prævidere, aut prænuntiare nostrum haud esse innuebamus. Quapropter eosdem spectatissimos Præsules, ut pacato interea animo, neque segnius urgendo fidei operi, prout antea, vacare, creditumque gregem regere, ac fovere pergerent peramanter hortati sumus.

«Illmo e Rev.^{mo} Sr.—Logo que a maior parte dos Vigarios 1858
Apostolicos da Missão das Indias Orientaes souberam pelas Junho
Gazetas, e viram nellas publicados alguns dos mais impor- 4
tantes artigos da Concordata, que aquellas Gazetas diziam estar já concluida e confirmada entre a Santa Sé e o Serenissimo Rei de Portugal a respeito da questão do Real Padroado nas Indias; com rasão julgaram ser de sua obrigação, dando conta da materia a esta Sagrada Congregação, perguntar se as cousas assim eram na verdade, e requerer da Sé Apostolica as instrucções opportunas sobre o modo como se haveriam neste caso. Pelo que logo sem detença tratámos de admoestar por cartas do mez de Janeiro do corrente anno os mencionados Prelados que, como nada lhes constava pela Sagrada Congregação, tendo ella promettido dar-lhe noticia do que occorresse, claramente se devia inferir que a Concordata, de que se tratava, não era ainda chegada á sua conclusão. Que no entretanto estivessem bem persuadidos de que alem do que apparecia publicado nas Gazetas, *e de outras cousas, que para proteger os interesses Catholicos* (rem catholicam), *estavam ainda occultas e em segredo,* se haviam tomado as cautellas, e principalmente se havia attendido, e firmemente assentado que primeiro que tudo houvesse de ser totalmente extincto por auctoridade do Governo o tão lamentavel schisma Indico-Portuguez; e que os Vigarios e operarios da Santa Sé de modo algum fossem relevados do mister, que lhes he confiado, ou abandonassem as regiões entregues a seu cuidado, senão quando, e depois que as Dioceses, antecipadamente reduzidas a mais conveniente circumscripção, houvessem de ser devidamente e em fórma regular instituidas. Que todas estas cousas porém, com quanto não deixassemos de entender que talvez em algum tempo podessem vir a realisar-se; todavia não nos era possivel desde já prever, e predizer quando chegaria esse tempo, em que podessem ser levadas a effeito. Pelo que mui amorosamente temos exhortado aos mesmos meritissimos Prelados que no entretanto com animo tranquillo, continuassem a applicar-se á obra da fé com não menos zelo que de

1858 Junho 4 «Verum cum nuper et alios quidem Vicarios Apostolicos in iisdem ambiguitatibus versari, laudatosque Præsules monitos licet, iteratis vulgationibus compellentibus, ancipites, ad huc hærere noverimus, omnibus per circúlarem, communemque hanc nostram epistolam, quæ superius pandidimus, quæque nonnullis eorum peculiariter significavimus, confirmantes, omnino sibimet suadeant volumus, Apostolicam Sedem de suis Vicariis et Operariis sedulam curam gerere, atque gesturam, et ejusmodi negotium nondum penitus absolutum dici posse: quod si sanctioni locus fiat, indubie teneant, ut Catholicæ Religionis incolumitati et Indiarum Ecclesiarum prosperitati apprime consultum, cautumque foret, studia omnia collata esse, nihilque penitus prætermissum. Statutum denique, firmumque sciant, nil penitus a statu quo immutandum, innovandumque, aut immutatum iri, quoad regimen Missionum, ad tramites litterarum Apostolicarum S. M. Gregorii XVI. incip. *Multa præclare, etc.* Vicariis Apostolicis commendatum, eorumque jurisdictionem, auctoritatemque, nisi postquam sublato omni schismate, ac præmissa circumscriptione locorum, ut supra, ea comparata, et in promptu sint, quæ ad singulas Episcopales Ecclesias, rite instituendas firmandasque, canonicæ sanctiones præfiniunt: quinime nonnisi postquam ad Ecclesias ipsas gubernandas Episcopi designati a Summo Pontifice in Consistorio, uti mos est, declarati, seu, ut dicitur, *præconizati* fuerint.

«Iterum propterea iterumque cunctos, ac singilatim unumquemque probatissimum Præsulem, ideoque Amplitudinem Tuam in Domino hortamur ut omni seposita hæsitatione, aut impendentis cujusvis immutationis formidine, sedulam, impensamque operam in excolenda ista Tibi credita Vinea im-

antes, e a reger e encaminhar o rebanho, que lhes está entregue. 1858 Junho 4

«Como porém temos sabido que ainda depois disso outros Vigarios Apostolicos laboravam nas mesmas ambiguidades, e que aquelles mesmos Prelados, sem embargo de nossas declarações, compellidos por novos artigos das Gazetas conservavam ainda algumas duvidas em seu animo; nós, confirmando agora a todos por esta nossa carta circular e commum o que acima temos exposto, e que a alguns delles em particular havemos significado; queremos que fiquem bem persuadidos que a Sé Apostolica tem e terá o maior disvelo para com seus Vigarios e operarios; e que este negocio senão póde dizer ainda absolutamente concluido. Porém se porventura chegar a ser confirmado, tenham por sem duvida que estão tomadas todas as providencias, sem ommissão de huma só, para que se haja de attender e acautellar á incolumidade da Religião Catholica, e á prosperidade das Igrejas das Indias. Saibam finalmente que he cousa decidida e firme que nada absolutamente se ha de mudar ou innovar emquanto ao regimen das Missões do *statu quo*, encarregado aos Vigarios Apostolicos na fórma das letras Apostolicas do Papa Gregorio XVI (que Deus haja), que começam *Multa præclare, etc.*, nem emquanto á jurisdicção e auctoridade delles; senão depois que, extincto totalmente o schisma, e precedendo a circumscripção dos logares, como acima está dito, estejam dispostas e apparelhadas todas aquellas cousas, que segundo as leis canonicas são necessarias para devidamente instituir e confirmar cada huma das Igrejas Episcopaes; e sem que outrosim os Bispos designados para governar as mesmas Igrejas hajam sido pelo Summo Pontifice declarados em Consistorio na fórma do estilo, ou, como vulgarmente diz, *preconisados*.

«Portanto huma e muitas vezes tornâmos a exhortar em o Senhor a todos e a cada hum dos meritissimos Prelados, e por isso a Vossa Senhoria, para que deposta toda a hesitação, ou receio de qualquer mudança pendente, continueis a applicar o maior cuidado e disvelo em cultivar essa vinha,

1858 Junho 4 pendere persequaris. Propensæ, post hæc voluntatis nostræ pignus addentes D. O. M. enixe precamur ut A. Tuam diutissime servet, ac sospitet.

«Dat. Romæ ex Aed. S. C. de P. F. die 4 Junii 1858.—Ampl. Tuæ uti Frater adictisssimus—Al. C. Barnabo, Præfectus.—Cajet, Bedini, Archiepiscopus Thebar, a Secretis.

«True copy.—F. Angelicus—Pro-Vicar. Apostolic.»

E foi precedida de hum preambulo, que diz:

«A seguinte Carta circular foi recebida pelo Mui Reverendo Pro-Vigario pela ultima mala, e nos foi communicada a fim de ser publicada.

«A sua leitura ao mesmo tempo que não póde deixar de confirmar na sua legitima obediencia aos Vigarios Apostolicos, julgâmos que por outra parte abrirá os olhos daquelles schismaticos, que de boa fé ainda adherem a seus enganadores.

Ácerca d'esta carta escreve o Doutor Hartmann ao mui Reverendo Pro-Vigario.—Inclusa vos envio a circular expedida pela Propaganda, a qual foi examinada pelo Cardeal Secretario de Estado, e passou por todas as formalidades especialmente usadas perante Sua Santidade.

Carta de lei de 9 de Abril de 1859

1859 Abril 9 Dom Pedro, por Graça de Deus, Rei de Portugal e dos Algarves, etc. Fazemos saber a todos os nossos subditos que as Côrtes Geraes decretaram, e nós queremos a lei seguinte:

que vos he confiada. Accrescentando depois disto o penhor da nossa vontade propensa a vosso favor, rogamos encarecidamente a Deus Todo Poderoso que guarde, e conserve por felicissimos annos a Vossa Senhoria. 1858 Junho 4

«Dada em Roma no Palacio da Sagrada Congregação *de Propaganda Fide,* a 4 de Junho de 1858.—De Vossa Senhoria irmão muito affectuoso—Al. Cardeal Barnabó, Prefeito.—Caetano Bedini, Arcebispo de Thebar, Secretario.

«Está conforme.—F. Angelico, Pro-Vigario Apostolico.»

ARTIGO I

He o governo auctorisado a ratificar o Tratado, entre Portugal e a Santa Sé, sobre a continuação do exercicio do Real Padroado da Corôa Portugueza, no Oriente, assignado em 21 de Fevereiro de 1857 pelos respectivos Plenipotenciarios, com as explicações posteriormente dadas pelo Negociador Pontificio, e acceitas pelo Governo Portuguez, as quaes serão inseridas no Tratado, e delle farão parte integrante. 1859 Abril 9

ARTIGO II

Fica assim explicada a carta de lei de 21 de Julho de 1857.

ARTIGO III

O Governo dará conta ás Côrtes do uso que fizer d'esta auctorisação.

ARTIGO IV

Fica revogada a legislação em contrario.

Mandâmos portanto a todas as anctoridades, a quem o conhecimento e execução da referida lei pertencer, que a cumpram e guardem, e façam cumprir e guardar tão inteiramente como nella se contém. O Ministro e Secretario d'Estado dos Negocios Estrangeiros a faça imprimir, publicar e correr. Dada no Paço das Necessidades, em 9 de Abril de 1859. — (L. S.) El-Rei (com rubrica e guarda). — Duque da Terceira.

1859 Abril 9 Carta de lei pela qual Vossa Magestade, tendo sanccionado o decreto das Côrtes Geraes de 15 de Março ultimo, que auctorisa o Governo a ratificar o Tratado entre Portugal e a Santa Sé, sobre a continuação do exercicio do Real Padroado da Corôa Portugueza, no Oriente, assignado em 21 de Fevereiro de 1857, o manda cumprir e guardar como n'elle se contém, tudo pela fórma acima declarada. — Para Vossa Magestade ver. — Julio Firmino Judice Biker a fez.

Nota do Ministro dos Negocios Estrangeiros com um Memorandum

1859 Abril 15 O abaixo assignado, Presidente do Conselho de Ministros, Ministro e Secretario d'Estado dos Negocios Estrangeiros, tem a honra de communicar a S. Ex.ª o Sr. Arcebispo de Sida, Nuncio de Sua Santidade nesta Côrte, que o Governo de Sua Magestade se acha auctorisado pelo Corpo Legislativo a ratificar o Tratado assignado pelos Plenipotenciarios das duas Côrtes a 21 de Fevereiro de 1857 sobre o exercicio do Real Padroado Portuguez na India e China, com as explicações e declarações posteriormente dadas em relação aos pontos de que tratou a carta de lei de 21 de Julho do dito anno. E por quanto pareceu indispensavel, e mui conveniente para o mais prompto e facil accordo, que por parte do Governo de Sua Magestade se consignassem em um *Memorandum* bem clara e explicitamente os termos em que, no sentir do mesmo Governo convém que seja concebido o artigo annexo, ou addicional, que ha de ficar unido ao Tratado, como parte integrante delle, e comprehendido consequentemente na sua ratificação: o abaixo assignado se apressa em transmittir a S. Ex.ª o dito *Memorandum* para que S. Ex.ª em vista do conteudo nelle, se sirva ou de responder de prompto, se estiver para isso habilitado, ou de sollicitar da sua

Côrte as instrucções e poderes que julgar necessarios para que se consiga a inteira conclusão deste importantissimo negocio, e se não retardem os salutares effeitos, que ambas as altas partes contratantes tiveram em vista na celebração do Tratado. 1859 Abril 15

O abaixo assignado aproveita a opportunidade para assegurar a S. Ex.ª o Sr. Arcebispo de Sida dos sentimentos da sua alta consideração.

Secretaria d'Estado dos Negocios Estrangeiros, em 15 de Abril de 1859. — Duque da Terceira.

Memorandum

O Governo de Sua Magestade Fidelissima acaba de ser auctorisado para ratificar o Tratado entre Portugal e a Santa Sé sobre a continuação do exercicio do Real Padroado da Corôa Portugueza no Oriente, assignado pelos respectivos Plenipotenciarios com as explicações posteriormente dadas pelo Negociador Pontificio, e acceitas pelo Governo Portuguez, que serão annexadas ao Tratado e delle farão parte integrante para serem comprehendidas na sua ratificação.

O desejo que o Governo de Sua Magestade tem de ver ultimada huma tão prolongada negociação, pondo-se termo de huma maneira satisfactoria para ambas as altas partes contractantes ás pequenas divergencias que se tem suscitado, leva o Governo de Sua Magestade a manifestar o maior empenho em promover a ratificação do Tratado consignando-se em annexos ao mesmo Tratado os pontos que fizeram objecto da negociação posterior á lei de 21 de Julho de 1857. O Governo, em vista dos *Memorandos* e mais correspondencia official com a Santa Sé posteriormente á dita lei, entende que actualmente não existe fundamento para divergencias e pela sua parte facilitará quanto ser possa o prompto exito da negociação. Assim acceita as explicações dadas pela Santa Sé relativamente á intelligencia das palavras *India Ingleza* pela fórma que se delara no *Memorandum* de 28 de Novem-

1859 Abril 15 bro de 1858. Acceita igualmente as explicações dadas no mesmo *Memorandum* ácerca da jurisdicção extraordinaria que deve ser exercitada pelo Prelado Metropolitano da Igreja de Goa; devendo declarar-se bem explicitamente que o *caracter de especialidade* que ahi se dá á continuação da delegação unicamente tem referencia á extensão territorial, intelligencia que aliás he obvia, em vista dos termos da Nota de S. Em.ª o Cardeal di Pietro, datada de 28 de Novembro do anno proximo findo.

Quanto á intelligencia que deve ser dada aos termos *meios convenientes*, de que se usa no artigo 16.º do Tratado de 21 de Fevereiro de 1857, o Governo acceita as explicações dadas pelo Negociador Pontificio no *Memorandum* de 28 de Outubro de 1857, porque ahi estão mais explicitamente consignadas, do que na Nota de 28 de Novembro de 1858. Referindo-se especialmente á erecção dos Cabidos de que alli se trata, o Governo não duvida comprometter-se a tornar effectiva a existencia de Cabidos nas Cathedraes em que a sua erecção se mostrar compativel com as circumstancias das Dioceses, devendo o numero dos Capitulares ser regulado pelos Bispos respectivos de accordo com o Real Padroeiro em presença daquellas circumstancias e dos meios de congrua dotação. He esta a intelligencia, que no sentir do Governo de Sua Magestade deve dar-se á Nota de 28 de Novembro de 1858; combinando-a com o que se havia já accordado em nome da Santa Sé, no *Memorandum* de 28 de Outubro de 1857. Se de outro modo se podessem entender as declarações da Santa Sé no assumpto sujeito, seguir-se-ia que a erecção de Cabidos em todas as Cathedraes suffraganeas da India, em que pelo Tratado se reconhece o exercicio do Real Padroado Portuguez, era huma condição *impreterivel*, e previa para a confirmação dos Bispos apresentados pelo mesmo Real Padroeiro depois de concluida a circumscripção da Diocese respectiva. Esta interpretação, alem de contrariar ou antes annular por hum meio indirecto as estipulações do Tratado, os fins que as duas altas partes contractantes tiveram a peito na celebração delle, e as idéas que predominaram em todo o decurso da negociação, como consta do Protocollo de suas conferencias, não tem fundamento auctorisado nas disposições canonicas nem nos factos. O Governo, pois, tem a convicção intima de que não podem as declarações por parte da Santa Sé, quanto á constituição effectiva de Cabidos, conter a idéa de *condição previa,* como fica indicado. E posto que o Governo esteja nesta convicção e julgue dever abster-se agora de mais largas ponderações, quanto ao direito, todavia parece-lhe necessario referir alguns factos tanto de paizes estranhos, como do proprio Reino de Portugal, que attestam a pratica da Igreja em completa conformidade com a doutrina exposta. 1859 Abril 15

He assim que n'um grande numero das Dioceses da Irlanda, da Persia, da Servia não ha Cabidos nas Sés Cathedraes, attenta a pobreza daquellas Igrejas. Estes mesmos principios foram seguidos pelo Santissimo Padre Benedicto XIV na Bulla *Quam e sublimi,* e nas estipulações da concordata de 1817 entre a Santa Sé e a França expressamente se consigna que a erecção dos Cabidos não é condição indispensavel para a circumscripção dos Bispados e confirmação dos Bispos. E se no solo da França, na plena dominação do Monarcha, a erecção dos Cabidos não foi exigida como condição previa para a confirmação dos Bispos, como o poderá ser nas Igrejas do Padroado Portuguez no Oriente, na sua maior parte sujeito a dominação estranha, sendo os seus Bispados Dioceses de missão em Paizes heterodoxos?

Em 1838 o Governo da França propoz que fosse creada huma nova Diocese nas suas novas possessões de Argel, e não obstante o territorio do novo Bispado estar na plena dominação franceza, todavia não lhe foi exigida pela Santa Sé a erecção de Cabido, como condição previa para a circumscripção da Diocese e confirmação do seu Bispo. Quanto á erecção do Cabido da Igreja Cathedral (são as palavras da Bulla), o Rei Christianissimo proverá segundo a sua piedade tanto quanto o permittirem as circumstancias dos logares e dos tempos, e segundo o que he ordinariamente concedido ás outras Igrejas do Reino de França. E se a Santa Sé foi tão complacente

1859 Abril 15 para com o Rei Christianissimo, parece que o não deverá ser menos para com Portugal, fazendo honra ao Padroado Portuguez no Oriente, adquirido pelo titulo mais honroso e justo de que ha memoria na Igreja do Occidente, desde que no seculo v o direito de Padroeiro começou a ser reconhecido.

Nas Bullas da erecção dos Bispados nas possessões Portuguezas no ultramar não foi exigido como condição previa para a circumscripção e erecção dos Bispados e para a confirmação dos Bispos a creação dos Cabidos; assim se acha consignado na Bulla para a erecção do Bispado de Macau em 1575; na acta da Congregação consistorial de 19 de Fevereiro de 1588 para a Diocese de Funay, e na acta da Congregação consistorial de 9 de Janeiro de 1606 para a Diocese de Meliapor, e igualmente na erecção da Diocese de Angamale depois Cranganor pela Bulla de 4 de Agosto de 1600.

Na Bulla da erecção do Bispado de Macau diz-se *formaes palavras* quanto ao Cabido. «Tot dignitates et canonicatus et praebendas, quot initio pro divino cultu et dicto Ecclesiae machaonensis praedicto Episcopo, videbuntur convenire de proedicti Sebastiani, et pro tempore *existentis Regis consilio* et assensu et previa congrua dotatione, quam primum fieri poterit erigat».

Nesta conformidade e neste sentido estão concebidas as Bullas de erecção dos Bispados de Miranda, Aveiro e de Pinhel e outros no continente do Reino. Ahi se sujeita a effectiva constituição dos Cabidos ás circumstancias das Dioceses e da dotação, e entrando nesse juizo o Prelado e o Real Padroeiro.

Daqui se conclue portanto de hum modo indisputavel que o Governo de Sua Magestade não exige nem propõe concessão nova, propugna simplesmente pela continuação do que está resolvido pela propria Santa Sé antes e depois da negociação, e até com respeito ás mesmas Cathedraes de que se trata.

Em vista do que fica ponderado o Governo de Sua Magestade em harmonia com os principios canonicos e com a pratica constante da Igreja não póde entender que a erecção dos cabidos seja considerada como condição previa á confirmação dos Bispos. 1859 Abril 15

É isto mesmo o que se acha expressamente consignado no *Memorandum* de 28 de Outubro de 1857, quando ali se diz que os Prelados *poderão* tambem contar, onde for *possivel erigil-os*, com a assistencia dos capitulos, o que manifestamente subintende a preexistencia dos Prelados á erecção dos Cabidos.

Quanto a Seminarios o Governo pondera que no Regio Padroado existem quatro Seminarios que convenientemente reformados, devem satisfazer ás necessidades da educação do clero no Padroado Portuguez, mas o Governo não duvida convir na erecção de algum novo Seminario quando as urgentes necessidades da Igreja o reclamem. A existencia de Bispos Sagrados nas Dioceses será (como já se ponderou no *Memorandum* de 11 de Novembro de 1857) o meio mais efficaz de attender a este ponto. Nestes termos acceita o Governo de Sua Magestade as explicações dadas no *Memorandum* de 28 de Outubro de 1857.

Em referencia ao ultimo ponto sobre que se exigiram explicações pelo artigo 4.º da lei de 21 de Julho de 1857, relativas á applicação dos bens que haviam sido dotação das Missões Portuguezas de Pekim e Nankim, entende o Governo de Sua Magestade que huma breve exposição poderá fazer com que se fixe em termos certos e definidos o que não está fixado nos diversos *Memorandos* posteriores á lei de 21 de Julho de 1857.

Não versam as duvidas sobre o reconhecimento das Igrejas a que pertençam os referidos bens; pelo Santissimo Padre é reconhecido no *Memorandum* de 28 de Novembro de 1858 que os bens continuarão a ser applicados ás Igrejas do Padroado Portuguez, donde resulta que não existe questão alguma ácerca de legitimidade do dominio, salva qualquer reclamação de terceiros por direitos particulares que sempre ficam resalvados. Não sendo posto em duvida o dominio dos referidos bens, como não poderia ser, elles entram na ordem regular dos bens que em Portugal constituem a dotação da

1859 Abril 15 Igreja. O Padroeiro de accordo com o Prelado Diocesano ha de determinar a sua applicação ás Igrejas do Padroado Portuguez. É este o direito constituido do Reino, de que o Governo de Sua Magestade não póde affastar-se sem violar as leis, e os principios em que o mesmo direito assenta, mas se ao Governo de Sua Magestade he impossivel affastar-se do direito reconhecido no Paiz, não hesita por outra parte em testemunhar à sua inteira boa fé, compromettendo-se a fazer applicar integralmente os referidos bens ás necessidades das Missões e Igrejas do Real Padroado Portuguez no Oriente.

Não havendo questão de dominio, escusado seria a entrega da relação dos referidos bens, no praso de tres annos a que se refere o *Memorandum* de 28 de Novembro de 1858. Se porém por parte da Santa Sé, ha o desejo de saber quaes são aquelles bens, o Governo de Sua Magestade não hesita em officiosamente dar á Santa Sé os esclarecimentos competentes; podendo desde já declarar, que todos aquelles bens são de origem Portugueza; e reduzem-se unicamente aos que ha muitos annos foram transferidos para os cofres das Missões Portuguezas no Collegio de Macau, e se acham na

---

Nota do

1859 Abril 19 Nunziatura Apostolica. Lisbona 19 Aprile 1859.—Il sottoscrito Arcivescovo di Sida, Nunzio Apostolico ha l'onore di accusare a S. E. il Sig.[or] Duca di Terceira, Presidente del Consiglio de Ministri, e Ministro e Segretario di Stato degli Affari Esteri la recezione della prevegole nota, unitamente al Memorandum, che l' E. S. gli ha inviato sotto la data del 15 corrente, annuziando gli, che il Governo di Sua Maestá trovasi autorizzato dal Corpo Legislativo a ratificare il Trattato

administração de auctoridades Portuguezas por accordo e resolução competente do Real Padroeiro, de harmonia com os respectivos Prelados Diocesanos, e como se declarou no *Memorandum* já citado de 28 de Novembro de 1858. 1859 Abril 15

Nestes termos persuade-se o Governo de Sua Magestade, que poderá ser ratificada a concordata, reduzindo-se a annexos do Tratado de 21 de Fevereiro de 1857 as explicações que ficam dadas aos pontos mencionados na lei de 21 de Julho do mesmo anno. O Governo está profundamente compenetrado da necessidade urgente de prover de remedio ás Igrejas do Padroado Portuguez no Oriente, e de quanto lhe será proficua a ratificação da Concordata para que aquellas Igrejas sejam immediatamente providas de Prelados Sagrados de que ha tanto tempo se acham privadas.

Não hesita em acreditar que iguaes sentimentos imperam no animo do Santissimo Padre, e por isso nutre a esperança de que não será protrahida a ratificação do Tratado, e o Governo de Sua Magestade poderá empregar toda a sua sollicitude em prover de remedio as Igrejas do Padroado Portuguez no Oriente, o que tem muito em seu desejo.

Nuncio

Traducção.—Nunciatura Apostolica.—Lisboa, 19 de Abril de 1859.—O abaixo assignado Arcebispo de Sida, Nuncio Apostolico, tem a honra de accusar a S. Ex.ª o Sr. Duque da Terceira, Presidente do Conselho de Ministros, Ministro e Secretario d'Estado dos Negocios Estrangeiros, a recepção da apreciavel Nota junta ao *Memorandum* que S. Ex.ª lhe dirigiu em data de 15 do corrente, annunciando-lhe que o Governo de Sua Magestade se achava auctorisado pelo Corpo 1859 Abril 19

1859 Abril 19 sottoscritto dai Plenipotenziari delle due Corti nel 21 Febbrajo 1857, sopra l'esercizio del Regi Patronato nell' India, e Cina con lespiegazione posteriormente date intorno ai punti, ai quali si riferisce la Legge del 21 Luglio del detto anno.

Siccome poi nella Nota stessa l' E. S. desiderava conoscere se il sottoscritto fosse abilitado a continuare le trattative di questo affare, cosi si affreta rimettere qui auluso un officiale dispaccio dell' Em.° Sig.r Cardinale Segretario di Stato di Sua Santitá diretto al Sig.r Ministro Segretario di Stato degli affari Esteri di Sua Maestá Fedelissima, col quale é il sottoscritto autorizzatto a proseguire le accenuate trattative.

Mentre il sottoscritto non dubita, che l' E. S. riconoscirá regolare questo documento, si avvale di questa occasione per pregarla a compiacersi inviargli copia della Legge votada dal Corpo Legislativo intorno alla ratifica del Suddetto Concordato, della quale i tuttora privo.

Profitta con piacere il sottoscritto di questa opportunitá per confermare a S. E. il Sig.r Duca di Terceira i sentimenti della sua piu alta considerazione.—J. Arcivescovo de Sida.—A Sua Eccellenza il Sig.r Duca di Terceira Presidente del Consigli di Ministri, Ministro e Segretario di Stato degli affari Esteri.

Ratificação Ponticia do Tratado de 21 de Fevereiro de 1857

(Arch. da Torre do Tombo)

PIUS PP. IX

1859 Outubro 17 Cum inter nos et carissimum in Christo Filium nostrum Petrum V. Portugalliæ et Algarbiorum Regem Fidelissimum inita fuerit Conventio de Regii Patronatus exercitio in Indiarum et Sinarum regionibus rite prosequendo; cujus conventionis tenor est hujusmodi, nempe:

(Segue-se o Tratado, e os annexos A e B.)

Legislativo a ratificar o Tratado assignado pelos Plenipotenciarios das duas Côrtes em 21 de Fevereiro de 1857, sobre o exercicio do Real Padroado na India e China, com as explicações posteriormente dadas a respeito dos pontos a que se refere a lei de 21 de Julho do dito anno. 1859 Abril 19

E como S. Ex.ª na referida Nota desejava conhecer se o abaixo assignado se achava habilitado a proseguir as negociações sobre este assumpto, apressa-se a remetter-lhe incluso hum despacho official do Em.mo Sr. Cardeal Secretario d'Estado de Sua Santidade dirigido ao Sr. Ministro dos Negocios Estrangeiros de Sua Magestade Fidelissima, pelo qual he o abaixo assignado auctorisado a continuar as mencionadas negociações.

No entretanto que o abaixo assignado na duvida que S. Ex.ª reconhecerá regular esse documento, aproveita esta occasião para pedir-lhe se sirva enviar-lhe copia da lei votada pelo Corpo Legislativo a respeito da ratificação da sobredita concordata, da qual ainda está privado.

O abaixo assignado aproveita esta occasião para reiterar a S. Ex.ª o Sr. Duque da Terceira os sentimentos da sua mais alta consideração.—J. Arcebispo de Sida—A. S. Ex. o Sr. Duque da Terceira, Presidente do Conselho de Ministros, Ministro e Secretario d'Estado dos Negocios Estrangeiros.

Nos conventionem hanc a nobis diligenter inspectam atque perpensam, voluntati nostræ conformem invenimus, ac proinde ipsam (facta jam vicissim temporis in articulo XVII designati prorogatione) ratam habemus et confirmamus: eique nosmetipsos Successoresque nostros obstrictos fore declaramus. In quorum fidem solemne hoc ratihabitionis documentum nostra subscriptione munivimus, eique sigillum nostrum apponi jussimus. Datum in arce Gandulphi Albanae Diocesis die XVII Octobris anno MDCCCLIX. 1859 Outubro 17

Pontificatus nostri anno decimo quarto.—Pius PP. IX.

Ratificação

1860 Fevereiro 6 Dom Pedro, por Graça de Deus, Rei de Portugal e dos Al e da conquista, navegação e commercio da Ethiopia, Arabia, de confirmação e ratificação virem que, aos 21 dias do mez Lisboa, entre mim e Sua Santidade o Summo Pontifice Pio IX, tes plenos poderes, hum Tratado sobre a continuação do cujo teor é o seguinte:

In nome della Santissima e Individua Trinitá.

Sua Santitá il Sommo Pontefice Pio IX, e Sua Maestá Fedelissima il Re Don Pietro V, avendo risoluto fare un Trattato, nel quale si stabiliscano gli Articoli di concordia per la continuazione dell'esercizio dei diritti di Patronato della Corona Portoghese nell' India e Cina, nei termini risultanti dai medesimi articoli: Nominarono per questo fine due Plenipotenziarii cioè: per parte di Sua Santitá l'Eminentissimo e Reverendissimo Signor Cardinale Camillo Di Pietro Pro-Nunzio Apostolico in Portogallo; e per parte di Sua Maestá Fedelissima l'Eccellentissimo Signor Rodrigo da Fonseca Magalhães Pari del Regno, Consigliere di Stato effettivo, Ministro e Segretario di Stato onorario, e Gran-Croce dell' ordine di Nostro Signore Gesù Cristo: i quali, cambiati i loro respettivi Pieni Poteri, e trovatili in buona e dovuta forma, convennero negli Articoli seguenti.

ARTICOLO PRIMO

In virtù delle rispettive Bolle Apostoliche, e in conformitá dé Sagri Canoni, continuerá l'esercizio del Diritto di Patronato della Corona Portoghese quanto all' India, e Cina, nelle Cattedrali appresso dichiarate.

ARTICOLO SECONDO

Quanto all' India:

Nella Chiesa Metropolitana, e Primaziale di Goa; nella Chie-

Portugueza

garves, d'aquem e d'alem mar em Africa, Senhor de Guiné. 1860
Persia e da India, etc. Faço saber aos que a presente carta Fevereiro
de Fevereiro de 1857, se concluiu e assignou na cidade de 6
pelos respectivos Plenipotenciarios, munidos dos competen-
exercicio do Real Padroado da Corôa Portugueza no Oriente,

Em nome da Santissima e Individua Trindade.

Sua Santidade o Summo Pontifice Pio IX, e Sua Magestade Fidelissima El-Rei Dom Pedro V, tendo resolvido fazer hum Tratado, no qual se estabeleçam os artigos de concordia para a continuação do exercicio dos direitos do Padroado da Corôa Portugueza na India e China, nos termos constantes dos mesmos artigos: Nomearam para este fim dois Plenipotenciarios, a saber: por parte de Sua Santidade o Eminentissimo e Reverendissimo Senhor Cardeal Camillo Di Pietro, Pro-Nuncio Apostolico em Portugal; e por parte de Sua Magestade Fidelissima o Excellentissimo Senhor Rodrigo da Fonseca Magalhães, Par do Reino, Conselheiro d'Estado effectivo, Ministro e Secretario d'Estado honorario, e Gran-Cruz da ordem de Nosso Senhor Jesus Christo: os quaes, trocados os seus respectivos Plenos Poderes, e achando-os em boa e devida fórma, convieram nos artigos seguintes.

ARTIGO PRIMEIRO

Em virtude das respectivas Bullas Apostolicas, e na conformidade dos sagrados canones, continuará o exercicio do direito do Padroado da Corôa Portugueza quanto á India e China, nas Cathedraes abaixo declaradas.

ARTIGO SEGUNDO

Quanto á India:

Na Igreja Metropolitana e Primacial de Goa; na Igreja Ar-

1860 Fevereiro 6 sa Arcivescovile *ad honorem* di Cranganor; nella Chiesa Vescovile di Cochim; nella Chiesa Vescovile di S. Tommaso di Meliapor; e nella Chiesa Vescovile di Malaca.

ARTICOLO TERZO

Quanto alla Cina:

Nella Chiesa Vescovile di Macau.

ARTICOLO QUARTO

Si concorda, che la Provincia di Quam-Si non rimarrà inclusa pel futuro nella Giurisdizione Episcopale di Macau, e per conseguenza nel Patronado; riservandosi Sua Santità prendere liberamente in questa Provincia in utilità dei fedeli, le determinazioni che giudicherà convenienti e necessarie.

ARTICOLO QUINTO

Il Santo Padre si riserva fare il medesimo quanto all'Isola di Hong-Kong, la quale, sebbene inclusa nella Provincia di Kuang-Tong (Cantão), rimarrà separata dalla giurisdizione Vescovile di Macau, e fuori del Patronato.

ARTICOLO SESTO

La giurisdizione del Vescovato di Macau, e il Patronato nella Cina, comprenderà così d'ora innanzi il territorio, che gli appartiene, secondo le rispettive Bolle, cioè, Macau, Provincia de Kuang-Tong (Cantão) e le Isole Adiacenti; eccettuate soltanto la detta Provincia di Quam-Si, e la Isola di Hong-Kong.

ARTICOLO SETTIMO

In vista delle considerazione di convenienza religiosa presentate per parte della Santa Sede, quanto alla erezione di un nuovo Vescovato in alcuna parte del territorio attuale dell'arcivescovato di Goa, il Governo Portoghese, come Patrono, contribuirà, quanto da esso dipenda, perchè questa erezione se realizzi opportunamente nei termini e nelle località, che di accordo con la Santa Sede si reputeranno piu convenienti alla buona amministrazione di quella Chiesa, e alla comodità dei fedeli.

chiepiscopal *ad honorem* de Cranganor; na Igreja Episcopal de Cochim; na Igreja Episcopal de S. Thomé de Meliapor; e na Igreja Episcopal de Malaca. 1860 Fevereiro 6

ARTIGO TERCEIRO

Quanto á China:

Na Igreja Episcopal de Macau.

ARTIGO QUARTO

Concorda-se em que a Provincia de Quam-Si não ficará incluida de futuro na Jurisdicção Episcopal de Macau, e por consequencia no Padroado; reservando-se Sua Santidade tomar livremente nesta Provincia, em utilidade dos fieis, as determinações que julgar convenientes e necessarias.

ARTIGO QUINTO

O Santo Padre reserva-se fazer o mesmo, quanto á Ilha de Hong-Kong, a qual, posto que incluida na Provincia de Kuang-tong (Cantão), ficará separada da jurisdicção Episcopal de Macau, e fóra do Padroado.

ARTIGO SEXTO

A Jurisdicção do Bispado de Macau, e o Padroado na China, comprehenderá assim de ora em diante o territorio, que lhe pertence, segundo as respectivas Bullas, a saber: Macau, Provincia de Kuang-tong (Cantão) e as Ilhas Adjacentes; exceptuadas sómente a dita Provincia de Quam-Si, e a Ilha de Hong-Kong.

ARTIGO SETIMO

Em vista das considerações de conveniencia religiosa, offerecidas por parte da Santa Sé, quanto á erecção de hum novo Bispado em alguma parte do territorio actual do Arcebispado de Goa, o Governo Portuguez, como Padroeiro, contribuirá, quanto delle dependa, para que esta erecção se realise opportunamente nos termos e nas localidades, que de accordo com a Santa Sé se reputarem mais convenientes á boa administração daquella Igreja, e á commodidade dos fieis.

ARTICOLO OTTAVO

1860 Fevereiro 6 Rimarrà separata dalla giurisdizione del Vescovato di Malaca, e dal Patronato la Isola di Pulo-Penang, a riguardo della quale prendra Sua Santià le disposizioni che le sembreranno opportune.

ARTICOLO NONO

Ma la Isola di Singapura continuerà ad appartenere al medesimo Vescovato di Malaca, e potrà nella medesima Isola stabilirsi la Residenza Vescovile, conservando il Prelato il titolo di Vescovo di Malaca.

ARTICOLO DECIMO

Dovendo il territorio di ciascuno dei Vescovati suffraganei dell'India sopra menzionati, avere tale estensione, che in esso non sia difficile il pronto, e proficuo esercizio della giurisdizione Vescovile: le Alte Parti Contraenti convengono che, di accordo, si proceda alla circoscrizione dei medesimi Vescovati, che sembrerà piu adequata per quel fine.

ARTICOLO UNDECIMO

Il Santo Padre, avendo in vista i doveri dettati dal suo Apostolico Ministero e desiderando che si ponga quanto prima termine alle disintelligenze e perturbazioni che hanno afflitto, e ancora affligono le Chiese delle Indie orientali, con grave pregiudizio degl interessi della Religione e della pace pubblica dei fedeli delle medesime Chiese, situazione questá che Sua Santitá non potrebbe veder continuare senza accorrervi con un competente rimedio: e Sua Maestá Fedelissima il Signor Don Pietro Quinto, animato dal medesimo desiderio di vedere prospere quelle Chiese, e ristabilita la tranquillitá nelle sue chistianitá respettive: concordarono in che si proceda, senza ritardo, alla confezione di un Atto addizionale, o Regolamento, nel quale si fissino i limiti dei detti Vescovati del Patronato, nei termini dell'articolo antecedente.

ARTICOLO DUODECIMO

Nelle Bolle dei Vescoviche saranno presentati, dovrá farsi menzione dei limiti, che, di comune accordo, si fisseranno.

ARTIGO OITAVO

Ficará separada da Jurisdicção do Bispado de Malaca e do Padroado a Ilha de Pulo-Penang, a respeito da qual tomará Sua Santidade as disposições que lhe parecerem opportunas. 1860 Fevereiro 6

ARTIGO NONO

Mas a Ilha de Singapura continuará a pertencer ao mesmo Bispado de Malaca, e poderá na mesma Ilha estabelecer-se a Residencia Episcopal, conservando o Prelado o titulo de Bispo de Malaca.

ARTIGO DECIMO

Devendo o territorio de cada hum dos Bipados suffraganeos da India acima mencionados, ter tal extensão, que nelle se não difficulte o prompto e proficuo exercicio da Jurisdicção Episcopal: as Altas Partes Contratantes convem em que, de accordo, se proceda á circumscripção dos mesmos Bispados, que parecer mais adequada áquelle fim.

ARTIGO UNDECIMO

O Santo Padre, tendo em vista os deveres dictados pelo seu Apostolico Ministerio, e desejando que se ponha, quanto antes, termo ás desintelligencias e perturbações, que tem affligido e ainda affligem as Igrejas das Indias orientaes, com grave prejuizo dos interesses da Religião e da paz publica dos fieis das mesmas Igrejas, situação esta que Sua Santidade não poderia ver continuar sem acudir-lhe com hum remedio competente: e Sua Magestade Fidelissima o Senhor D. Pedro V, animado do mesmo desejo de ver prosperas aquellas Igrejas, e restabelecido o socego nas suas respectivas christandades: concordaram em que se proceda, sem demora, á feitura de hum Acto addicional, ou Regulamento, no qual se fixem os limites dos ditos Bispados do Padroado, nos termos do artigo antecedente.

ARTIGO DUODECIMO

Nas Bullas dos Bispos, que forem apresentados, deverá fazer-se menção dos limites, que, de commum accordo, se fixarem.

ARTICOLO DECIMO TERZO

1860 Fevereiro 6 A questo fine saranno nominati due Commissarii, uno per ciascuna delle Alte Parti Contraenti, i quali animati di spirito di conciliazione, e conoscitori delle localitá, propongano le rispettive circoscrizioni di ciascuna Diocesi.

A questi Commissarii saranno dichiarati i territorii, nei quali le Alte Parti Contraenti hanno convenuto che continui l'esercizio del Patronato della Coronna di Portogallo.

ARTICOLO DECIMO QUARTO

Nelle parti di territorio che rimarranno fuori dei limiti assegnati alle sopramenzionate Diocesi nell'India, potranno erigersi, colle competenti formalitá, nuovi Vescovati, l'esercizio del cui Patronato per la Corona Portoghese comincerá allora.

ARTICOLO DECIMO QUINTO

In vista di ció che si trova convenuto sopra la materia dell' articolo settimo del presente Trattato, Sua Santitá consente ad accordare la Istituzione Canonica alla Persona che da Sua Maestá Fedelissima sarà nominata e presentata per la Chiesa Metropolitana di Goa. E le Alte Parti Contraenti concordano in questo, che subito che si effetui il possesso del nuovo Arcivescovo, passino i Commissarii nominati ad occuparsi della difinitiva circoscrizione della Diocesi, che deve erigersi nel territorio del medesimo Arcivescovato, in conformitá, e per i fini del citato Articolo settimo.

Inoltre concordano le medesime Alte Parti Contraenti, che per l'esercizio della giurisdizione ordinaria del nuovo Arcivescovo si dichiarino come limiti provisorii del suo territorio, le Chiesi e Missioni, che al tempo della sottoscrizione del presente Trattato staranno di fatto nell'obbedienza della Sede-Arcivescovili; dovendo rimanere nella pacifica obbedienza dei Vicarii Apostolici tutte le altre, che nella medesima data si troveranno anche di fatto soggette alla loro autoritá. Questo stato rimarrá fino alla definitiva costituzione canonica del Vescovato che ha da erigersi.

ARTIGO DECIMO TERCEIRO

Para este fim serão nomeados dois Commissarios, hum por cada huma das Altas Partes Contratàntes, os quaes, animados de espirito de conciliação, e conhecedores das localidades, proponham as respectivas circumscripções de cada Diocese. 1860 Fevereiro 6

A estes Commissarios serão declarados os territorios, em que as Altas Partes Contratantes se tèem accordado, que continue o exercicio do Padroado da Corôa de Portugal.

ARTIGO DECIMO QUARTO

Nas partes do territorio, que ficarem fóra dos limites assignados ás supramencionadas Dioceses na India, poderão erigir-se com as competentes formalidades, novos Bispados, o exercicio de cujo Padroado pela Corôa Portugueza começará desde então.

ARTIGO DECIMO QUINTO

Em vista do que se acha convindo sobre a materia do artigo setimo do presente Tratado, Sua Santidade annue a accordar a Instituição Canonica á Pessoa que, por Sua Magestade Fidelissima, for nomeada e apresentada para a Igreja Metropolitana de Goa. E as Altas Partes Contratantes concordam em que, logo que se effeitue a posse do novo Arcebispo, passem os Commissarios nomeados a occupar-se da definitiva circumscripção da Diocese, que deve erigir-se no territorio do mesmo Arcebispado, na conformidade e para os fins do citado artigo setimo.

Outrosim concordam as mesmas Altas Partes Contratantes em que para o exercicio da Jurisdicção ordinaria do novo Arcebispo se declarem como limites provisorios do seu territorio as Igrejas e Missões que, ao tempo da assignatura do presente Tratado, estiverem de facto na obediencia da Sé Archiepiscopal; devendo ficar na pacifica obediencia dos Vigarios Apostolicos todas as outras que na mesma data se acharem tambem de facto sujeitas á sua auctoridade. Este estado permanecerá até á definitiva constituição canonica do Bispado que ha de erigir-se.

1860 Fevereiro 6 E di mano in mano che si andrà concludendo e approvando la circoscrizione delle Diocesi suffraganee dell'India, e effettuando il provvedimento canonico dei respettivi Vescovi sará successivamente riconosciuto dalla Santa Sede in queste Diocesi l'esercizio della giurisdizione Metropolitica del medesimo Arcivescovo.

ARTICOLO DECIMO SESTO

A misura che si andrá stabilendo la circoscrizione di alcuno dei Vescovati suffraganei dell'India, e trovandosi provvista di mezzi convenienti la Sede Vescovile, sará ammessa dal Sommo Pontefice la presentazione del Vescovo fatta dal Reale Patrono Portoghese: e spedite chi sieno le rispettive Bolle confirmatorie, si dovranno rimuovere successivamente dal territorio del Vescovato il Vicario o Vicarii Apostolici che in esso esisterano; afinchè il Prelato nominato possa intrare nel governo della Diocesi.

ARTICOLO DECIMO SETTIMO

Il presente Trattato, con i suoi due Annessi A e B, che formano parte integrante di esso, sará ratificato dalle Alte Parti Contraenti, e le Ratifiche scambiate in Lisbona dentro quattro mesi dalla data della sottoscrizione, o prima se sará possibile.

In fede di che i Plenipotenziarii sopra nominati sottoscrissero in originali duplicati, Portoghese e Italiano, il medesimo Trattato, e gli apposero il sigillo delle loro Armi.

Fatto in Lisbona al ventunesimo giorno del mese di Febraro dell' anno mille ottocento cinquanta sette. — (Firmato) Camillo Card. di Pietro, Pro Nuncio Apostolico.

(L. S.)

ANNESSO A

All'Articolo sesto del Trattato firmato in data di oggi dai sottoscritti, si dichiarò, che la Giurisdizione del Vescovo di Macau deve comprendere la Provincia di Cantão (Kuang-Tong) e le Isole Adiacenti, fra le quali la principale, quanto alle Christianitá, é l'Isola di Hainan; in vista però di ciò che si concordò nelle conferenze e pei motivi considerati in quelle da

E ao passo que se for concluindo e approvando a circumscripção das Dioceses suffraganeas da India, e effeituando o provimento canonico dos respectivos Bispos, será successivamente reconhecido pela Santa Sé nessas Dioceses o exercicio da Jurisdicção Metropolitica do mesmo Arcebispo. 1860 Fevereiro 6

ARTIGO DECIMO SEXTO

Á medida que se for estabelecendo a circumscripção de qualquer dos Bispados suffraganeos da India, e achando-se provida de meios convenientes a Sé Episcopal, será admittida pelo Summo Pontifice a apresentação do Bispo, feita pelo Real Padroeiro Portuguez: e expedidas que sejam as respectivas Bullas confirmatorias, remover-se-hão successivamente do territorio do Bispado o Vigario ou Vigarios Apostolicos, que n'elle existirem; a fim de que o Prelado nomeado possa entrar no regimen da Diocese.

ARTIGO DECIMO SETIMO

O presente Tratado, com os seus dois annexos A e B, que d'elle formam parte integrante, será ratificado pelas Altas Partes Contractantes, e as Ratificações trocadas em Lisboa dentro de quatro mezes, da data da assignatura, ou antes se for possivel.

Em fé do que, os Plenipotenciarios acima nomeados assignaram em originaes duplicados, Portuguez e Italiano, o mesmo Tratado, e lhe pozeram o sèllo de suas Armas.

Feito em Lisboa, aos vinte e hum dias do mez de Fevereiro do anno de mil oitocentos cincoenta e sete. — (L. S.) Rodrigo da Fonseca Magalhães.

ANNEXO A

No artigo sexto do Tratado, firmado em data de hoje pelos abaixo assignados, declarou-se, que a Jurisdicção do Bispo de Macau deve comprehender a Provincia de Cantão (Kuang-Tong) e as Ilhas Adjacentes, entre as quaes a principal, quanto a christandades, he a Ilha de Hainan; em vista, porém, do que se concordou nas conferencias, e pelos motivos ponde-

1860 Fevereiro 6 ambedue i Negoziatori, si giudicó opportuno ritardare per uno spazio di tempo determinato l'esercizio esclusivo della Giurisdizione ordinaria del Vescovo di Macau nei territorii delle dette Provincia e Isola. Questo spazio fu limitato a un anno inprorogabile, che dovrá aver principio dal giorno in che il Trattato otterrà la Ratifica delle due Alte Parti Contraenti; e finito que sia l'anno, avrá intera esecuzione il riferito Articolo sesto: promettendosi per parte del sottoscritto Negoziatore Portoghese, che si procurerá dal Reale Patrono aumentare il numero di abili e idonei Missionarii che, oltre degli esistenti, si impieghino nella conservazione, e propagazione della Fede cattolica in quelle Regioni.

E perché questo speciale accordo abbia la forza del Trattato, e sia considerato come parte integrante di quello, non solamente vá sottoscritto dai due Negoziatori, ma ancora sará ratificato unitamente col medesimo Trattato da ambedue le Alte Parti Contraenti.

Lisbona, ventuno di Febraro del mille ottocento cinquanta sette.—Camillo Card. Di Pietro, Pro-Nunzio Apostolico.

ANNESSO B

Essendosi detto all'Articolo decimo terzo del Trattato firmato nel giorno di oggi, sopra il Patronato della Corona Portoghese nell'Oriente, che ai Commissarii incaricati di proporre le respettive circoscrizioni delle Diocesi dell'India, menzionate nel medesimo Trattato, si dará conoscenza dei territorii in che le Alte Parti Contraenti convengono che continui l'esercizio del riferito Patronato Reale Portoghese: i sottoscritti Plenipotenziarii Pontificio e Portoghese, dichiarano per completa intelligenza del medesimo Articolo, che le dette Alte Parti Contraenti hanno convenuto, che il territorio del Patronato della Corona di Portogallo nell'India sia il territorio dell'*India Inglese;* intendendosi per queste parole le terre soggette *immediatamente o mediatamente* al Governo Britannico: e che pertanto devono i Commissarii nominati per la circoscrizione delle Diocesi avere in-vista per una parte, che le localitá ap-

rados n'ellas por ambos os Negociadores, julgou-se opportuno demorar por hum praso de tempo determinado o exercicio exclusivo da Jurisdicção ordinaria do Bispo de Macau nos territorios das ditas Provincia e Ilha. Este praso foi limitado a hum anno improrogavel, que deverá ter principio do dia em que o Tratado obtiver a Ratificação das duas Altas Partes Contratantes; e findo que seja o anno, terá inteira execução o referido artigo sexto: promettendo-se por parte do abaixo assignado Negociador Portuguez, que se procurará pelo Real Padroeiro augmentar o numero de habeis e idoneos Missionarios, que, alem dos existentes, se empreguem na conservação e na propagação da Fé catholica n'aquellas Regiões.

1860 Fevereiro 6

E a fim de que este especial accordo tenha a força do Tratado, e seja considerado como parte integrante d'elle, não só vae assignado pelos dois Negociadores, mas tambem será ratificado conjuntamente com o mesmo Tratado por ambas as Altas Partes Contratantes.

Lisboa, vinte e hum de Fevereiro de mil oitocentos cincoenta e sete.—Rodrigo da Fonseca Magalhães.

ANNEXO B

Tendo-se dito no Artigo decimo terceiro do Tratado, firmado no dia de hoje, sobre o Padroado da Corôa Portugueza no Oriente, que aos Commissarios, incumbidos de propor as respectivas circumscripções das Dioceses da India, mencionadas no mesmo Tratado, se dará conhecimento dos territorios, em que as Altas Partes Contratantes convem que continue o exercicio do referido Padroado Real Portuguez: os abaixo assignados, Plenipotenciarios Pontificio e Portuguez, declaram, para completa intelligencia do mesmo Artigo, que as ditas Altas Partes Contratantes se tem accordado em que o territorio do Padroado da Corôa de Portugal na India seja o territorio da *India ingleza;* entendendo-se por estas palavras as terras sujeitas *immediata* ou *mediatamente* ao Governo Britannico, e que portanto devem os Commissarios nomeados para a circumscripção das Dioceses ter em vista por hum

1860 Fevereiro 6 partengano all'India Inglese nel senso riferito; come ancora lo stabilimento di Missioni Portoghesi, e le fondazioni di Religione e di pietà per sforzi e generositá del Governo di Portogallo, e dè suoi sudditi ecclesiastici o secolari, sebbene alcune di esse fondazioni non stiano attualmente nell' amministrazione di sacerdoti Portoghesi: per altra parte la più commoda e pronta assistenza spirituale del Pastore al suo gregge, secondo la estensione e distanza delle Missioni, il numero delle christianità, e altre circostanze, che debbano attendersi per meglio conseguire il medesimo fine.

Dichiarano inoltre i sottoscritti, che le Alte Parti Contraenti convengono che questo Atto abbia la medesima forza del Trattato, e come tale obblighi ambedue le dette Alte Parti Contraenti, che i sottoscritti hanno l'onore di rappresentare.

Le medesime Alte Parti Contraenti lo ratificheranno unitamente al Trattato.

Lisbona, ventuno di Febraro del mille ottocento cinquanta sette.—Camillo Card. Di Pietro, Pro-Nunzio Apostolico.

E sendo-me presente o mesmo Tratado, cujo teor fica mim tudo o que n'elle se contém, .e tendo sido approvado das que fossem as explicações de que tratam as cartas de lei findo, as quaes explicações foram effectivamente dadas pela reversaes, datadas de 10 de Setembro ultimo, as quaes ficam Conselho d'Estado, o ratifico e confirmo com os referidos sulas e estipulações, e pela presente o dou por firme e vasido prorogado, por mutuo consenso, o praso da troca das tado, prometto observal-o e cumpril-o inviolavelmente, e ser. Em testemunho e firmeza do sobredito, fiz passar a predas minhas armas, e referendada pelo meu Conselheiro, Mi-

Dada no Palacio das Necessidades, aos 6 dias do mez de Christo de 1860.—(L. S.) Rei (com guarda). — Duque da

lado, que as localidades pertençam á India ingleza na accepção referida, e bem assim o estabelecimento de Missões Portuguezas, e as fundações de Religião e de piedade por esforços e generosidade do Governo de Portugal, e de seus subditos ecclesiasticos ou seculares, embora algumas d'essas fundações não estejam actualmente na administração de sacerdotes Portuguezes: por outro lado a mais commoda e prompta assistencia espiritual do Pastor ao seu rebanho, segundo a extensão e distancia das Missões, o numero das christandades, e outras circumstancias, que devam attender-se para melhor se conseguir o mesmo fim. 186[illegible] Fevereiro 6

Declaram mais os abaixo assignados, que as Altas Partes Contratantes concordam em que este Acto haja a mesma força do Tratado, e como tal obrigue a ambas as ditas Altas Partes Contratantes, que os abaixo assignados tem a honra de representar.

As mesmas Altas Partes Contratantes o ratificarão conjuntamente com o Tratado.

Lisboa, vinte e hum de Fevereiro de mil oitocentos e cincoenta e sete.—Rodrigo da Fonseca Magalhães.

acima inserido, e bem visto, considerado e examinado por
pelas Côrtes Geraes, com os seus dois annexos *A* e *B*, obti-
de 21 do Julho de 1857 e de 9 de Abril do anno proximo
Santa Sé, e acceitas pelo meu Governo, por meio das notas
constituindo parte integrante do mesmo Tratado, e ouvido o
annexos, assim no todo como em cada huma das suas clau-
lioso, para haver de produzir o seu devido effeito; e tendo
respectivas ratificações, fixado no artigo 17.º do citado Tra-
fazel-o cumprir e observar por qualquer modo que possa
sente carta por mim assignada, passada com o sêllo grande
nistro e Secretario d'Estado abaixo assignado.
Fevereiro do anno do nascimento de Nosso Senhor Jesus
Terceira.

Notas reversaes de 10 de Setembro de 1859, a que se refere a ratificação, por
do Real Padroado da

1859 Setembro 10 Nunziatura Apostolica.—Lisboa, 10 settembre 1859.

Ad evitare ogni dubbio, che potessero ingerire alcune espressioni contenute nel concordato firmato dai respettivi Plenipotenziari Pontificio e Regio il 21 febbrajo 1857 relativo alla continuazione dell' esercizio del diritto di Patronato nell' India e Cina, il sottoscritto Arcivescovo di Sida, Nunzio Apostolico é autorizzato a dare le spiegazioni seguenti, le quali sarano considerate come parte integrante del concordato medesimo.

In quanto alla vera intelligenza da darsi alle parole India Inglese mediatamente, o immediatamente soggeta all' Impero Britannico, resta inteso, che la Santa Sede riconosce il diritto di Patronato nella Corona di Portogallo nell' India in quella stessa estensione, in cui lo esercitava per lo innanzi, e nei modi prescritti nel Tratatto, e con quelle sole limitazioni convenute nel Tratatto stesso rispetto alla Cina.

parte de Sua Magestade Fidelissima, do Tratado sobre a continuação do exercicio Corôa Portugueza no Oriente

Ministerio dos negocios estrangeiros.

O abaixo assignado, Presidente do Conselho de Ministros, Ministro e Secretario d'Estado dos Negocios Estrangeiros, e interinamente dos da Guerra, recebeu a nota reversal em data de hoje de S. Ex.ª o Sr. Arcebispo de Sida, Nuncio Apostolico, com a qual, em consequencia de especial auctorisação por parte da Santa Sé, offerece as desejadas explicações a fim de evitar toda a duvida que podesse causar qualquer expressão na concordata assignada pelos respectivos Plenipotenciarios Pontificio e Regio em 21 de Fevereiro de 1857, relativa á continuação do exercicio do direito de Padroado da Corôa de Portugal na India e China. 1859 Setembro 10

O abaixo assignado reconhece que, com as respostas dadas por S. Ex.ª o Sr. Arcebispo de Sida sobre os pontos do Tratado que foram declarados duvidosos pela lei de 21 de Julho de 1857, se satisfaz convenientemente ás explicações pedidas pelo Governo de Sua Magestade, podendo este, em conformidade da auctorisação que lhe he conferida pelas leis de 21 de Julho de 1857 e de 9 de Abril do presente anno, ratificar o Tratado, devendo constituir parte integrante do mesmo as explicações dadas por S. Ex.ª na sua Nota acima referida.

Lisonjeia-se pois o abaixo assignado de assegurar a S. Ex.ª que o Governo de Sua Magestade acceita sem reserva alguma as explicações dadas por S. Ex.ª na fórma que se segue, e em que as duas Altas Partes Contratantes accordaram e consentiram reciprocamente.

1.º Quanto á verdadeira intelligencia que deve dar-se ás palavras India Ingleza mediata ou immediatamente sujeita ao Imperio Britannico, fica entendido que a Santa Sé reconhece o direito de Padroado da Corôa Portugueza na India, em toda aquella extensão aonde dantes era exercido, e pelo modo prescripto no Tratado, com aquellas limitações sómente que se acham estipuladas no mesmo Tratado a respeito da China.

1859 Setembro 10 Per ciò che riguarda il provvedimento Apostolico pel Governo delle Diocesi suffraganee nell' India (quanto alle Chiese, e missioni nella obedienza del Patronato) fino alla definitiva circoscrizione delle Diocesi medesime, e conferma dei respettivi Vescovi, sará concessa una Giurisdizioni straordinaria per delegazione Pontificia da esercitarsi nei luoghi compresi nel denominato *statu quo.*

Questa Giurisdizioni straordinaria delegata, che fù accordata dalla Santa Sede per tre anni (tempo che si giudicó necessario per effetuarsi la circoscrizione del Diocesi nell' India, ma che in seguito fù riconosciuto come troppo breve per potersi condurre a termine la circoscrizione di tutte le Diocese suffraganee) il Santo Padre si degna prorogarla per altri tre anni. Sua Santità promette anche di delegare l'esercizio di questa straordinaria Giurisdizione al Prelato Arcivescovo di Goa, ed in caso di sua morte ad un' ecclesiastico, che deve esser scelto in una lista di sacerdoti, che Sua Maestá il Ré di Portogallo gli fará presentare.

In questo modo mgr. Arcivescovo di Goa potrá esercitare la Giurisdizione delegatagli per gli sei anni, e nel caso di suo impedimento assoluto lo sostituirá nell' exercizio della detta giurisdizione l'ecclesiastico scelto dal Santo Padre nel modo di sopra indicato.

E quando si verifichi tale circostanza, la Santa Sede perché non caduchi la detta delagazione, consente che Sua Maestá Fedelissima presenti altra lista di Ecclesiastici, nella quale il Sommo Pontefice possa scegliere un'altro, che mancando il primo scelto lo sostituisca nella continuazione dell' esercizio di quella delegazione durante i sei anni.

Che se terminati i sei anni, per qualche circostanza attualmente imprevista non fosse ancora terminati la circoscrizione di tutte le Diocesi, continuerá la delegazione, la quale pel tempe, che di commune accordo si giudicherá necessario fino alla ultimazione totale della circoscrizione, rivestirá un caracter di specialitá relativamente ai luoghi residuali dello *statu quo* delle Diocese non ancora circonscritte.

2.º Pelo que respeita ao provimento apostolico do Governo das Dioceses suffraganeas da India (quanto ás Igrejas e Missões na obediencia do Padroado) até á definitiva circumscripção das mesmas Dioceses, e confirmação dos respectivos Bispos, fica entendido que se concederá por delegação apostolica huma jurisdicção extraordinaria que será exercida nos logares comprehendidos no denominado *statu quo*. 1859 Setembro 10

Esta delegada Jurisdicção extraordinaria que foi concedida pela Santa Sé por tres annos (praso que se julgou necessario para se levar a effeito a circumscripção das Dioceses na India, mas que depois se reconheceu insufficiente para se poder verificar a circumscripção de todas as Dioceses suffraganeas) dignou-se o Santo Padre prorogal-a por mais tres annos. Sua Santidade promette tambem delegar o exercicio desta Jurisdicção extraordinaria ao Prelado Arcebispo de Goa, e, por sua morte, a hum Ecclesiastico que deve ser escolhido em huma lista de sacerdotes que Sua Magestade El-Rei de Portugal lhe fará apresentar.

Deste modo o Reverendo Arcebispo de Goa poderá exercer a jurisdicção que lhe he delegada pelos seis annos, e no caso do seu impedimento absoluto ficará substituindo-o no exercicio da dita jurisdicção o ecclesiastico escolhido pelo Santo Padre pelo modo acima indicado.

E quando se verifique similhante circumstancia, a Santa Sé, para que não caduque a dita delegação, consente em que Sua Magestade Fidelissima apresente outra lista de ecclesiasticos, da qual o Summo Pontifice possa escolher hum outro, para que, faltando o primeiro escolhido, haja de o substituir na continuação do exercicio daquella delegação durante os seis annos.

Se acontecer, findos os seis annos, que, por qualquer circumstancia actualmente imprevista, não esteja ainda terminada a circumscripção de todas as Dioceses, continuará a delegação, a qual, pelo tempo que de commum accordo se julgar necessario até á conclusão final da circumscripção, tomará hum caracter de especialidade relativamente aos logares que ficarem do *statu quo* das Dioceses ainda não circumscriptas.

1859 Setembro 10 Con le parole adoperate nell'articolo 16.° del presente concordato «mezzi convenienti» dé quali debbono essere provviste le Diocesi suffraganee nelle Indie, oltre ad un conveniente aumento di assegno ai Vescovi Parochi e Missionari, alle abitazioni decenti pei Prelati, ed al provvedere le chiese di oggetti necessari all' esercizio del Culto Divino, si ebbe principalmente in vista l'erezione dé capitoli cattedrali, e dé seminari.

Rimanendo fermo il principio della erezione dé capitoli nelle Diocesi suffraganee, il Santo Padre nella sua benignitá consente di aversi a calcolo le circostanze dé luoghi, in specie in quanto al numero dé capitolari da determinarsi dai Vescovi respettivi, il quali peró in ogni caso non potrá essere inferiore al numero di quattro canonici, oltre una dignitá, che vi primeggi; dovendo il primo Vescovo proceder subito alla erezione del capitolo della sua Diocesi. Affine poi di mettere in grado i Prelati Diocesani di dar sollecita esecuzione a questo incarico, del quale si fará menzione nelle respettive Bolle Apostoliche, il Reale Governo non esita di dichiarare, che fará precedere della prima istituzione dei Vescovi delle Diocesi suffraganee la congrua dotazione dei ridetti capitoli.

In quanto poi ai seminari si riconosce come condizione impreteribile la loro erezione in quelle Diocesi, che per ragione della distanza da qualche seminario esistente in oltra parte siano privi del vantaggio di poter mandare ad educare colá i giovani chierici, e ricevervi la conveniente istruzione.

In ultimo per ció, che riguarda i beni delle giá Diocesi di Pekino e Nankino, la Santa Sede, per togliari ogni motivo di ulteriore questione, consente che fino a tanto che il Reale Governo non sará in grado di dimostrare essere i detti beni di provenienza portoghese, possa il Real Patrono proseguire a farne quella medesima erogazione, che presentemente se ne vá facendo, salvi sempre i diritti dei terzi, cui si provasse appartenere in tutto, o in parte la proprietá sú tali beni. Rimane fermo, che quando anche si verificasse provenire dal Portogallo i beni, di cui si tratta, debbano essi in futuro

3.º O Governo de Sua Magestade convem na explicação dada ás palavras de que se faz uso no artigo 16.º da presente concordata «meios convenientes» de que devem ser providas as Dioceses suffraganeas da India, entendendo que alem de hum conveniente augmento de subsidio aos Bispos, Parochos e Missionarios, das habitações decentes para os Prelados, e da obrigação de fornecer as Igrejas dos objectos necessarios para o exercicio do Culto Divino, se teve principalmente em vista a erecção de capitulos cathedraes e de seminarios.

1859 Setembro 10

Conservando firmemente o principio da erecção dos capitulos nas Dioceses suffraganeas, o Santo Padre consente, pela sua benignidade, em que sejam tidas em contemplação as circumstancias dos logares, pelo que respeita ao numero dos capitulares que deve ser determinado pelos Bispos respectivos, o qual todavia em caso nenhum poderá ser inferior a quatro capitulares, alem de huma dignidade que a elles presida, devendo o primeiro Bispo proceder immediatamente á erecção dos capitulos da sua Diocese. Para habilitar portanto os Prelados diocesanos a darem prompta execução a este encargo, do qual se ha de fazer menção nas respectivas Bullas Apostolicas, o Governo de Sua Magestade não hesita em declarar, que, previamente á instituação dos Bispos das Dioceses suffraganeas, ficará estabelecida a congrua dotação dos sobreditos capitulos.

Quanto aos seminarios, reconhece-se como condição impreterivel a sua erecção naquellas Dioceses, que, em rasão da sua distancia de algum seminario existente em outra parte, estiverem privadas das vantagens de poder mandar educar ali os jovens clerigos para receber a conveniente instrucção.

4.º Finalmente, pelo que toca aos bens das antigas Dioceses de Pekim e Nankim, o abaixo assignado acceita a declaração da Santa Sé, a qual, para evitar no futuro qualquer motivo de questão, consente em que, até que o Governo de Sua Magestade esteja habilitado a demonstrar que os ditos

1859 Setembro 10 sempre impiegarsi per usi relativi al Patronato. Del pari la Santa Sede consente, che si proceda alla formazione degli inventari nelle Chiese del Patronato, ove sianvi Vicari Apostolici ai quali inventari dovranno perció concorrere i Vicari Apostolici medesimi, e i delegati del Governo Portoghese.

Persuaso il sottoscritto, che queste spiegazioni soddisfacciano i desideri del Gabinetto Portughese, si lusinga di vedere cosi rimosse tutte le difficoltá che per parte del Governo di Sua Maestá Fedelissima facevano ritardare la ratifica del Trattato giá sottoscrito.

Profitta con piacere il sottoscritto anche di questa occasione per ripetere a Sua Eccellenza il Sig.r Duca di Terceira, Presidente del Consiglio dé Ministri, Ministro Segretario di Stato degli Affari Esteri, ed interinamente della Guerra, le proteste della sua piú alta considerazione.—I., Arcivescovo di Sida.

A S. Ex.a il Sig.r Duca di Terceira, Presidente del Consiglio, Ministro e Segretario di Stato degli Affari Esteri, ed interinamente della Guerra.

Protocollo

1860 Fevereiro 6 Os abaixo assignados, tendo-se hoje reunido na Secretaria d'Estado dos Negocios Estrangeiros, com o fim de procederem á troca das ratificações do Tratado entre Sua Santidade e Sua Magestade Fidelissima sobre a continuação do exercicio do Real Padroado Portuguez na India e China, concluido e assignado em Lisboa aos 21 dias do mez de Fevereiro de

bens são de proveniencia Portugueza, possa o Real Padroeiro continuar a fazer delles o mesmo uso que actualmente se faz, salvo sempre os direitos de terceiro, a quem se provar pertencer em todo ou em parte a propriedade dos ditos bens; ficando bem entendido, que, ainda quando se verifique serem de origem Portugueza os bens de que se trata, devem elles sempre, no futuro, ser empregados em serviço das Igrejas do Padroado. E igualmente que se proceda á formação de inventarios dos bens, paramentos e alfaias das Igrejas do Padroado onde existem Vigarios Apostolicos, aos quaes inventarios deverão por isso concorrer os mesmos Vigarios Apostolicos, e os delegados do Governo Portuguez. 1859 Setembro 10

O abaixo assignado aproveita esta occasião para reiterar a S. Ex.ª o Sr. Arcebispo de Sida os protestos da sua alta consideração.

Secretaria d'Estado dos Negocios Estrangeiros, em 10 de Setembro de 1859.—Duque da Terceira.

1857; e havendo as respectivas ratificações do dito Tratado sido devidamente conferidas, e achadas exactamente conformes, teve lugar a sua troca neste dia na fórma do costume. 1860 Fevereiro 6

Em testemunho do que os abaixo assignados assignaram este Protocolo de troca, e o sellaram com os sêllos das suas Armas.

Feito em Lisboa aos 6 dias do mez de Fevereiro de 1860.—(L. S.) Duque da Terceira—(L. S.) J. Arcebispo de Sida.

Termo de composição entre os Ranes de Sanquelim

(Arch. da India, livro 3.º de Pazes, fol. 72.)

1859 Dezembro 13 Aos 13 de Dezembro de 1859 no Palacio do Governo Geral do Estado, e na presença de S. Ex.ª o Sr. Governador Geral compareceram d'uma parte Raugi Ranes, e Ambruta Rau Ranes, e d'outra Dipagi Ranes, e seus tres sobrinhos Irbá Ranes, Nagobá Ranes, e Apá Ranes, vulgo Indrogi Ranes, Sar Dessaes da Provincia de Sanquelim ou Satary, e declararam os primeiros dois Raugi Ranes e Ambruta Ranes que para evitar questões até hoje suscitadas entre elles ambos, e o dito Dipagi Ranes ácerca dos alimentos, com que deviam contribuir ao dito Dipagi, e seus tres sobrinhos, convencionavam espontaneamente receber o dito Dipagi e seus tres sobrinhos para os seus alimentos pelo Sar Dessaiado de Sanquelim a quantia de quinhentas rupias, da importancia de tres mil e quinhentas rupias annuaes pouco mais ou menos do rendimento total do dito Sar Dessaiado, das quaes duzentas e cincoenta pagará por anno o dito Raugi Ranes, e as restantes duzentas e cincoenta o dito Ambruta Rau, por si, e como tutor, que declarou ser judicialmente nomeado dos menores Bapú Ranes, vulgo Suriagy Ranes, filho de Apá Ranes, vulgo Satrogi Ranes, já fallecido, a qual quantia lhes será paga pelo Thesouro Publico, deduzida da Acca, que vencem pela fazenda publica, o que acceitando o dito Dipagi, os referidos Raugi Ranes, e Ambruta Rau Ranes, se obrigarão a pagar-lhe a sobredita quantia de quinhentas rupias pela maneira acima mencionada, e todos os sobreditos Raugi Ranes, Ambruta Rau Ranes, Dipagi Ranes, e seus sobrinhos abaixo assignados disseram, e declararam ao mesmo Excellentissimo Senhor que pela fórma e maneira que mencionado fica se tinham entre si amigavelmente composto, e todos elles juntos, e cada hum em particular prometteram, e se obrigaram por este termo a ter e manter mui religiosamente tudo quanto fica entre elles transigido, debaixo da pena de que o que contraviesse ao todo, ou parte desta composição e transacção, perderia o direito, que de presente ou de futuro podesse ter ao Sar Dessaiado, ou a quaesquer vantagens delle resultantes: e para validade e firmeza deste termo pediram todos a S. Ex.ª que o approvasse, imprimindo-lhe a sua auctoridade e assignatura, ao que o mesmo Excellentissimo Senhor benignamente annuiu, de que tudo mandou exarar este termo, que foi lido e explicado aos ditos Sar Dessaes por mim Lingua do Estado, em que todos se assignaram, e como testemunhas Joaquim Lobato de Faria, e D. Jorge de Mello, Ajudantes de ordens do Governo Geral; e eu Suriagy Ananda Rau, Lingoa do Estado, o escrevi. E eu Joaquim Heliodoro da Cunha Rivara, Secretario do Governo Geral o fiz escrever — O Governador Geral Visconde de Torres Novas — Joaquim Lobato de Faria, testemunha — D. Jorge de Mello, testemunha — Assignado maratha de Raugi Ranes, Sar Dessai da Provincia de Sanquelim — Dito de Ambruta Ranes, Sar Dessai de Sanquelim — Signal de Dipagi Ranes, Sar Dessai — Dito de Hirbá Ranes, Sar Dessai — Assignado maratha de Apá, vulgo Indrogi Ranes, Sar Dessai de Sanquelim — Dito de Nagobá Ranes, Sar Dessai da Provincia de Sanquelim, por seu Commissario o dito Indrogi. — O Lingua do Estado, Suriagy Ananda Rau. 1859 Dezembro 13

A fl. 74 está a traducção maratha deste termo feita pelo Lingua do Estado Suriagy Ananda Rau.

Breve de delegação da jurisdicção metropolitana nas dioceses suffraganeas da India ao Arcebispo de Goa, Primaz do Oriente

Venerabilis Frater, Salutem et Apostolicam Benedictionem. 1861 Março 22

Ad reparanda damna, quae longo iam tempore in Indiarum Orientalium Ecclesiis ex dissidiis ac perturbationibus

illic exortis obvenerunt, atque ad pacem Christiano gregi
1861 Março 22 inibi reddendam pro nostri Apostolatus officio assidua studia curasque omnes iampridem contulimus. Notum enim vero perspectumque Tibi est, Venerabilis Frater, in iisdem Ecclesiis, quae a RR. PP. Decessoribus Nostris, atque etiam a Nobis Vicariorum Apostolicorum curae ac regimini, ob conditionem in quo versabantur provisoria ratione concreditae fuerant, loca varia extare, in quibus ecclesiastici viri sacra ministeria ad hanc usque diem exercent, qui nunquam praedictis Vicariis sese subiecerint, neque jurisdictionem ab ipsis, uti par erat, obtinuerint. Huic tanto malo remedium afferre cupientes penes carissimum in Christo Filium Nostrum Portugaliae atque Algarbiorum Regem Fidelissimum iterato atque urgenter institimus, ut finis hujusmodi perturbationibus imponeretur, et aliqua providentiae ratio communi consilio deliberaretur, qua Nos legitimae eorumdem locorum administrationi et spirituali fidelium saluti consuleremus. Itaque celebrata ad eum finem Conventio est die 21 Februarii anni 1857, in qua praeter caetera pactum est de nova praedictarum Ecclesiarum seu Dioecesium circumscriptione per binos Commissarios ab utraque contrahentium parte nominandos, ad praefatae Conventionis tramitem peragenda, ita ut singulis, quae in ejusdem articulis statuuntur, rite expletis, ecclesiastici viri necessariis qualitatibus praediti, qui a Rege Fidelissimo praesentabuntur, per Nos Successoresque Nostros confirmari, atque illarum Ecclesiarum provisiones perfici opportune possint.

At vero cum ad omnia absolvenda, quae pro hujusmodi circumscriptione ac provisione necessaria omnino sunt, aliquod sane temporis spatium labi necesse sit: hinc ne animarum salus ex hac miserrima locorum conditione diutius in discrimen adducatur, extraordinariam interea temporis providentiae formam adhibendam existimavimus circa ea praedictarum Dioecesium Suffraganearum loca, quae a Vicariorum Apostolicorum auctoritate et obedientia segregata reperiebantur cum memorata Conventio a Nostro et Carissimi in Christo Filii Nostri Portugaliae et Algarbiorum Regis Fidelissimi Plenipotentiariis signata fuit. Horum itaque locorum curam et administrationem ad tempus reservandam censuimus, illud expresse mandantes, ut donec praedictarum Ecclesiarum circumscriptio perficiatur, et novi earundem Episcopi a nobis canonice instituti possessionem suarum sedium fuerint adepti, caetera omnia loca, quae praedicto tempore Vicariorum Apostolicorum auctoritati suberant, sub eorumdem jurisdictione et obedientia firmiter permaneant. 1861 Março 22

Ut vero hujusmodi jurisdictio erga praedicta loca Nobis reservata, commodiori qua par sit ratione pro animarum salute exerceri possit, carissimo in Christo Filio Nostro Petro hoc nomine Quinto Portugaliae et Algarbiorum Regi Fidelissimo, qui ad promovendam pactorum executionem et ad dissensiones quamprimum extinguendas omnem pro sua pietate et religione operam se daturum promisit, expresse declaravimus Nos hujusmodi extraordinariae jurisdictionis exercitium, sex annorum spatio, commissuros Archiepiscopo Goano, eoque decedente vel aliqua gravi causa intra hujusmodi tempus praepedito alteri a nobis designando ex virorum ecclesiasticorum catalogo, quem Maiestas Sua apposite Nobis exhibebit: ita quidem, ut ejusmodi ecclesiasticus vir, alterutro ex enunciatis casibus obveniente, statim in delegatae extraordinariae jurisdictionis exercitium Archiepiscopo Goano succedat. Cum autem haec successio locum habuerit, ne Apostolica Delegatio, praedicto temporis decursu, unquam defectura sit, id quoque indulsimus ut Maiestas Sua Fidelissima alterum Nobis catalogum tradat, ex quo Nos alium ecclesiasticum virum deligere possimus, qui primo cessante, in exercitium memoratae Delegationis, sexennio perdurante, substituatur. Si denique, absoluto sex annorum spatio, integra Dioecesium suffraganearum circumscriptio ob aliquam inopinatam causam peracta non fuerit, Apostolicam Delegationem a Nobis prorogandam fore declaravimus per aliud temporis spatium, quod communi contrahentium consilio ad integram Dioecesium circumscriptionem perficiendam necessarium existimabitur; firma tamen lege ut eadem Delegatio specialis et extraordinariae providentiae naturam

1861 Março 21 non amittat quoad loca eidem Delegationi sujecta, quae in Dioecesibus adhuc circumscribendis superfuerint.

Quae cum ita sint, Te, Venerabilis Frater, de cujus pietate ac ferventi pro animarum salute zelo plene confidimus, in Nostrum et hujus Apostolicae Sedis Delegatum per praesentes litteras deputamus et nominamus cum facultatibus necessariis atque opportunis ut Nostro ejusque Sanctae Sedis nomine, spiritualem jurisdictionem sive per Te, sive per alios ecclesiasticos viros ad hoc per Te ipsum subdelegandos in omnia et singula ea loca extra Tuam Dioecesim exerceas, quae a Vicariorum Apostolicorum auctoritate actu reperiebantur segregata, cum praedicta Conventio a Nostro et Carissimi in Christo Filii Nostri Portugaliae et Algarbiorum Regis Fidelissimi Plenipotentiariis signata fuit. Hanc autem Apostolicam Delegationem ad sex annos a die possessionis Tuae Dioeceseos computandos Tibi, Venerabilis Frater, concessam volumus, pro certo habentes, intra hujusmodi annorum spatium Lusitanum Gubernium ea omnia pro sua parte fore praestiturum, quae ad integram Dioecesium circumscriptionem ad tramites praedictae Conventionis peragendam, et canonicam Episcoporum institutionem perficiendam neces-

Circular da Congregação da Propaganda

1862 Julho 18 Ill.^me ac Rev.^me Domine.— Antequam a SSmo Dno. Pio Divina Providentia Papa IX electio seu postulatio hodierni Archiepiscopi Goani R. P. D. Ioannis Chrysostomi d'Amorim Pessoa a Lusitano Gubernio facta in S. R. E. Cardinalium Consistorio confirmaretur atque publicaretur, Gubernium praedictum, ut debito obsequio obsecundaret voluntati ipsius Summi Pontificis, per Suum apud S. Sedem Oratorem, non modo verbis, sed et scriptis literis die datis 20 Martii 1861 solemniter promiserat electum seu postulatum Archiepiscopum priusquam Ecclesiae Suae possessionem juxta S. Canones ar-

sario requiruntur. Mandamus autem, ut caeterae omnes Ecclesiae et Missiones, quae Vicariorum Apostolicorum auctoritati prae dicto tempore parebant, nullo unquam praetextu vel quovis quaesito colore ab eorumdem Vicariorum potestate et obedientia sejungantur. 1861 Março 22

Tibi insuper committimus, Venerabilis Frater, ut pro Tuo munere de statu Ecclesiarum et Missionum, quae Apostolicae Delegationi creditae sunt, Nobis identidem referas, de gravioribus negotiis quae ibidem occurrerint, praesertim si aliqua quaestio suboriatur, cum hac Apostolica Sede diligenter conferas: atque accuratam imprimis perfectamque omnium hujusmodi locorum enumerationem et indicationem ad Nos quantocius transmittas.

Interea Deum Optimum Maximum a quo bona cuncta procedunt, ut tot Ecclesiae calamitatibus in memoratis superius regionibus finem faciat, perfectamque Fidelibus suis concordiam et tranquillitatem concedat humillime exorantes, Apostolicam Benedictionem Tibi ipsi, Venerabilis Frater, Gregique Tuae curae commisso peramanter impertimur.

Datum Romae apud S. Petrum sub annulo Piscatoriis die XXII martii MDCCCLXI Pontificatus Nostri anno XV.

---

aos Vigarios Apostolicos na India

Illmo e Rev.^mo Sr. — Antes que a eleição ou apresentação do actual Arcebispo de Goa o R. P. D. João Chrysostomo de Amorim Pessoa, feita pelo Governo Portuguez fosse confirmada e publicada no consistorio dos Cardeaes da Santa Igreja Romana pelo Santissimo Senhor nosso Pio, pela Divina Providencia Papa IX, o dito Governo, por condescender com a devida reverencia á vontade do mesmo Summo Pontifice, havia solemnemente promettido pelo seu Embaixador junto da Santa Sé, não só de palavra, mas em documento escripto no dia 20 de Março de 1861, que o Arcebispo Eleito ou apre- 1862 Julho 18

1861 Julho 18 riperet, Romam se ad Suae Sanctitatis pedes personaliter collaturum. Dum vero Summus Pontifex promissum hujusmodi Goani Praesulis in Urbem praestolabatur adventum, non sine gravissimo Cordis Sui moerore intellexit quemadmodum Archiepiscopus idem Apostolicis Literis provisionis Goanensis Ecclesiae usus, necnon aliis pariter Literis Apostolicis in forma Brevis, eidem datis (quae quidem binae Literae nonnisi post acceptam a Gubernio Lusitano promissionem supradictam expeditae fuerant) quibus provisoria ratione Delegati Apostolici munus eidem conferabatur super Ecclesiis et Missionibus intra limites comprehensis Vicariatuum Apostolicorum, quae tamen de facto Sacerdotibus Goanis suberant die, quo Conventio inter Sanctam Sedem et Gubernium Lusitanum a Plenipotenciariis signabatur, Archiepiscopatus sui necnon praedictarum Ecclesiarum possessionem *per Procuratorem* capere non dubitavit; insuper et Vicarium Generalem destinavit, tali in munere conferendo verborum circumlocutione usus, quae conlatae Ipsi Archiepiscopo a Sancta Sede jurisdictionis per supradictas Literas in forma Brevis falsam ideam seu conceptum ingerunt. Porro hujusmodi factum quantopere Sanctitatis Suae animum contristaverit, facile haud est verbis explicare. Dum vero pro ea, qua omnium Ecclesiarum sollicitudine constringitur, reservare Sibi intendit quo modo opportuna ratione provideatur bono Ecclesiae illius; ne interea temporis Apostolici Indiarum Orientalium Vicarii ceterique Missionum Superiores in errorem inducantur circa naturam et indolem jurisdictionis seu delegationis a Sancta Sede conlatae jam repetito Archiepiscopo Goano, jussit propterea Summus Pontifex ut ab hac S. Congregatione expedirentur Vicariis Apostolicis et Missionum Superioribus exemplaria Literarum Apostolicarum tum provisionis Ecclesiae Goanae tum Delegationis dicto Archiepiscopo conlatae facta eisdem potestate, quoties id expedire in Domino judicaverint, utrasque praefatas Apostolicas Literas typis edere, atque publici juris reddere, ut adeo Clerus et fidelis populus de his instructus reddatur.

sentado, antes que tomasse na fórma dos Sagrados Canones posse da sua Igreja, iria em pessoa a Roma aos pés de Sua Santidade. Quando o Summo Pontifice esperava esta promettida vinda do Prelado de Goa á cidade de Roma, não sem gravissima magua do seu coração, entendeu como o mesmo Arcebispo, usando das Letras Apostolicas, que o proviam na Igreja de Goa, e outrosim de outras Letras Apostolicas em fórma de Breve a elle dadas (as quaes Letras, humas e outras, não haviam sido expedidas senão depois de se ter recebido do Governo Portuguez a sobredita promessa) nas quaes Letras em fórma de Breve provisoriamente lhe era conferido o encargo de Delegado Apostolico sobre as Igrejas e Missões comprehendidas dentro dos limites dos Vicariatos Apostolicos, e que todavia estavam de facto sujeitas aos Sacerdotes Goanos no dia em que foi assignada pelos Plenipotenciarios a Concordata entre a Santa Sé e o Governo Portuguez, não duvidou tomar *por Procurador* posse do seu Arcebispado, e tambem das ditas Igrejas; e além disso nomeou Vigario Geral (Governador do Arcebispado), usando nesta nomeação de tal circumlocução de palavras, que dá huma falsa idéa ou conceito da jurisdicção conferida pela Santa Sé ao mesmo Arcebispo pelas sobreditas Letras em fórma de Breve. Quanto pois hum tal facto tenha contristado o animo de Sua Santidade, não he facil explicar por palavras. E assim para que durante o tempo em que pela solicitude, a que he obrigado para com todas as Igrejas, he sua tenção reservar para si o conhecimento do modo de prover opportunamente ao bem daquella Igreja, os Vigarios Apostolicos das Indias Orientaes, e os outros Superiores das Missões não sejam induzidos em erro ácerca da jurisdicção ou delegação conferida pela Santa Sé ao referido Arcebispo de Goa, ordenou por isso o Summo Pontifice que por esta S. Congregação se expedissem aos Vigarios Apostolicos e Superiores das Missões exemplares das Letras Apostolicas, assim da provisão da Igreja de Goa, como da Delegação conferida ao dito Arcebispo, dando-lhes poder para, cada vez que em o Senhor o julgassem conveniente, imprimir e publicar humas e outras

1862 Julho 18 Ego igitur dum S. Congregationis nomine Summi Pontificis imperata facio, nonnulla exemplaria Literarum, ut supra, sive quae sub plumbo, sive quae sub Annulo Piscatoris datae sunt Goano Praesuli, typis edita hisce literis adjuncta Amplitudini Tuae transmitto.

Quod superest, eidem Tibi bona cuncta ac salutaria a Domino adprecor.

Datum Romae ex Aedibus S. Congregationis de Propaganda Fide die 18 Julii 1862.—Amplitudinis Tuae uti Frater addictissimus—Al. S. Barnabo, Praef.

Pastoral do Vigario Apostolico de Bombaim

1862 Agosto 28 Walter Steins, S. S. pela graça de Deus e mercê da Santa Sé Apostolica, Bispo de Nilopole *in partibus infidelium*, Vigario Apostolico de Bombaim, e Administrador Apostolico de Punem.

Ao Clero e Christandade de ambos os Vicariatos, saude e Benção.

Carissimos irmãos e filhos em Jesus Christo.—Poucos mezes ha, como bem sabeis, que chegou hum despacho trazendo a nova de que o Arcebispo de Goa recentemente eleito recebêra de Roma as suas Bullas, pallio, e a sua delegação. Ouvindo isto não podereis vós deixar de conceber esperanças de que tantos dos nossos caros irmãos, que movidos de hum errado zêlo pelos pretendidos direitos de huma potencia estrangeira, se haviam segregado de seu legitimo Pastor, estavam a ponto de receber a sua readmissão ao rebanho de Jesus Christo, sob a direcção de Superiores Ecclesiasticos devidamente nomeados para seu governo pelo Vigario de Christo na terra.

Nós unimo-nos a vossas esperanças, e a vossa exultação,

ditas Letras Apostolicas, para que assim o Clero, como o povo fiel fique sciente dellas. 1862 Julho 18

Eu portanto, cumprindo em nome da S. Congregação os mandados do Summo Pontifice, transmitto a Vossa Illustrissima juntos com esta carta alguns exemplares impressos das sobreditas Letras dadas ao Prelado de Goa, assim das que tem sêllo de chumbo, como das que têm o signal do Annel do Pescador.

Por ultimo rogo ao Senhor vos conceda todos os saudaveis bens.

Dada em Roma no Palacio da S. Congregação de Propaganda Fide a 18 de Julho de 1862.—De Vossa Illustrissima irmão muito affectuoso — Al. S. Barnabó.

---

carissimos irmãos. Nós estavamos, e estamos ainda suspirando por huma conclusão favoravel, e saudaremos o dia em que nos for permittido ver-vos a todos incorporados na santa unidade da Igreja de Christo. 1862 Agosto 28

As nossas esperanças com tudo não foram inteiramente sem hum certo receio. Nós estavamos tambem informados de que o Santo Padre, a fim de assegurar a conveniente organisação da Igreja nestas partes da India, antes de passar as Bullas do Arcebispo, havia posto algumas condições, de cujo cumprimento estava pendente o effeito das Bullas. Sabiamos que essas condições não estavam cumpridas, e assim, ao ouvirmos que o Arcebispo intentava marchar para Goa, fomos naturalmente induzidos na suspeita de que o Prelado, á imitação de seu predecessor, emprehenderia começar os seus trabalhos episcopaes sem a devida reverencia ás ordens da Santa Sé.

E todavia ainda nos restava hum raio de consolação. Poderia ser que o nosso venerado e magnanimo Pontifice houvesse dispensado as condições. Isto era estrictamente possivel; ainda que temos de confessar que o nosso entendimento

1862 Agosto 28 repugnava a admittir tal expectativa, por estarmos certos, como estamos, de que o actual representante de Jesus Christo, quando o tempo proprio he chegado, sabe dizer — *usque huc venies, non procedes amplius — aqui chegarás, mas daqui não passarás* — e então não haverá poder que o faça desviar do *non possumus — não podemos.*

Emquanto assim estavamos vacillantes entre hum resto de esperança, e huma forte apprehensão, entre a possibilidade de o nosso Santo Padre ter chegado a tal extremo de indulgencia, e a probabilidade de o Arcebispo recentemente nomeado se ter extraviado da estreita senda da devida submissão, chegaram á nossa mão as Cartas Pastoraes de S. Ex.ª o Arcebispo de Goa, dirigidas ao Mui Reverendo Conego Joaquim Antonio do Rozario, nas quaes este era mandado tomar posse da Sé Archiepiscopal em nome do Arcebispo, e era investido da jurisdicção.

Ao ver estas Cartas ficámos profundamente afflictos. Ao primeiro intuito não podemos deixar de perceber que ellas eram calculadas para levar o povo a opiniões totalmente diversas das intenções da Santa Sé, totalmente diversas daquillo que nós sabiamos ser o sentido da Bulla do Arcebispo, e do Breve de Delegação; nem tão pouco vimos ou no Arcebispo, ou em seu Vigario Geral (Governador do Arcebispado) alguma intenção de começar aqui por hum certo principal passo, que segundo as ordens pontificaes, se devia dar. Todavia cohibimo-nos de fazer manifestos os nossos sentimentos, até chegarem ulteriores instrucções de Roma, não querendo de modo algum lançar qualquer culpa sobre hum Dignitario da Igreja, que em sua sagração episcopal recebeu a plenitude do Espirito Santo. Estas instrucções nos chegaram aos 25 do corrente mez, e he nosso penoso dever pôr na vossa presença a seguinte Carta Circular official recebida de Roma, dirigida a todos os Vigarios Apostolicos da India.

(Segue a Circular)

Desta Carta he evidente que a antecipada conclusão não está tão proxima; que não ha a menor mudança no estado presente; que a Bulla *Probe Nostis* permanece em seu vigor; e que a jurisdicção nos Vicariatos Apostolicos permanece inteira e exclusivamente nas mãos dos Vigarios Apostolicos, a quem todos os Sacerdotes se devem submetter, como he claramente expresso no Breve *Ad reparanda damna.* 1862 Agosto 28

O Arcebispo tomou posse de sua Sé contra a vontade do Summo Pontifice, e he por isso altamente desapprovado; as Bullas foram expedidas sobre huma solemne promessa, dada verbalmente e por escripto pelo Governo Portuguez, promessa que não foi cumprida. O Arcebispo e o Governador nomeado por elle deram da jurisdicção huma idéa inteiramente falsa, e *agora* o Papa reserva para si proprio dar para a Igreja destas partes da India aquellas providencias que julgar convenientes.

Se agora, meus carissimos irmãos, vedes illudidas as vossas esperanças de huma breve conclusão, lembrai-vos que Deus faz *sair a luz do meio das trevas,* e que tem em suas mãos os corações dos homens. A elle todos nós devemos dirigir nossas preces com illimitada confiança. A Igreja he a querida Esposa de Jesus Christo, que está sempre vivo para interceder por ella; e huma das suas ultimas orações antes de ir para o Ceo foi «Ó Pae, sejam elles hum, como eu e tu somos hum» E fez-nos huma consoladora promessa quando disse «Tenho outras ovelhas, que não são deste rebanho; a essas tambem eu recolherei, e ellas ouvirão minha voz, e haverá hum só rebanho, e hum só pastor».

A fim de que todos se unam em orações para obter aquella santa união, mandamos ao Clero que dê na Missa a Collecta tirada da Missa *Ad tollendum schisma,* até á primeira Dominga do Advento.

Esta Pastoral será publicada do pulpito em todas as Igrejas no primeiro Domingo depois do seu recebimento.

Dada na nossa residencia da Capella de Nossa Senhora do Monte do Carmo, no Forte de Bombaim, hoje 28 de Agosto, no anno do Nosso Senhor de 1862. —Walter Steins S. J.— J. Esseiva, S. J. Secret.

Carta do Papa Pio IX a Sua

(Copia do original.)

1864 Agosto 3 Maestà.—Con la franchezza propria del Nostro Apostolico Ministero, e con la fiducia che c'ispirano le nobili prerogative di Vostra Maestà, Noi richiamiamo la Sua Sovrana attenzione sopra un gravissimo argomento, che come fu da lungo tempo pel Nostro cuore motivo di serie inquietudini; così riferendo-si ai più vitali interessi della Cattolica Religione, è pur strettamente legato con la coscienza e cogli interessi di Vostra Maestà. Intendiamo parlare della Convenzione da Noi conchiusa nell' anno 1857 con l'Augusto Fratello di Vostra Maestà di gl: me: allo scopo di porre un termine alle tante calamità da cui era afflitta la Chiesa Cattolica nell Indie Orientali, e di provvedere al vero bene e spirituale vantaggio di una immensa popolazione bisognosa sopra ogni altra di straordinarj ajuti, e di specialissima assistenza.

Non è qui Nostro intendimento di porre sotto gli occhi di Vostra Maestá tutta la serie degli avvenimenti che precedettero, accompagnarono, e susseguirono la stipolazione di quel solenne documento; non i gravi motivi che spinsero i Nostri Augusti Predecessori ad inviare nelle Indie i loro Vicarj Apostolici per soccorrere la Chiesa in un estremo pericolo; non le contraddizioni, e le ingiurie che quei venerandi Prelati ebbero a soffrire anche per parte di chi avrebbe dovuto facilitarne la missione; non le ripetute scismatiche invasioni di Chiese e Missioni soggette all' autorità dei Nostri Vicarj; non infine la straordinaria indulgenza da Noi usata col legittimare, benché temporaneamente, un usurpata giurisdizione, e col richiamare a vita un privilegio singolarissimo che per la condizione dei luoghi ove deve esercitarsi, soggetti ad estera dominazione, e pel complesso delle altre circostanze non ha riscontro nella storia della Chiesa. Solo importa pel mo-

Magestade El-Rey de Portugal

(Traducção particular.)

Senhor. — Com a franqueza propria do nosso Ministerio Apostolico, e com a confiança que nos inspiram as nobres prerogativas de Vossa Magestade, chamâmos a sua soberana attenção para hum gravissimo assumpto, que assim como foi motivo de sérias inquietações para o nosso coração, assim tambem, por se referir aos mais vitaes interesses da Religião Catholica, está intimamente ligado á consciencia e aos interesses de Vossa Magestade. Entendemos fallar da Convenção, que no anno de 1857 concluimos com o Augusto Irmão de Vossa Magestade, de gloriosa memoria, com o intuito de pôr termo ás muitas calamidades que affligem a Igreja Catholica nas Indias Orientaes, e de prover ao verdadeiro bem espiritual e proveito de huma população immensa, que precisa mais que qualquer outra de auxilios extraordinarios, e de assistencia especialissima. 1864 Agosto 3

Não he aqui nosso intento pôr diante dos olhos de Vossa Magestade toda a serie dos acontecimentos que precederam, acompanharam, e seguiram á estipulação daquelle solemne documento; não os graves motivos que impelliram os nossos Augustos Predecessores a mandar ás Indias os seus Vigarios Apostolicos para acudir á Igreja em extremo perigo; não as contradicções e as injurias que aquelles Venerandos Prelados tiveram de soffrer até da parte de quem teria devido facilitar-lhes a sua missão; não as repetidas invasões scismaticas de Igrejas e Missões sujeitas á auctoridade dos nossos Vigarios; não finalmente a extraordinaria indulgencia por nós usada em legitimar, posto que temporariamente, huma jurisdicção usurpada, e em tornar a vida hum privilegio singularissimo que, vista a condição das terras em que deve ser exercido, sujeitas a dominio estrangeiro, e o conjuncto de outras circumstancias, não tem exemplo na historia da

1864 Agosto 3 mento di constatare a Vostra Maestà due fatti irrefragabili: lo scopo vero e reale che le due supreme autorità si prefissero nel conchiudere la indicata convenzione, e la lealtà con la quale la Santa Sede a fronte delle difficoltà, ed imbarazzi posteriormente suscitatisi, pose mano ad iniziare l'esecuzione dei patti stipolati. Maestà! Nell' indurci a stringere il Concordato per le Indie, Noi posti da Dio al supremo reggimento del suo gregge, non avemmo, né potemmo avere altro fine che la cessazione dei mali che affligevano quelle vaste contrade, la gloria del Signore, la pacificazione della sua Chiesa, il vero e positivo interesse della Religione e delle anime. Nè dissimile poteva essere lo scopo inteso dal suo augusto Predecessore, il quale animato come era da nobili e generosi sentimenti Cattolici, comprese assai bene che col cambiarsi la forma del reggime della Chiesa nelle Indie, non era assolutamente possibile che fosse da Noi tollerato il minimo danno, o pericolo per la salute eterna delle anime alla Nostra cura affidate. Ciò posto, intende bene Vostra Maestà che ogni Nostra premura, ed ogni Nostro comune interesse debbe essere posto nel predisporre la esecuzione del Trattato in guisa che usando Noi del supremo potere datoci da Dio in *edificazione,* e non in *distruzione,* e Vostra Maestà mostrando-si figlio premuroso e devoto della Chiesa, possiamo entrambi concorrere al consolidamento degli interessi di Nostra Santa Religione, ed evitare così la gravissima responsabilità che tutta altrimenti su Noi peserebbe, dei tremendi giudizj di Dio. Con siffatto proponimento, sebbene nuovi motivi di fondate lagnanze fossero sopraggiunti alla stipolazione del Trattato sia pel favore manifestato verso ecclesiastici ribelli alla Nostra autorità, sia per non eseguita pubblicazione di atti da Noi ordinati, sia per continuate usurpazioni e ripetuti insulti all autorità dei Nostri Vicarj, e della Nostra Congregazione di Propaganda Fide, Noi inviammo nelle Indie il Nostro Commissario; e le istruzioni che in tale circostanza gli comunicammo, mentre erano conformi allo spirito delle stipolate Convenzioni, erano poi tutte dirette ad assicurare la perfetta pacificazione della Chiesa, a guarentire il vero spirituale vantaggio dei fe-

Igreja. Neste momento só importa certificar a Vossa Magestade dois factos irrefragaveis: o fim verdadeiro e real que se propozeram as duas supremas auctoridades na conclusão da sobredita Convenção, e a lealdade com que a Santa Sé, apezar das difficuldades e dos embaraços que posteriormente se suscitaram, poz em obra o começo da execução dos pactos estipulados. Senhor. Quando nos movemos a fazer a concordata relativa ás Indias, nós que estamos por Deus postos ao regimento supremo da sua grei, não tivemos nem podemos ter outro fim senão a cessação dos males que affligiam aquellas vastas regiões, a gloria do Senhor, a pacificação da sua Igreja, o verdadeiro e positivo interesse da Religião e das almas. E não podia ser dissimilhante o fito que se propozera o seu Augusto Antecessor, que, animado como era de nobres e generosos sentimentos catholicos, comprehendeu muito bem, que mudando-se a fórma do regimen da Igreja nas Indias, não era absolutamente possivel que tollerassemos o minimo damno ou perigo da eterna salvação das almas confiadas ao nosso cuidado. Posto isto, bem comprehende Vossa Magestade, que todo o nosso empenho, e todo o nosso interesse commum deve consistir em predispôr a execução do Tratado de modo tal que, usando nós do supremo poder que nos foi dado por Deus para edificação e não para destruição, e Vossa Magestade mostrando-se filho solicito e devoto da Igreja, possamos ambos concorrer para a consolidação dos interesses da nossa Santa Religião, e evitar assim a gravissima responsabilidade dos tremendos juizos de Deus, que aliás pezaria toda sobre nós. Com este proposito, ainda que novos motivos de queixas fundadas sobreviessem á estipulação do Tratado, já pelo favor manifestado para com os ecclesiasticos rebeldes á nossa auctoridade, já por não se ter feito a publicação de actos que nós tinhamos ordenado, já por usurpações continuadas, e repetidos insultos á auctoridade dos nossos Vigarios e da nossa Congregação *de Propaganda Fide*, mandámos á India o nosso Commissario; e as instrucções que nessa circumstancia lhe communicámos, ao passo que eram conformes com o espirito das convenções

1864 Agosto 3

1864 Agosto 3 deli a promuovere la propagazione di Nostra Santa Religione. E se non fosse piaciuto a Dio de richiamare a se quel degno Prelato, i lavori preparatorj per l'esecuzione del Concordato si troverebbero forse in questo momento alquanto piu avanzati.

Se non che dai rapporti ricevuti per parte di quella Missione avemmo a rilevare alcune gravissime circostanze, che conviene assolutamente prendere nella piu seria considerazione prima di progredire innanzi.

Si riferiscono queste in primo luogo all' estensione territoriale dell' Arcivescovato di Goa, e del nuovo Vescovado da eriggersi entro il territorio della stessa Archidiocesi. Per difetto di accurate notizie locali, è pur forza il confessarlo, il Governo di Vostra Maestà, e la Santa Sede non ebbero difficoltá nel convenire che, conservato all' Archidiocesi di Goa l'antico territorio secondo le Bolle Pontificie, si dovesse poi eriggere un distinto Vescovado entro i limite della stessa Archidiocesi.

Ma giunto il Nostro Commissario sul luogo stesso soggetto alla divisione, e circoscrizione della nuova Diocesi, ed esaminata per parti la enorme ed illimitata estensione dei territorj che all' Archidiocesi di Goa, ed al nuovo Vescovado sarebbero rimasti assegnati, n'ebbe tale una sorpresa e ripugnanza, che non poté a meno di proporre al Commissario di Vostra Maestà di fare appello al buon giudizio del suo Governo, e di provocarne nuove istruzioni per una piú equa e ragionevole divisione. Ed egli stesso, l'arcivescovo di Cartagine, ebbe ad essere testimonio della giusta impressione prodotta anche nel Regio Commissario, il quale benché caldo sostenitore del Patronato Portoghese, pur tuttavia nella sua ragionevolezza non ebbe animo d'insistere sulla letterale esecuzione del Concordato, e mostrossi disposto a domandare nuove e piú precise istruzioni.

Ed in vero come sarebbe stato egli possibile che quando in tutte le parti del mondo cattolico, a provvedere ai cres-

estipuladas, eram demais todas dirigidas a assegurar a perfeita pacificação da Igreja, e a garantir a verdadeira vantagem espiritual dos fieis, a promover a propagação da nossa Santa Religião. E se não aprouvera a Deus chamar a si aquelle digno Prelado, os trabalhos preparatorios para a execução da Concordata, estariam talvez neste momento hum pouco mais adiantados. 1864 Agosto 3

Mas pelos relatorios recebidos por parte daquella Missão, tivemos de deduzir algumas circumstancias gravissimas, que absolutamente convem tomar na mais séria consideração antes de progredir. Referem-se estas em primeiro logar á extensão territorial do Arcebispado de Goa, e do novo Bispado que se havia erigir no territorio do mesmo Arcebispado. Por falta de apuradas noticias locaes, forçoso he confessal-o, o Governo de Vossa Magestade e a Santa Sé, não tiveram difficuldade em concordar que, conservando-se ao Arcebispado de Goa o antigo territorio, segundo as Bullas Pontificias, se houvesse de erigir hum Bispado separado dentro dos limites do mesmo Arcebispado.

Mas o nosso Commissario tendo chegado ao proprio lugar sujeito á divisão e circumscripção da nova Diocese, e examinado por partes a enorme e illimitada extensão dos territorios, que haveriam de ficar consignados ao Arcebispado de Goa, e ao novo Bispado, sentiu tal espanto e repugnancia, que não pôde deixar de propôr ao Commissario de Vossa Magestade, que appellasse para o bom juizo do seu Governo, e reclamasse novas instrucções para huma divisão mais equa e rasoavel. E elle mesmo, o Arcebispo de Carthago, foi testemunha da justa impressão produzida tambem no Real Commissario, que comquanto fosse fervoroso defensor do Padroado Portuguez, todavia na sua sensatez não teve animo para insistir sobre a execução litteral da Concordata, e mostrou-se disposto a pedir novas e mais determinadas instrucções.

E na verdade, como teria sido possivel, que quando em todas as partes do mundo catholico, para prover as crescen-

1864 Agosto 3 centi spirituali bisogni, ed a facilitare la propagazione della Cattolica Fede, si moltiplicano di giorno in giorno i centri dell' Episcopale Autorità, si eriggono nuove Gerarchie, si costituiscono nuovi Vicariati e Prefetture Apostoliche, Noi avessimo potuto indurci ad assegnare ad uno, o due Prelati tutto il territorio che attualmente viene amministrato, non senza gravi stenti e fatiche, da non mene di sette Vicarj Apostolici animati da un zelo impareggiabile e sostenuti da sufficienti mezzi, da ben ordinate istituzioni, da zelanti Missionarj?

Oltre di che facciamo appello alla lealtà del Governo di Vostra Maestà, e lo invitiamo a dichiarare, se durante il corso delle lunghe e penose trattative per la conclusione del Concordato, fu altra la Nostra intenzione, ed altra la comune intelligenza, che quella di restringere e circoscrivere le novelle Diocesi in modo, che facile e spedito vi fosse l'esercizio del pastorale ministero.

Essendo cosi le cose, dichiariamo francamente a Vostra Maestà che presso le ricevute notizie, Noi crederemmo mancare ai Nostri piu sagré-doveri, se lasciando all Archidiocesi di Goa tutto il territorio che in epoche assai lontane, e quando mancava di tutti quegli ajusti spirituali che per cura della S. Sede ora vi esistono, le venne assegnato dalle Bolle Pontificie, dessimo mano alla erezione di un solo altro Vescovado entro i limiti dello stesso territorio. Domandiamo invece a Vostra Maestà che per la gloria di Dio, e pel bene delle anime dia ordine di predisporre nuovi accordi sia per circoscrivere l'Archidiocese Goana con limiti equi e ragionevoli, sia per eriggere tanti Vescovadi entro quell' immenso territorio, quanti sieno necessarj ed indispensabili per raggiungere lo scopo dell' eterna salvezza dei fedeli, e della propagazione della Cattolica Religione in mezzo a popoli che vivono nelle tenebre dell' errore.

Ma oltre le difficoltà provenienti dalla soverchia estensione territoriale delle nuove Diocese, altre ce ne vennero segnalate anche più gravi relative alla futura organizzazione delle medesime.

tes necessidades espirituaes, e facilitar a propagação da Fé Catholica, se multiplicam de dia a dia os centros da Auctoridade Episcopal, se erigem novas gerarchias, se constituem novas Vigairarias e Prefeituras Apostolicas, houvessemos nós podido induzir-nos a designar a hum ou dois Prelados todo o territorio que he actualmente administrado, não sem graves difficuldades e trabalhos, por não menos de sete Vigarios Apostolicos, animados de zelo incomparavel, e auxiliados por meios sufficientes, por bem ordenadas instituições, por Missionarios zelosos? 1854 Agosto 3

Alem de que appellâmos para a lealdade do Governo de Vossa Magestade, e o convidâmos a declarar se no decurso das longas e penosas negociações para a conclusão da Concordata, outra seria a nossa intenção e commum intelligencia senão restringir e circumscrever as novas Dioceses de modo, que facil e expedito fosse o exercicio do seu pastoral ministerio.

Tal sendo o estado destas cousas, francamente declarâmos a Vossa Magestade, que nós, segundo as noticias recebidas, julgariamos faltar aos nossos mais sagrados deveres, se deixando ao Arcebispado de Goa todo o territorio que em epochas muito remotas, e quando se carecia de todos os auxilios espirituaes, que pelos cuidados da Santa Sé ha ali agora, lhe foi determinado pelas Bullas Pontificias, nos prestassemos á erecção de mais hum só Bispado nos limites do mesmo territorio. Pedimos antes a Vossa Magestade que para gloria de Deus e bem das almas dê ordem para que se preparem novas estipulações quer para circumscrever o Arcebispado de Goa em limites equos e rasoaveis, quer para se erigirem naquelle immenso territorio tantos Bispados quantos forem necessarios e indispensaveis para se conseguir o fim da eterna salvação dos fieis, e da propagação da Religião Catholica entre povos que vivem nas trevas do erro.

Mas alem das difficuldades provenientes da demasiada extensão territorial das novas Dioceses, foram-nos apontadas outras ainda mais graves, relativas á sua futura organisação.

1864 Agosto 3 Vostra Maestà conosce assai bene quanto ardua e malagevole sia la missione del Clero Cattolico nei vastissimi dominj delle Indie Orientali. Un populo innumerevole sepolto nelle tenebre del paganesimo, un residuo ben considerevole di scismatici di rito orientale ostinatamente addetti ai loro errori; uno stuolo di società dissidenti stabilite e protette da un Governo non Cattolico, forte e potente; una vasta organizzazione di Chiese protestanti coadjuvata da ricchi stabilimenti per l'educazione ed istruzione della gioventu, da vistosi mezzi pecuniarj e da numerosi ministre: sono queste circostanze tutte che richieggono assolutamente nel Clero Cattolico delle Indie qualità tutte speciali e straordinarie, uno spirito non comune di abnegazione e disinteresse; una scienza non volgare, una purezza di vita esemplare, uno zelo operoso che renda impavidi nei pericoli i ministri del Signore, e dia pur loro la forza di spargere, ove occorra, il proprio sangue per la propagazione della Fede.

Or bene, Ci duole l'animo di manifestarlo a Vostra Maestà; le notizie che Ci vennero comunicate sul Clero cosi detto Goano, nella sua generalità furono le più sfavorevoli e le piu scoraggianti.

Lungi dal rappresentarcisi quel Clero fornito di straordinarie qualità, Ci venne descritto, tranne alcune eccezioni, come poco, o nulla istruito, niente premuroso dell' adempimento dei proprj doveri; piuttosto e dedito alla vita piacevole ed oziosa, ed alle volte anche reo di scandali, e di gravissime mancanze. Ne queste notizie debbono oggi giungere nuove a Vostra Maestà ed al Suo Reale Governo, quando in parecchie relazioni rese di pubblica ragione con le stampe da persone certamente non sospette, fra quali è pure ad annoverarsi il Commissario Portughese Sig.r Rivara, non si descrisse in termini più benigni la condizione di quel Clero, che, si disse, vivere nella massima parte in vna deplorabile ignoranza.

Voglia adunque Vostra Maestà esser giudice se un Clero di tal fatta potrebbe rimpiazzare degnamente quello stuolo

Vossa Magestade conhece muito bem quanto he ardua e difficultosa a missão do clero catholico nos vastissimos dominios das Indias Orientaes. Hum povo innumeravel sepultado nas trevas do paganismo, hum resto bastante consideravel de scismaticos de rito oriental obstinadamente afferrados aos seus erros; hum grupo de sociedades dissidentes estabelecidas e protegidas por hum Governo não catholico, forte e poderoso; huma vasta organisação de Igrejas protestantes coadjuvadas por opulentos estabelecimentos para a educação e instrucção da mocidade, por meios pecuniarios avultados, e por numerosos ministros: são todas estas circumstancias que requerem absolutamente no clero catholico das Indias qualidades todas especiaes e extraordinarias, hum espirito não commum de abnegação e desinteresse, huma sciencia não vulgar, huma pureza de vida exemplar, hum zelo activo que torne destemidos nos perigos os ministros do Senhor, e que lhes dê força para derramarem, se preciso for, o proprio sangue pela propagação da Fé. 1861 Agosto 3

Ora pois, confrange-nos o coração manifestal-o a Vossa Magestade; as noticias que nos foram communicadas ácerca do clero chamado Goano, na sua generalidade foram as mais desfavoraveis, e as mais desanimadoras.

Longe de nos ser representado esse clero como provido de qualidades extraordinarias, foi-nos pintado, salvo poucas excepções, como pouco ou nada instruido, nada cuidadoso do cumprimento dos proprios deveres, antes mais dado á vida regalada e ociosa, e algumas vezes até tambem réu de escandalos e de gravissimas faltas. E não devem estas noticias ser hoje novas para Vossa Magestade e para o seu Real Governo, porque em muitas relações dadas á luz pela imprensa por pessoas certamente não suspeitas, entre as quaes deve ser contado tambem o Commissario Portuguez, Sr. Rivara, não foi descripta com palavras mais benignas a condição daquelle clero, que se disse viver na maxima parte em huma ignorancia deploravel.

Queira pois Vossa Magestade ser juiz para julgar se hum clero de tal laia poderia substituir dignamente esse corpo

1864 Agosto 3 eletto di zelanti missionarj che oggi sudano e travagliano con tanto frutto nella vigna del Signore, e se in buona fede il Capo della Chiesa potrebbe affidare a sacerdoti di tal fatta una parte si grande e si importante del Gregge di Cristo, e la conversione di tanti popoli senza render si reo innanzi a Dio dei danni incalcolabili, che sarebbero per derivarne. Se il Concordato pertanto ha da raggiungere lo scopo del vero e reale interesse d'ella Chiesa, è d'uopo predisporre un Clero che si consacri al penoso esercizio delle missioni, che rinunzi ai comodi della vita, ai desiderj del guadagno, e sia pieno dello spirito del Signore, della sua scienza, della sua carità; un Clero infini che possa senza pregiudizio delle anime sostituirsi a quello che attualmente trovasi sotto la dipendenza dei Vicarj Apostolici. Il Portogallo ebbe già nella prima fondazione delle Diocesi Indo-Lusitane un Clero dotto e zelante, ogetto di compiacenza per la Chiesa, e vera gloria per quel fiorentissimo Regno: vi furono Seminarj ben ordinati, Pontificeie università, Ordini Religiosi, Istituti Pii e tanti altri stabilimenti per la istruzione ed educazione del giovine Clero. Ma oggi sventuratamente soppressi quivi gli Ordini Religiosi, aboliti gli Istituti d'insegnamento, cambiati arbitrariamente gli statuti delle Università, ridotti i Seminarj ad una lamentevole condizione, non sarà certamente possibile di trovare nel Continente un sufficiente Clero fornito di tutte le qualità e pronto ad abbandonare la patria per affrontare i pericoli e sobbarcarsi ai disagi di lontane missioni. L'istoria di questi ultimi tempi ben Ci addim ostra che a queste circostanze e dovuto principalmente l'abbandono quasi totale in cui trovaronsi le Chiese nelle Indie, e che provocò imperiosamente da parte dei Sommi Pontifici le providenze di sopra indicate.

A ravvivare pertanto lo spirito nel Clero è del tutto indispensabile di riorganizzare in bella forma sia il Seminario di Goa, sia quelli del Continente, onde vi si educhi un Clero atto a soddisfare alle necessità delle Chiese Indiane. L'esperienza inoltre Ci fa fede che negli Ordini Religiosi è dove principal-

escolhido de zelosos Missionarios que hoje suam e trabalham com tanto fructo na vinha do Senhor; e se poderia em boa fé o Chefe da Igreja confiar a Sacerdotes desta qualidade huma parte tão grande e tão importante do rebanho de Christo, e a conversão de tantos povos, sem se fazer réu diante de Deus dos damnos incalculaveis que daqui se haviam de derivar. Portanto, se a Concordata tem de alcançar o fim do interesse verdadeiro e real da Igreja, he preciso ir dispondo hum clero que se consagre ao penoso exercicio das missões, que renuncie ás commodidades da vida, aos desejos do lucro, e que esteja cheio do espirito do Senhor, da sua sciencia, da sua caridade; hum clero emfim que sem prejuiso das almas se possa substituir ao que actualmente se acha sob a dependencia dos Vigarios Apostolicos. Portugal teve outr'ora na primeira fundação das Dioceses Indo-Lusitanas hum clero douto e zeloso, objecto de complacencia para a Igreja, e de verdadeira gloria para esse floridissimo reino. Houve nelle seminarios bem organisados, Universidades Pontificias, Ordens Religiosas, Instituições pias, e muitos outros estabelecimentos para a instrucção e educação do clero juvenil. Mas hoje desgraçadamente, supprimidas ahi as Ordens Religiosas, abolidos os Institutos de ensino, alterados arbitrariamente os Estatutos das Universidades, reduzidos os Seminarios a huma situação lamentavel, não será de certo possivel encontrar no Continente hum clero sufficiente, dotado de todas as qualidades, e prompto a abandonar a patria para arrostar os perigos, e a sujeitar-se aos incommodos de missões remotas. A historia destes ultimos tempos bem nos mostra, que se deve principalmente a estas circumstancias o abandono quasi total, em que se viram as Igrejas das Indias, e que provocou imperiosamente da parte dos Summos Pontifices as providencias acima indicadas.

1864 Agosto 3

Para avivar pois o espirito do clero, he totalmente indispensavel reorganisar em boa fórma tanto o Seminario de Goa, como os do continente, para que seja nelles educado hum clero apto para satisfazer ás necessidades das Igrejas Indianas. Demais a experiencia attesta-nos que he nas ordens Re-

1864 Agosto 3 mente ritrovansi gli elementi necessarj pel buon andamento, e per la prosperità della Chiesa in luoghi remoti e disagiati. A preparare adunque un Clero zelante e virtuoso per le Indie è inoltre indispensabile che Vostra Maestà, nella totale mancanza di Comunità Religiose, dia mano, almeno per ora, allo stabilimento di Collegi di Missione sia costì nel suo Regno sia qui in Roma, sia altrove: anche perchè andando a mancare i primi soggetti che dovrebbero destinarsi per le novelle Diocesi possano i detti Istituti fornire altri Missionarj senza danno e pregiudizio delle anime. Invitiamo pertanto Vostra Maestà a dar mano alla fondazione di siffatti Istituti, e Collegi, ed a rimetterne la direzione ai rispettivi superiori Ecclesiastici; assicurando la da Nostra parte, che ove vedremo da quelli sorgere novelli e zelanti Ministri, con animo tranquillo e con sicura coscienza affideremo loro, in proporzione al numero, la cura delle anime e l'avvenire della Chiesa nelle Indie Orientali.

Anche i mezzi materiali che il Governo Portoghese si proporrebbe di applicare alla organizzazione delle novelle Chiese, giusta quanto ebbe a presentire il Nostro Commissario, sono del tutto insufficienti a raggiungere il voluto scopo. Ma v'ha di più: i detti mezzi, oltre che non raggiungono neppure la misura dei pesi assunti esplicitamente dal Governo nel Concordato, sono poi del tutto mancanti per preparare e conservare quella serie d'Istituzioni, di Scuole, di Collegi, di Asili, di Ospedali, e di tante altre opere di beneficenza, che sono, particolarmente oggi, si reclamate pel buon andamento di una Diocesi, e che di fatto oggi trovansi convenientemente istituite e dotate in molti dei Vicariati Apostolici. Vostra Maestà comprenderà assai bene che in un paese, ove i Cattolici trovansi in possesso di simili Istituzioni non sarebbe affatto possibile che esse di un tratto scompavissero, senza che ne seguisse per necessità lo sconforto, il malcontento, e la disaffezione nel Fedeli, oltre il pericolo di vedere abbandonata da molti la vera Religione per abbracciarne altra, che offerisse nel luogo stesso, rapporto ai temporali bisogni, mi-

ligiosas, que principalmente se encontram os elementos necessarios para o bom andamento, e prosperidade da Igreja em terras remotas e trabalhosas. A fim de preparar pois hum clero zeloso e virtuoso para as Indias he alem disto indispensavel que Vossa Magestade, na falta total de communidades Religiosas, trate ao menos por ora de estabelecer collegios de Missão ou ahi no seu Reino, ou aqui em Roma, ou em outra parte; até para que, vindo a faltar os primeiros sujeitos que haveriam de se destinar para as novas Dioceses, possam os ditos Institutos fornecer outros missionarios sem damno e prejuiso das almas. Convidâmos portanto a Vossa Magestade a dar começo á fundação destes Institutos e Collegios, e a entregar a direcção delles aos respectivos superiores Ecclesiasticos, asseguraudo a Vossa Magestade que quando virmos apparecer nelles novos e zelosos Ministros, com animo tranquillo e consciencia segura lhes confiaremos proporcionalmente ao seu numero o cuidado das almas, e o futuro da Igreja nas Indias Orientaes.

1864 Agosto 3

Tambem os meios materiaes que o Governo se proporia a applicar para a organisação das novas Igrejas, segundo o que póde presentir o nosso Commissario, são de todo insufficientes para conseguir o fim que se quer. Mas ha ainda mais: os ditos meios, alem de que não preenchem sequer ao menos a medida dos encargos que o Governo assumiu explicitamente na Concordata, são ainda inteiramente insufficientes para preparar e conservar a serie de Instituições, de escolas, de collegios, de asylos, de hospitaes e de tantas outras obras de beneficencia, que são, hoje particularmente, tão reclamadas para o bom andamento de huma Diocese, e que de facto hoje estão convenientemente instituidas e dotadas em muitos dos Vicariatos Apostolicos. Vossa Magestade comprehenderá muito bem que em hum paiz onde os Catholicos estão na posse de similhantes Instituições, não seria de nenhuma sorte possivel que desapparecessem de repente, sem que por necessidade se seguisse dahi nos Fieis a desanimação, o descontentamento e o desaffecto, alem do perigo de ver abandonada por muitos a verdadeira Religião,

1864 Agosto 2 gliore assistenza e maggiori vantaggi. Ed e appunto per la mancanza dei surviferiti mezzi da parte del Governo Portoghese, e della considerazione delle accennate conseguenze che alcune di quelle Cattoliche popalazioni Ci hanno diretto Indivizzi e Domande per la prolungatà conservazione dei Vicarj Apostolici nelle loro rispettive regione, indirizzi e domande, che mentre pongono Noi stessi in una penosa situazione, Ci offrono un fondato motivo di richiamare su questo gravissimo argomento l'attenzione di Vostra Maestà, e del Suo Reale Governo.

Ma a tutte queste serie difficoltà che Noi invitiamo Vostra Maestà ad appianare, onde il Concordato assicuri il vero interesse della Chiesa, altre se ne aggiungono di un'importanza anche maggiore. Il Concordato dovea segnare un era di pace e di tranquillita per la Chiesa Cattolica nelle Indie; tale essendo stata la mira che Noi, e l'augusto Predecessore di Vostra Maestà Ci prefigemmo nel conchiuderlo e ratificarlo. Ora se le massime false contro l'autorità Nostra, e quella delle Nostre Congregazioni non saranno ritrattate, ma proseguiranno impunemente a dominare nelle Indie; se non verrà pubblicamente riconosciuta da tutti, e particolarmente dagli Agenti del Governo, la forza, ed il valore dei Nostri atti, e dei Nostri Brevi; se si lasciera impunita la pubblicazione di libri e scritti di tendenze sorvversive, e di principj anticattolici; se non saranno richiamati a dovere gli Ecclesiastici che fomentano le dissensioni, che calunniano i Nostri Vicarj, e che menano vita scorretta e scandalosa; se non verrà espressamente abrogata l'ingiusta legge, la quale confisca i beni ai preti Goani che si sottomettono all' obbedienza dei Vicarj, ed infligge a questi la pena del carcere ove si portino nel territorio Portoghese; se infine non saranno privati del loro officio quei parrochi che diedero il triste esempio di aperta ribellione a questa sede Apostolica, non solo la pace non potrà mai essere consolidata; ma nuovi e piu pericolo si germi sorgeranno di una lotta interminabile e disas-

para abraçarem outra que na mesma localidade offerecesse, quanto a interesses temporaes, melhor assistencia e maiores vantagens. E he exactamente pela falta dos meios acima referidos da parte do Governo Portuguez, e pela consideração das referidas consequencias, que algumas daquellas povoações catholicas nos dirigiram mensagens e pedidos para que se prolongue a conservação dos Vigarios Apostolicos nas suas respectivas terras; mensagens e pedidos que ao mesmo tempo que a nós mesmos collocam em penosa situação, offerecem-nos fundado motivo para chamar sobre este ponto gravissimo a attenção de Vossa Magestade e do seu Real Governo. 1851 Agosto 3

Mas a todas estas serias difficuldades, que convidamos Vossa Magestade a applanar, a fim de que a Concordata dê segurança do verdadeiro interesse da Igreja, outras se vem juntar de importancia ainda maior. A Concordata devia assignalar huma era de paz e de tranquillidade para a Igreja Catholica nas Indias, tendo sido este o ponto que nós e o Augusto Antecessor de Vossa Magestade nos propozemos na sua conclusão e ratificação. Ora se as falsas maximas contra a nossa Auctoridade, e a das nossas Congregações não forem retractadas, mas continuarem impunemente a dominar nas Indias; se não for publicamente reconhecida por todos, e particularmente pelos Agentes do Governo, a força e valor dos nossos actos, e dos nossos Breves; se se deixar impune a publicação de livros e escriptos de tendencias subversivas, e de principios anticatholicos; se não forem chamados aos seus deveres os Ecclesiasticos que fomentam as dissenções, que calumniam os nossos Vigarios, e tem huma vida desregrada e escandalosa; se não for expressamente derogada a lei injusta que confisca os bens aos Padres Goanos, que se submettem á obediencia dos Vigarios Apostolicos, e applica a estes a pena de prisão, se entrarem no territorio Portuguez; se finalmente não forem tirados dos seus officios os Parochos que deram o triste exemplo de aberta rebellião contra esta Sé Apostolica, não sómente a paz não se poderá consolidar nunca, mas hão de rebentar novos e mais peri-

1864 Agosto 3 trosa. E percio che preghiamo Vostra Maestà a coronare questa opera di pace merce l'invio di ordini severissimi atti a far scomparire i mali che deploriamo. Creda Vostra Maestà che la sua influenza nelle Indie mai sarà meglio assicurata e guarentita, che quando le Sue disposizioni ed i Suoi atti anderanno di pieno accordo con le sane massime, e con le disposizioni, ed atti della Sede Apostolica.

Finalmente un ultima importantissima dichiarazione Ci è necessaria per assicurare sempre più lo scopo inteso dal Concordato. Vostra Maestà non puo ignorare, che i Nostri Predecessori, e Noi stessi in parecchie occasioni, avemmo con dispiacere a riprovare e condannare non pochi atti, e leggi che costi si pubblicarono con pregiudizio della Chiesa, e con grave offesa de suoi più sagri diritti. Soprattutto si riprovarono e condannarono le leggi sul *regio Placet,* che mettevano ostacoli alla libera comunicazione dei Fedeli col Capo della Chiesa, e che impedivano la libera esecuzione delle Pontificie provvidenze; si protestò contro la soppressione delle Corporazioni Religiose; contro le alienazioni dei beni ecclesiastici; contro le reduzioni, e conversioni dei legati pii; contro l'abolizione di parecchi Benefizj, ed altre simili disposizioni; si riprovarono infine e si condannarono molti abusi, e consuetudini arbitrariamente introdotte, specialmente nelle Chiese di Oltremare, fra quali la più notevole e la più feconda di sinistre conseguenze, si era quella che i nominati dal Re per le Chiese Cattedrali s'intromettessero nell' esercizio della Vescovile giurisdizione prima di ricevere dalla Santa Sede le Bolle di Canonica Istituzione. Ora se questo stato di cose si lamentevole e si funesto per la Chiesa fu da Noi riprovato e condannato per le Diocesi, che trovavansi di già erette e stabilite nel Portogallo, ed entro il territorio soggetto alla propria civile dominazione, non sarebbe affatto possibile che fosse da Noi in qualsiasi modo tollerato nelle nuove Chiese, che, giusta il Concordato, dovranno eriggersi nel territorio Indiano, ove neppure si es-

gosos germens de huma lucta interminavel e desastrosa. He por isso que rogamos a Vossa Magestade, que corôe esta obra de paz com a expedição de ordens severissimas proprias para fazer desapparecer os males que deploramos. Acredite Vossa Magestade, que a sua influencia nas Indias nunca será melhor consolidada e garantida, como quando as suas disposições e os seus actos forem plenamente de accordo com as maximas sans e com as disposições e actos da Santa Sé.

Finalmente huma ultima importantissima declaração nos he necessaria para firmar cada vez mais o fim a que tendia a Concordata. Vossa Magestade não póde ignorar que os nossos Predecessores, e nós mesmos em muitas occasiões com sentimento tivemos de reprovar e condemnar não poucos actos e leis, que se publicaram ahi com prejuizo da Igreja, e com grave offensa dos seus mais sagrados direitos. Sobretudo reprovaram-se e condemnaram-se as leis sobre o Real Beneplacito, que punham obstaculo á livre communicação dos Fieis com o Chefe da Igreja, e que impediam a livre execução das providencias Pontificias; protestou-se contra a suppressão das corporações Religiosas; contra as alienações dos bens ecclesiasticos; contra as reducções e conversões dos legados pios; contra a abolição de muitos Beneficios, e outras disposições semelhantes; reprovaram-se finalmente e condemnaram-se muitos abusos e costumes arbitrariamente introduzidos, especialmente nas Igrejas do ultramar, entre os quaes o mais notavel e mais fecundo de sinistras consequencias, era o de se intrometterem no exercicio da jurisdicção Episcopal, antes de receberem da Santa Sé as Bullas da sua instituição Canonica, os nomeados pelo Rei para as Igrejas Cathedraes. Ora se este estado de cousas tão lamentavel e tão funesto para a Igreja, foi por nós reprovado, e condemnado quanto ás Dioceses que já se achavam erectas e estabelecidas em Portugal, e dentro do territorio sujeito ao proprio dominio civil, não seria totalmente possivel que fosse por nós de qualquer maneira tollerado nas novas Igrejas, que segundo a Concordata terão de ser erectas no territorio

1864 Agosto 3 tende l'azione della civile autorità portoghese. Vostra Maestà giudichi, nella sua imparzialità, e nella sua religione, se il Capo della Chiesa, cui fu commesso l'incarico di difendere, e tutelare la libertà, ed i sagri diritti della Sposa di Cristo, possa, senza rendersi colpevole innanzi a Dio, sostituire ad un regime ecclesiastico libero da ogni vincolo e scevro da ogni inceppamento, un' amministrazione soggetta a leggi, e ad ordinazioni restrittivi della ecclesiastica potestà: sostituire alla libera comunicazione dei Fedeli con la Santa Sede, un sistema arbitrario pieno di ostacoli e d'impedimenti; alla piena libertà dei Sagri Pastori sul Clero, e sui Fedeli, una norma ristretta e limitata dipendente in tutto dall'arbitrio di un Governo. Maestà! Lo ripetiamo francamente, pronti a confermarlo, se occorra, innanzi a tutto il Mondo, Noi non possiamo concorrere a stabilire uno stato di cose si pregiudizievole alla Chiesa, in sostituzione di altro floridissimo e fecondo di ogni bene, senza provarne un rimorso, che vogliamo assolutamente eliminare dalla Nostra Coscienza. Che si dichiari adunque libera la Nostra azione e la Nostra autorità su tutte le novelle Chiese; che si guarentisca la piena ed assoluta indipendenza del pastorale Ministero; che si stabilisca la libera comunicazione dei Fedeli coi Vescovi, e con la Santa Sede; che niun impedimento si frapponga all' esecuzione degli atti Nostri, e di quelli dell' Ecclesiastica podestà; che si rispetti la inviolabilità del patrimonio ecclesiastico; che sia libero ai Vescovi di stabilire nelle proprie Diocesi Ordini e Congregazioni Religiose; che si permetta ad essi di fondare ogni specie de pia Istituzione di Carità, di Beneficenza, d'Istruzione; che non s'introducano abusi e consuetudini da Noi riprovate altrove particolarmente sull' indebita intromissione nell' amministrazione delle Diocesi; ed allora con la benedizione di Dio invochi pure Vostra Maestà la Nostra cooperazione, che assai volentieri Le presteremo senza angustie, e senza rimorsi, anzi con vera soddisfazione del Nostro Cuore.

Indiano, onde não se estende sequer a acção da auctoridade civil portugueza. Julgue Vossa Magestade na sua imparcialidade, e no seu sentimento religioso, se o Chefe da Igreja, a quem foi commettido o encargo de defender e tutelar a liberdade e os sagrados direitos da Esposa de Christo, póde sem incorrer em culpa diante de Deus substituir a hum regimen ecclesiastico livre de todo o vinculo e isento de qualquer torpeço huma administração sujeita a leis e a disposições restrictivas do poder ecclesiastico; substituir á livre communicação dos Fieis com a Santa Sé hum systema arbitrario, cheio de obstaculos e de impedimentos; á plena liberdade dos Pastores Sagrados, sobre o clero e sobre os Fieis, hum regulamento restricto e limitado, dependente em tudo do arbitrio de hum Governo. Senhor! Repetimol-o francamente, promptos a confirmal-o, se preciso for, perante o mundo todo, nós não podemos concorrer para o estabelecimento de hum estado de cousas tão prejudicial á Igreja, em substituição de outro floridissimo e fecundo de todo o bem sem sentir hum remorso que absolutamente queremos eliminar da nossa consciencia. Declare-se pois livre a nossa Auctoridade sobre todas as novas Igrejas; seja garantida a independencia plena e absoluta do Ministerio Pastoral; estabeleça-se a livre communicação dos Fieis com os Bispos e com a Santa Sé; não se ponha impedimento nenhum á execução dos nossos actos, e á dos actos do poder Ecclesiastico; respeite-se a inviolabilidade do patrimonio ecclesiastico; seja livre aos Bispos estabelecer nas suas Dioceses ordens e Congregações Religiosas; permitta-se-lhes fundar toda a sorte de piedosas Instituições de caridade, de Beneficencia e de Instrucção; não se introduzam abusos e costumes, que em alguma outra parte tenham sido reprovadas por nós, particularmente no tocante ao indevido intromettimento na administração das Dioceses, e então com a Benção de Deus invoque embora Vossa Magestade a nossa cooperação, que muito de bom grado lhe prestaremos sem angustias e sem remorsos, antes com verdadeira satisfação do nosso coração.

1864 Agosto 3

1864 Agosto 3 Voglia Vostra Maestà ponderare tranquillamente e con animo benevolo le manifestazioni che fummo obbligati in coscienza di farle, dopo le relazioni che dalle Indie ci giunsero per parte di chi fu inviato da Noi per la esecuzione del Concordato. Non creda, Maestà, che tutto quanto Le abbiamo indicato provenga da una risoluzione presa di ritirare i concessi privilegj, o di creare imbarazzi al Suo Governo. Nò: Dio Ci è testimonio che non abbiamo altra intenzione che quella di assicurare il bene delle anime, e l'interesse di nostra Santa Religione. Crediamo anzì che invitando Vostra Maestà ad appianare le difficoltà vere e reali, che si frappongono a si nobile ed augusto fine, Noi Le facilitiamo il mezzo di raggiungere i vantaggi intesi dallo stesso suo augusto Fratello a pro della Chiesa, e dello Stato. Voglia adunque darci la consolazione di veder soddis fatti i Nostri voti, ed i Nostri desiderj; e ritenga per fermo che assicurata l'esecuzione del Concordato nel modo da Noi indicato, Vostra Maestà chiamerà su di se, su tutta l'augusta Famiglia, e sulla Nazione Portoghese le Benedizioni del Cielo; e la pace ridonata alla Chiesa con quell' atto, e la salvezza di tante anime guarentita dall' efficace di Lei cooperazione, formeranno la più bella ed imperitura gloria del suo Regno.

Riceva frattanto l'Apostolica Benedizione, che dall' intimo del Nostro cuore impartiamo a Vostra Maestà, ed a tutta la Reale Famiglia.

Dato da Castel Gandolfo li 3 Agosto 1864. — Pius P. IX.

Resposta de Sua Magestade El-Rey de Portugal ao Papa Pio IX

(Arch. do Ministerio dos Negocios Estrangeiros.)

1865 Julho 6 Beatissimo Padre.— Li com toda a attenção a Carta de Vossa Santidade, e peço a Vossa Santidade que me permitta expor-lhe com a mesma franqueza que inspirou a Vossa Santidade, e com o respeito filial, que devo á sua sagrada pes-

Queira Vossa Magestade ponderar tranquillamente, e com animo benevolo as manifestações, que fomos em consciencia obrigados a fazer-lhe depois das relações que recebemos das Indias da parte de quem foi por nós enviado para a execução da Concordata. Não creia Vossa Magestade que tudo o que lhe temos indicado venha de resolução tomada de retirar os privilegios concedidos, ou de crear embaraços ao seu Governo. Não: Deus nos é testemunha de que não temos outra intenção senão de assegurar o bem das almas, o interesse da nossa Santa Religião. Antes julgamos que, convidando a Vossa Magestade a aplanar as difficuldades verdadeiras e reaes que se oppõem a tão nobre e augusto fim, lhe facilitamos o meio de conseguir as vantagens prefixas pelo seu mesmo Augusto Irmão a bem da Igreja e do Estado. 1864 Agosto 3

Queira pois dar-nos a consolação de ver satisfeitos os nossos votos e os nossos desejos; e tenha como firme, que assegurada a execução da Concordata pelo modo por nós indicado, Vossa Magestade chamará sobre si, sobre toda a Augusta Familia e sobre a Nação Portugueza as Bençãos do Ceu; e a paz dada á Igreja por aquelle acto, e a salvação de tantas almas garantida pela sua efficaz cooperação, formarão a mais bella e não perecedoura gloria do seu Reinado.

Receba no entretanto a Benção Apostolica, que do intimo do nosso Coração damos a Vossa Magestade e a toda a Real Familia.

Dada no Castello Gandolfo a 3 de Agosto de 1864. — Pio Papa IX.

---

soa, que muito me magoaram as allusões contidas naquelle documento a factos contra os quaes, pela inexactidão com que tem sido levados ao alto conhecimento de Vossa Santidade, tem sempre protestado o Governo destes Reinos; e que maior foi a minha mágua vendo que a Vossa Santidade tem sido occultado tudo o que em declarada opposição ás estipulações da Concordata, e ás instrucções expedidas pelo Governo 1865 Julho 6

1865 Julho 6 Pontificio para a sua execução tem sido praticado por alguns Vigarios Apostolicos, e outros Ecclesiasticos dependentes da Sagrada Congregação *de Propaganda Fide,* juntando a esses factos expressões tão offensivas ao Governo destes Reinos, e até da pessoa do seu Monarcha, que nem eu ouso mortificar o coração de Vossa Santidade com a narração e recordação de tão lastimosos procedimentos.

Não me foi menos sensivel ver que Vossa Santidade qualifica de *singularissimo privilegio sem termo de comparação na Historia da Igreja* o direito do Padroado, que a Corôa destes Reinos adquiriu naquelles remotos paizes, por titulo oneroso, e segundo as leis canonicas; direito reconhecido por tantos diplomas pontificios, e com especialidade nos dois de Paulo IV, datados ambos de 4 de Fevereiro de 1557, que começam pelas palavras *Pro excellenti,* e nos quaes aquelle Pontifice, referindo-se ás duas Dioceses de Malaca e Cochim que acabavam de ser erectas terminantemente, declarava: que em nenhum tempo, e por nenhum motivo poderia ser derogado aquelle Padroado; e que se o fosse nenhuma força nem validade teria huma tal derogação e suas consequencias, do mesmo modo que nullo seria qualquer attentado que por alguma auctoridade fosse praticado contra o mesmo Padroado, quer com conhecimento de causa quer sem elle: — Decernentes Jus Patronatus hujusmodi Sebastiano, et pro tempore existenti Regi præfato ex meris fundatione et donatione competere, nec illi ullo unquam tempore quacumque ratione derogari posse, et si quoquomodo derogaretur, derogationem hujusmodi cum inde secutis nullius roboris, et efficatiæ fore; nec non irritum et inane, si secus super his a quoquam, quavis auctoritate scienter, vel ignoranter contigerit attentari. — Este mesmo direito foi reconhecido finalmente na Concordata de 21 de Fevereiro de 1857, celebrada entre a Santa Sé e Portugal, no artigo 1.º da qual se lê: — Em virtude das respectivas Bullas Apostolicas, e na conformidade dos Sagrados Canones, continuará o exercicio do direito do Padroado da Corôa Portugueza quanto á India e China nas Cathedraes abaixo declaradas.

Não me alargo mais a este respeito; porque estou certo de que Vossa Santidade não deixará de reconhecer na sua alta sabedoria, e rectas intenções o nenhum fundamento das arguições, que nos são feitas, e bem pelo contrario os motivos que temos para nos queixarmos das continuas usurpações commettidas nas Igrejas daquelle Padroado pelos Missionarios da Sagrada Congregação *de Propaganda Fide;* o modo violento e muito alheio da mansidão e Caridade Christã, porque essas usurpações tem sido levadas a effeito, e a maneira pouco respeitosa para o Real Padroeiro; porque se tem expressado nos seus discursos, e nos seus escriptos, tanto antes como depois da Concordata, os mesmos Missionarios. Para não contristar o animo de Vossa Santidade fujo deste assumpto, que fui forçado a tratar para responder ás allusões da Carta de Vossa Santidade. 1865 Julho 6

E visto que fallei na Concordata de 21 de Fevereiro de 1857, permitta Vossa Santidade, que lhe pondere, que o meu Governo tem pela sua parte dado fiel cumprimento ás obrigações que lhe impoz aquelle Tratado, e que me parece, que o mesmo se não póde sustentar por parte da Santa Sé. A condição essencial para a execução da Concordata he a circumscripção das Dioceses, que deveria ser feita por dois Commissarios nomeados hum pelo Governo Pontificio e outro pelo Governo Portuguez. Este ultimo Governo cumpriu fielmente esta obrigação nomeando o seu Commissario que lá está no Oriente. A Santa Sé nomeou effectivamente tambem o seu Commissario; porém tendo este infelizmente fallecido ha muito mais de hum anno, a Santa Sé deixou de o substituir; não cumprindo assim esta condição essencial da Concordata, sem a qual he impossivel que ella tenha execução.

Supplico pois a Vossa Santidade, que faça quanto antes aquella nomeação, que he o primeiro passo para se applanarem as difficuldades, que Vossa Santidade deseja remover, e para o que pede o meu concurso. Nesta mesma occasião dá o meu Governo instrucções ao meu representante junto de Vossa Santidade para que se entenda com o Governo Ponti-

1865 Julho 6 ficio a este respeito, e essas instrucções tem por fim, mostrar ainda huma vez, que pela nossa parte estamos promptos a fazer todos os sacrificios para o cumprimento fiel da Concordata, e concorrer quanto em nós couber para a propagação e desenvolvimento, naquellas remotas Regiões da Santa Religião Catholica, a que nos presamos de pertencer.

Digne-se Vossa Santidade ter-me sempre, e toda esta Real Familia debaixo da sua Apostolica Benção.

Lisboa no palacio da Ajuda aos 6 de Julho de 1865.—De Vossa Santidade obediente Filho—Luiz.

Despacho do Ministro dos Negocios Estrangeiros, Conde d'Avila, ao Encarregado de Negocios de Portugal em Roma

1865 Julho 10 Illmo e Exmo Sr.—Inclusa encontrará V. Ex.ª huma carta de Sua Magestade El-Rei, em resposta á que o Summo Pontifice dirigiu ao mesmo Augusto Senhor sobre os negocios do Padroado Portuguez no Oriente; e recommendo a V. Ex.ª que haja de a fazer chegar, quanto antes, ao seu alto destino.

Não posso occultar a V. Ex.ª que Sua Magestade, e o seu Governo, viram com profunda magua, repetidas naquelle documento, as accusações injustas e violentissimas, que, desde dois seculos, a Congregação *de Propaganda Fide* não cessa de nos dirigir; accusações constantemente refutadas pelo Governo Portuguez com a energia, que lhe dá a convicção do seu bom direito, e a verdade dos factos. A essas accusações deveria ter posto termo a Concordata de 21 de Fevereiro de 1857, que abriu huma era de conciliação para a qual a Corôa de Portugal deu as mais evidentes provas de querer cooperar, sacrificando, para esse fim, algumas das partes mais importantes do Padroado do Oriente.

Mas já que infelizmente se volta a esse campo, a dignidade deste Paiz, tão injustamente aggredido, não me permitte deixar de fazer algumas ponderações suggeridas pela leitura da carta de Sua Santidade. 1865 Julho 10

1.º O Padroado da Corôa de Portugal no Oriente, não he, como parece querer-se alli indicar, *hum privilegio singularissimo, que não tem termo de comparação na Historia da Igreja.*

Aquelle Padroado foi adquirido por titulo oneroso pela fundação, edificação e dotação, a que as leis canonicas conferem o direito de Padroado. Esse direito foi reconhecido em huma longa serie de diplomas Pontificios, que seria ocioso referir aqui, na maior parte dos quaes se fez justiça aos grandes e inimitaveis esforços empregados pelos fieis subditos deste Reino, não em destruir, mas em edificar e dotar ricamente templos para o culto do verdadeiro Deus; não em desmoralisar e intrigar, mas em pregar e diffundir a fé catholica ainda nas mais remotas regiões, com grandes sacrificios, e expondo-se muitas vezes ao martyrio.

He, alem disto, sabido, e o Governo Pontificio não o póde ter esquecido, que á nação Portugueza cabe innegavelmente a gloria de ter descoberto, por meio dos seus intrepidos navegadores, as terras orientaes, e o caminho maritimo para chegar a ellas; que foi tambem a nação Portugueza a primeira da Europa que conquistou possessões na India e na China, e que ahi estabeleceu dominio; que contemporaneamente com o dominio temporal, cuidaram os Reis piedosos e religiosissimos de Portugal da propagação do Evangelho entre as gentilidades, que habitavam aquelles Paizes; que se fundaram successivamente Igrejas, Conventos, Seminarios e outros estabelecimentos de religião e de piedade; que se enviaram finalmente desde logo, Missionarios do Reino, e se deputaram Prelados, que acudissem ás espiritualidades das novas ovelhas chamadas ao redil da Igreja de Christo.

O Governo Pontificio não póde ignorar tambem, que tão faustos acontecimentos foram saudados com enthusiasmo, como era de esperar, pela Santa Sé e seus venerandos Pontifices, os quaes reconheceram com o maior jubilo o zelo dos Monarchas Portuguezes, e, como que á porfia, fizeram ex-

1865 Julho 10 pedir os mais expressivos documentos de benevolencia para com os mesmos Monarchas, em retribuição ao seu religioso empenho e procedimento. Por esses documentos apostolicos concedeu-se, ou antes reconheceu-se hum direito amplissimo do Padroado em todas as Igrejas já erectas e fundadas, e nas que de futuro se erigissem e fundassem, e bem assim em todas as terras conquistadas e por conquistar, descobertas e por descobrir, das Regiões africanas e asiaticas (acquisita et acquirenda, reperta et reperienda.)

Eis aqui a verdadeira origem do Padroado Portuguez no Oriente, a que tamanha guerra faz ha dois seculos a sagrada Congregação *de Propaganda Fide.*

2.º Cita-se, para enfraquecer ou destruir esse direito, a falta de Clero Portuguez sufficiente e idoneo para occorrer ás necessidades das Igrejas do Padroado. Esta mesma allegação já era feita ha duzentos annos por aquella Congregação, quando, como agora, procurava assenhorear-se do Padroado da Corôa de Portugal; e entretanto, nessa epocha, eram numerosas as Congregações de Regulares, a quem as missões estavam, em parte, confiadas, e ninguem podia arguil-as, com justiça, de menos zelosas em propagar a Santa Lei de Jesus Christo, e em promover, por todos os meios, a prosperidade das Igrejas e dos estabelecimentos religiosos. E, demais, essa falta, se existisse, não seria só devida a Portugal, seria devida, principalmente, á falta de Bispos Portuguezes no Oriente, que Portugal nunca deixou de propor, mas que a Santa Sé deixou de confirmar ás vezes, como está acontecendo agora com a confirmação do Bispo de Macau, apezar dos esforços do Governo Portuguez, e das disposições da Concordata, que a Congregação da *Propaganda Fide* pretende, por todos os meios, tornar sem effeito. Este assumpto será tratado n'um despacho especial.

3.º Por esta occasião não posso deixar de referir a V. Ex.ª o que occorreu com o fallecido Bispo de Macau D. Jeronymo José da Matta, que vindo para a Europa nos fins de 1852, a instancias dos povos catholicos da India, sujeitos ao Padroado Portuguez, e em cumprimento das instrucções do Governo de Sua Magestade fez escala por Ceylão, Goa e Bombaim, onde a sua presença causou grande alegria e alvoroço, e onde prestou áquellas Christandades todos os soccorros espirituaes que dependiam do seu ministerio, auctorisado, como se achava, pelos respectivos Governadores Episcopaes, regularmente nomeados pelo ultimo Arcebispo de Goa, ou pelo Cabido *Sede vacante,* e conferiu ordens a grande numero de individuos, que, para esse fim, lhe foram apresentados pelo Vigario Capitular do Arcebispado de Goa (o Bispo eleito de Cochim) e pelos Governadores Episcopaes das Dioceses suffraganeas. 1865 Julho 10

Por este facto foi aquelle virtuoso Prelado severamente censurado pela Santa Sé, em hum Breve, que lhe foi dirigido em 10 de Março de 1853, sob o pretexto de que elle exercêra as suas faculdades Episcopaes em terras separadas do Padroado da Corôa deste Reino pelo Breve *Multa præclare* de 4 de Abril de 1838, mandado para o Oriente, a insciencia do Governo Portuguez, e por consequencia sem o seu Beneplacito; Diploma, que o Governo, e as suas auctoridades não podiam deixar de reconhecer, por este facto, como ob e sobrepticiamente obtido, e a que por isso não se podia dar cumprimento.

Desta maneira V. Ex.ª reconhecerá, que ao mesmo tempo que eramos accusados de não ter clero sufficiente e idoneo para o regimen das Igrejas sujeitas ao Padroado Portuguez, eramos acremente censurados quando procuravamos prover ás necessidades daquellas Igrejas.

4.º He tambem conveniente que V. Ex.ª saiba, para informar, quando convenha, o Governo Pontificio, quaes são os meios que o Governo de Sua Magestade emprega para obter, quanto antes, o clero sufficiente, e devidamente instruido, para attender ás necessidades das Igrejas do Padroado Portuguez.

Alem dos diversos Seminarios existentes em Portugal, nos quaes se acham educando hum grande numero de individuos, que se destinam ao estado ecclesiastico, e muitos dos quaes podem applicar-se, no futuro, ás Missões no ultramar, temos

1865 Julho 10 no Arcebispado de Goa o Seminario Diocesano, no qual se fundiram os Seminarios de Rachol e Chorão, onde no corrente anno de 1864-1865 estão estudando:

Historia ecclesiastica	54	alumnos
Theologia dogmatica geral	42	»
Theologia dogmatica especial	16	»
Theologia moral	22	»
Direito canonico	37	»
Total	171	»
E as materias de instrucção secundaria	292	»
Total	463	»

Em segundo logar o Seminario de S. José de Macau, o qual no ultimo anniversario da sua abertura tinha 7 Professores e 77 Porcionistas dos fundos da missão, e pensionistas, já de familias ricas, já de caridade, alem de 140 alumnos externos.

Alem dos Seminarios acima designados ha ainda o Seminario de S. Thomé de Meliapor, na Diocese do mesmo nome, e o de Vaipicote commum ás Dioceses de Cranganor e Cochim.

5.º Argue-se o favor manifestado para com os Ecclesiasticos rebeldes á auctoridade Pontificia e a não publicação de actos ordenados pelo Summo Pontifice. Quanto a esta ultima parte, a Constituição destes Reinos faz dependentes do Real Beneplacito os Decretos dos Concilios e Letras apostolicas, e quaesquer outras constituições ecclesiasticas, que se não oppozerem á Constituição; sendo necessario a approvação das Côrtes, se taes documentos contiverem disposição geral. Se foi mandado pois para o Oriente algum diploma apostolico, de que se não tivesse dado conhecimento ao Governo Portuguez, e alguns houve nestas circumstancias; se taes Diplomas não obtiveram pois, nem podiam obter, por aquelle motivo, o Real Beneplacito, não podiam ter alli execução, e era o Governo Portuguez que tinha direito de se queixar desse facto, e não o Governo Pontificio. Pela mesma rasão, os Ecclesiasticos Portuguezes, que não obedeceram aos mesmos Diplomas, por lhes faltar aquella condição essencial, cumpriram o seu dever e não podiam deixar de os considerar como obtidos ob e sobrepticiamente, e por consequencia nullos e de nenhum effeito.

1865 Julho 10

6.º Pretende-se tambem que foi a Santa Sé, que tomou a iniciativa na execução da Concordata, quando do mesmo Tratado se manifesta o ardente desejo, que tinha o Governo Portuguez de estabelecer a paz entre todos os catholicos do Oriente, o que se confirma ainda pelas Instrucções feitas de commum accordo entre os dois Governos; Instrucções que pela parte de Portugal foram expedidas para a India, acompanhadas de huma Portaria, em que expressamente se dizia, que Sua Magestade esperava, que todos os Ecclesiasticos Portuguezes dariam mais huma prova da sua dedicação e fidelidade concorrendo pelo seu zelo, devoção e prudencia, para que se pozesse hum termo ás desintelligencias que por tanto tempo tinham affligido as christandades do Oriente, bem como para que se levassem pacificamente á execução as estipulações da Concordata. E he de advertir, que taes recommendações foram cnmpridas pelos Ecclesiasticos Portuguezes, e que se não póde dizer, que o mesmo tivera tido logar da parte dos Ecclesiasticos dependentes da Sagrada Congregação *de Propaganda Fide.*

7.º Quanto á vasta extensão do Padroado, e á necessidade de crear alli hum maior numero de Dioceses, e de dividir desde já em duas a Diocese de Goa, o Governo Portuguez não tem a menor difficuldade em annuir aos desejos da Santa Sé, e está prompto a fazer as despezas necessarias para a erecção das novas Cathedraes, e dotação dos respectivos Cabidos e Seminarios. Nas terras sujeitas ao Padroado seria facil fixar a circumscripção de algumas Dioceses, sem o concurso dos Commissarios.

Se o Governo Pontificio concordasse na fixação, desde já, dos limites destas Dioceses, e na nomeação dos respectivos Bispos, muitos dos inconvenientes ponderados desappareceriam desde logo, e com especialidade os que dizem respeito

1865 Julho 10 á falta de clero sufficiente e idoneo; porque os novos Prelados no desempenho das funcções do seu sagrado ministerio, não deixariam de preparar sem demora os obreiros necessarios para os auxiliarem.

8.º Finalmente, o Governo Portuguez está tambem prompto em concordar com a Santa Sé quanto ás Instrucções, que se devem dar aos Commissarios encarregados da circumscripção de todas, ou de parte das Dioceses do Oriente, quando a proposta anteriormente feita seja ou não approvada; e para dar á Santa Sé huma prova da sua boa vontade a este respeito, estimaria muito que o Governo Pontificio lhe propozesse, quanto antes, hum projecto das mesma Instrucções, na certeza de que da nossa parte ha de encontrar toda a facilidade na sua approvação.

Sua Magestade quer que V. Ex.ª, dando conhecimento destas ponderações ao Cardeal Secretario d'Estado de Sua Santidade, assegure a S. Em.ª de que o Governo Portuguez está penetrado dos mais sinceros desejos de cooperar, pela sua parte, para que seja cumprida quanto antes a Concordata de 21 de Fevereiro de 1857, e preenchido o seu fim, que foi pôr termo aos males, que affligiam a Igreja do Oriente, e promover a propagação do Evangelho naquellas vastas e distantes regiões: que Sua Magestade nada tanto anhela como contribuir para a consolidação dos interesses da nossa Santa Religião, a exemplo do que fizeram os seus augustos predecessores, que por tal motivo mereceram a qualificação honrosissima de filhos fidelissimos da Igreja: qualificação a que Sua Magestade dá o maior apreço, e procurará manter.

Deus guarde a V. Ex.ª Secretaria d'Estado dos Negocios Estrangeiros, em 10 de Julho de 1865.—Conde d'Avila.

Circular do Arcebispo Primaz aos Vigarios Geraes

(O Crente, semanario religioso em Orlim.)

Illmo e Rev.^{mo} Sr. — Em publicações varias e de mui diversa origem, sahidas á luz nos ultimos tempos, humas em portuguez, em inglez outras, nas quaes se pugna, ora com méros sarcasmos, ora com argumentos de maior ou menor valia, pela completa extincção do Real Padroado Portuguez, e de toda a jurisdicção ecclesiastica desta antiga e gloriosa Metropole sobre as christandades sujeitas no temporal a Sua Magestade Britannica, Augusta Imperatriz das Indias, merece notar-se entre outras cousas o empenho levado até á injustiça, de desprestigiar, aos olhos dos catholicos Indianos a Nação Portugueza, decahida é certo do seu antigo poder e esplendor, mas que não deixa por isso de ser a nação, que sob a direcção suprema da Santa Sé Apostolica, lançou com a boa nova do Evangelho nesta terra oriental os germes da unica civilisação verdadeira, a da Cruz. 1885 Julho 16

Em a nossa circular de 21 de Abril proximo passado, impellido pela necessidade, patenteámos a V. S.ª em breves termos o nosso sentir ácerca da momentosa questão, que insensivelmente se tem tornado o thema predilecto das conversações não só dos catholicos, mas ainda dos que vivem fóra do gremio da Igreja; sendo para nós mais que duvidoso se ganha com esta publicidade, por emquanto inevitavel, a causa da Fé e da caridade. Na occasião presente não temos em vista outro fim senão protestar por este meio contra as injurias feitas á nação, de que com justo titulo nos honramos e gloriamos de ser filhos.

Não, apesar dos nossos muitos erros, (que nação Européa os não tem commettido?), não somos hum povo collocado no ultimo degrau da escala das nações, segundo se escreve; hum povo sem letras, sem industria, sem commercio e sem finanças; e o que importa sobretudo affirmar aqui, ainda em

1885 Julho 16 Portugal o sentimento catholico he assaz profundo para produzir, se for amparado e protegido, aquelles homens apostolicos da antiga tempera, aquellas grandiosas e santas instituições, que o tornaram, sem contestação de ninguem, a terra classica da Fé, apta para exercer o Apostolado nas paragens mais longiquas e inhospitas do orbe.

Sabemos que para tornar infensos os indifferentes á conservação do Real Padroado os animos dos catholicos do Indostão, que podem conciliar e têem perfeitamente conciliado a sua qualidade de subditos fieis da poderosa nação ingleza com o seu amor tradicional a Portugal, que lhes abriu os olhos á luz da verdade, he meio muito efficaz encarecer e exagerar systhematicamente por meio da imprensa a decadencia e o abatimento deste inclito povo, bem como a sua inhabilidade actual para sustentar com decoro ainda huma parte das suas passadas glorias religiosas, as quaes são habilmente apoucadas nos alludidos escriptos; mas nem tudo o que he efficaz para a consecução de hum fim póde reputar-se justo e rasoavel.

No que respeita especialmente a Goa, envolvida com frequencia nos mesmos vituperios, a circumstancia ponderosa de reunir dentro de hum pequeno territorio a maior e a mais compacta christandade das Indias, notavel pela sua piedade e enthusiasmo religioso, o numero de suas Igrejas e Capellas superior a tresentas, afóra as cruzes e pequenos oratorios disseminados em abundancia pelos campos, para attestar ao viandante a esplendida victoria aqui alcançada por Christo sobre os idolos infames do paganismo, o numeroso clero e as numerosas vocações para o sacerdocio, que ainda hoje conta pela misericordia de Deus, a lembrança —que seria ingratidão perder-se— de que foi outr'ora o foco sagrado da evangelisação de todo o oriente, a tornam digna, não obstante a actual decadencia politica, de conservar a antiga primasia religiosa e ecclesiastica.

Se a capital da India Portugueza comprehende huma população relativamente diminuta, se as ruas da antiga e veneranda cidade Archiepiscopal se acham desertas como as de

Sião, e não ha povo que encha as suas bellas e espaçosas igrejas, circumstancias são estas provenientes de causas complexas e de todos sabidas, que não depõem em absoluto contra a importancia religiosa de Goa, e por conseguinte contra o que temos avançado da sua preeminencia ou primazia; tanto mais que nem sempre, como o comprovam a experiencia e a historia, estão em razão directa a importancia religiosa de hum reino ou cidade e o seu movimento commercial e industrial. 1885 Julho 16

Não nos he licito investigar qual seja a mente definitiva do sabio e Santo Pontifice, que governa a Igreja de Deus, ácerca das jurisdicções ecclesiasticas da India, nem sabemos aquillo a que o Governo de Sua Magestade Fidelissima quer obrigar-se a bem da religião e das glorias Portuguezas nas negociações pendentes; mas he nossa intima convicção que o magnanimo Leão XIII, que, por hum sapientissimo decreto, restaurou ha pouco a antiga e illustre Metropole Africana, fazendo-a por assim dizer resurgir das suas cinzas, não póde ter em mira o aniquilamento ou o empobrecimento da Metropole Goana, á qual andam essencialmente ligadas as tradições e glorias catholicas da India. Roma ama as tradições, embora deseje harmonisar a sua conservação com os supremos interesses da Fé.

Opportunamente e pelo meio que lhe parecer mais adequado faça V. S.ª chegar este nosso protesto ao conhecimento dos Reverendos Missionarios desse Vicariato Geral.

Deus guarde a V. S.ª Paço Archiepiscopal de Pangim, 16 de Julho de 1885.—† Antonio, Arcebispo Primaz. — Illmo e Rev.^mo Sr. Vigario Geral de...

Considerações sobre o Padroado Portuguez no Oriente na sessão da Camara dos Pares de 20 de Março de 1886

(Diario da camara.)

O Sr. *Conde de Alte:* — Sr. Presidente, quando na sessão de sabbado ultimo tive a honra de manifestar á camara o desejo, que tinha de apresentar algumas considerações com relação ao Padroado Portuguez no Oriente, declarei desde logo que não era minha intenção crear, nem levantar nenhum embaraço ao Governo, não fazer interpellação, nem mesmo dirigir nenhuma pergunta.

Eu conheço qual he a reserva que incumbe aos Governos quando se trata de negociações pendentes, e especialmente quando são negociações diplomaticas.

Acrescentei mesmo, se bem me recordo, que nem pedia nem esperava que os Srs. Ministros me dessem qualquer resposta ás minhas observações. Entretanto, entendo que n'esta occasião talvez seja de grande vantagem o tratar d'esta questão do Padroado Portuguez, provocar mesmo alguma manifestação da camara, que dê força ao Governo, unico fim que tenho em vista.

O meu nobre amigo, o Sr. Ministro dos Negocios Estrangeiros, confiando cavalheirosamente nas minhas palavras, declarou desde logo que não se oppunha a que eu fallasse sobre este assumpto.

V. Ex.ª determinou que essa questão se tratasse na sessão passada de terça feira.

Por fatalidade não pôde ter logar, e é só hoje que venho tratar de tão momentosa questão, pedindo desde já a benevolencia da camara.

Sr. Presidente, começarei por declarar a V. Ex.ª e á camara, que ignoro completamente o estado da negociação.

Tenho conhecimento da carta do Summo Pontifice Pio IX, de 3 de Agosto de 1864, carta que o meu excellente amigo o Sr. Barros e Sá qualificou de apocrypha ou, pelo menos, que a boa fé de Sua Santidade fôra surprehendida, e que de certo não estava bem ao facto d'aquillo que assignára.

Conheço tambem o Breve da *Propaganda Fide*, com data de 1 de Abril de 1884, e o decreto da congregação de negocios ecclesiasticos extraordinarios de 23 de Agosto do mesmo anno.

Ainda não comprehendi, Sr. Presidente, como a *Propaganda* ousou publicar similhante decreto. Parece que o nosso Embaixador em Roma sómente d'elle teve noticia dez dias depois da sua publicação, quando lh'o participou o Cardeal Secretario d'Estado.

Não se póde duvidar hum momento, que tanto o illustre e antigo homem d'Estado que nos representava em Roma, como o governo d'essa epocha, tomassem as medidas mais energicas para que similhante decreto não fosse levado a effeito. Não sei quaes ellas foram.

Os governos são entre nós geralmente muito parcos em informar o publico do que se passa.

O que sei he que o Santo Padre confirmou aquelle Breve da Propaganda com o decreto de 23 de Agosto, quer dizer, tirou-nos o Padroado, pois, segundo esse decreto, a jurisdicção extraordinaria do Arcebispo de Goa devia terminar seis mezes depois em algumas Dioceses, e passado hum anno nas restantes.

Vê-se, pois, que quaesquer que fossem os esforços da nossa parte para combater aquelle attentado da Propaganda, elles não tiveram resultado algum.

Não desejo nem quero julgar pelos precedentes, mas não posso deixar de confessar, que desde o principio d'esta negociação houve grandissimo desleixo, grandissima incuria da parte dos governos do nosso paiz.

Fui encarregado de tratar esta questão em Roma, e posso dizer á camara que tive de luctar com innumeras difficuldades, em grande parte levantadas pelo Governo.

Começou pela nomeação do Sr. D. Antonio da Santissima Trindade, para Arcebispo de Goa, que se não devia fazer sem dar previa noticia á Santa Sé, conforme estava estipulado na concordata.

Houve depois grande demora em mandar para a India as convenientes ordens, a fim de se publicar e executar a concordata.

Assim se passaram mezes n'essa negociação.

Ainda ha mais.

O Governo Portuguez estava dia a dia, hora a hora, informado por mim de tudo que se passava.

Sabia que em Novembro de 1862 tinham partido para a India os Srs. Arcebispo de Goa, D. João Chrysostomo de Amorim Pessoa e o Commissario Pontificio, e que começaram logo os seus trabalhos.

Pois, Sr. Presidente, a nomeação do Commissario Portuguez, o Sr. Rivara, que fôra feita por decreto de 28 de Maio de 1862, sómente lhe foi communicada em 19 de Fevereiro de 1863, nove mezes depois, e recebida por elle em 27 de Abril de 1863.

Isto, Sr. Presidente, não se acreditaria se não fosse confirmado pelos documentos officiaes que aqui estão.

Felizmente isto não causou maior transtorno, pois que tanto o Arcebispo de Carthago reconheceu logo o Sr. Conselheiro Rivara como nosso Commissario, assim como este reconheceu logo a nomeação do Arcebispo de Carthago, apesar de lhe não ter sido communicada officialmente.

(Leu.)

Se aponto estes factos, e terei de apontar muitos mais, he para mostrar que as difficuldades não vieram da Santa Sé, mas surgiram do desleixo do Governo e sobre tudo da *Propaganda Fide*. Tanto em Sua Santidade Pio IX como no Cardeal Antonelli encontrei sempre apoio e imparcialidade.

E eu tanto esperava que teria algumas vezes de dar razão á Santa Sé, que quando se trocaram as ratificações da concordata pedi ao Santo Padre Pio IX, que não incluisse o meu nome na lista das pessoas que haviam de ser condecoradas por aquelle motivo, pois, não queria que se podesse pensar no meu paiz, que era pelos favores recebidos que eu assim praticava; e apesar das innumeras provas de confiança que recebi do Pontifice Pio IX, da grande e paternal benevolencia com que inalteravelmente me tratou durante os seis annos que estive acreditado junto da sua Augusta Pessoa, eu saí de Roma sem ostentar no meu peito nenhuma condecoração pontificia. E comtudo quando em 10 de Janeiro de 1863 eu entreguei nas Augustas mãos do Soberano Pontifice Pio IX a minha recredencial, Sua Santidade alludiu áquelle facto com taes expressões, que a camara me permittirá que as não repita n'esta occasião, mas que foram sobeja recompensa dos desgostos por que havia passado, e dos grandes sacrificios que havia feito, e finalmente da perda da minha saude, cujos estragos ainda hoje sinto.

He sempre desagradavel fallar da propria pessoa; entretanto mencionei este facto, não para dar nenhuma consideração a mim proprio, mas unicamente para mostrar o quanto devemos n'esta negociação ao integerrimo caracter de Pio IX, e á imparcialidade do Cardeal Antonelli.

Apesar de tudo, Sr. Presidente, nós vencemos. Combatemos os Vigarios Apostolicos e a *Propaganda Fide* passo a passo, e obtivemos tudo que era de direito e de justiça. Não houve huma só cousa que a Santa Sé não nos concedesse. Mesmo com relação ás instancias do Cardeal Barnabó para que se não entregasse o pallio ao Arcebispo se não em Roma, o Santo Padre, não querendo tomar sobre si a resolução de o fazer entregar, consultou o Cardeal Patrizzi, Vigario de Roma, e a mais alta auctoridade em theologia, e S. Em.ª disse que nós tinhamos direito a receber o pallio, porque isso era hum signal de jurisdicção que já tinha sido concedida.

Eu tenho repetido muitas vezes n'esta casa, que he preciso fazer huma distincção entre a Santa Sé, a Propaganda e os Vigarios Apostolicos.

São tres entidades distinctas.

Muitas vezes tive occasião de presencear o Santo Padre dar ordens á Propaganda, e ella não as executar.

Quantas vezes tambem mandou a Propaganda ordens para

a India para serem executadas as determinações da Santa Sé, e os Vigarios Apostolicos recusarem-se a cumpril-as.

Portanto, não me cansarei de repetir que, se não fosse termos tido sempre a nosso lado o apoio e a cooperação de Pio IX e do Cardeal Antonelli, nós nunca teriamos vencido aquella questão.

Seja dito de passagem, que me parece que o nome de *Propaganda Fide* he mal applicado áquella corporação; deveria chamar-se antes *Propagata Fide.*

Eu confesso e reconheço, que a *Propaganda Fide* tem prestado e presta immensos serviços á Religião Catholica, mas em relação ao Padroado Portuguez não se occupa de propagar a fé nem do augmento da Religião, mas tão sómente de induzir os catholicos sujeitos á nossa jurisdicção, a que passem para os Vigarios Apostolicos, que em geral detestam, e provocando com isso immensas dissensões nas christandades da India, que em muitas instancias têem preferido voltar á idolatria, ou fazerem-se protestantes. Pio IX não quiz nunca senão o que era justo e de direito.

Sua Santidade, tão convencido estava, que para a execução da concordata era preciso que ella não estivesse inteiramente confiada á Propaganda, que em principios de Fevereiro de 1863, isto he, quando os dois Commissarios, estavam em Goa tratando da sua execução, creou huma commissão superior e secreta para regular na India o cumprimento da concordata, e expediu terminantes ordens aos Vigarios Apostolicos para executarem cegamente as suas determinações.

Essa commissão era composta do Cardeal Antonelli, que era o Presidente, do Cardeal Barnabó, Prefeito da Propaganda, de Monsenhor Capalti, Secretario da Propaganda, e de Monsenhor Franchi, Sub-Secretario d'Estado.

Sr. Presidente, ao pronunciar o nome de Monsenhor Franchi, depois Cardeal, e o primeiro Secretario d'Estado do actual Pontifice Leão XIII, desejo consagrar algumas sentidas palavras de saudade aos vinte annos de intimas relações de amisade e em circumstancias bem angustiosas, em que mutuamente nos demos provas da maior consideração e affecto. Devi-lhe muitas finezas, trabalhámos juntos para levar a feliz exito a negociação da concordata, e quem sabe se não foi á sua sagacidade e boa fé que se deveu a nomeação d'essa commissão a que alludi.

Receba a memoria do eximio purpurado a sentida homenagem da minha gratidão e da minha saudade. Como he de crer, a Propaganda ficou muito contrariada com a nomeação d'esta commissão superior feita pelo Papa, mas o Cardeal Antonelli com a sua enorme perspicacia, procurou conciliar o Cardeal Barnabò, dizendo que, como se tratava da execução da concordata, que era hum tratado entre duas potencias, Sua Santidade entendia que o Secretario d'Estado a devia vigiar.

Sr. Presidente, se fosse preciso ainda alguma prova para mostrar a boa fé e o caracter de Pio IX, bastaria o facto que acabo de relatar. Sua Santidade, que sabia o que tinha a esperar da Congregação da Propaganda e dos Vigarios Apostolicos, não quiz deixar entregue a elles a execução da Concordata, honra seja ao venerando Pontifice.

Mas como explicar então a carta de Pio IX?

Seguiu-se depois a infeliz morte do Arcebispo de Carthago, o Commissario Pontificio que tinha começado perfeitamente a execução da Concordata na India, e que se entendia muito bem com o nosso Commissario, Conselheiro Rivara, e se essa morte não tivesse tido logar, em poucos mezes ficaria terminada a circumscripção das Dioceses na India, e acabaria a dupla jurisdicção que tanto mal tem feito á Religião.

A morte do Arcebispo de Carthago foi sabida em Roma em 16 de Julho de 1863, pois que n'essa data, estando ausente o Embaixador Sr. Duque de Saldanha, o nosso Encarregado de Negocios, escrevia ao Governo, dando parte d'este acontecimento, manifestando a alta gravidade e a muita importancia que tinha para nós, e dizendo ao mesmo tempo que não lhe constava que já se houvesse nomeado successor áquelle Prelado, e terminava por pedir instrucções ao Governo.

Em 20 de Julho o Governo informava d'esse acontecimento

o nosso Encarregado de Negocios em Roma, e ordenava-lhe que empregasse todos os meios para a prompta nomeação de novo Commissario.

Em 10 de Agosto tornou o Governo a escrever ao nosso Encarregado de Negocios, recommendando-lhe a urgencia d'este negocio, ao que o nosso Encarregado respondeu em 5 de Setembro dizendo, que tinha dado todos os passos que entendia convenientes, mas que pelo conhecimento que tinha das cousas de Roma, lhe parecia melhor não tratar este negocio officialmente por meio de notas, mas sim valer-se das boas relações que tinha em Roma, porque só assim se conseguiria mais brevemente a nomeação desejada, mas que lhe constava ella se não faria antes da chegada de Monsenhor Howard, adjunto ao Arcebispo de Carthago, que o tinha levado para Roma.

Começa aqui huma epocha de fraqueza ou inercia da parte do nosso Governo.

Em 28 de Setembro o Sr. Ministro dos Negocios Estrangeiros escrevia ao nosso Encarregado de Negocios em Roma, que transmittiria ao Ministro da Marinha o que elle dizia sobre os passos que tinha dado, para que a nomeação do novo Commissario recaísse em pessoa capaz, e em 21 de Novembro o Sr. Duque de Saldanha, que já se encontrava ali, escrevia simplesmente que tal nomeação se não havia ainda feito!

De então para cá nada mais sei, ou antes, sei que depois de 1864 só appareceu a carta do Papa, a que eu já me referi, e depois algumas trocas de notas, não se prestando nunca a Santa Sé a fazer a nomeação de Commissario, por que nós instavamos.

Eu peço desculpa á camara de apresentar estas idéas interpolladamente e sem nexo, á medida que m'as vae suggerindo a reminiscencia do passado ha mais de vinte annos; faço, porém, toda a diligencia para me explicar claramente sobre todos os assumptos.

Voltemos, porém, ao ponto capital da questão.

Como já tive occasião de dizer, eu ignoro inteiramente o

estado em que se encontram as negociações na actualidade, e, por isso, só posso tratar d'ellas por hypotheses.

Diz-se que se está tratando com a Côrte de Roma ácerca do nosso Padroado no Oriente.

Poz-se de parte a concordata de 21 de Fevereiro de 1857?

Trata-se de negociar huma nova concordata.

N'esse caso, parece-me que voltâmos ao *statu quo ante*, e, n'esse caso, a primeira cousa que devemos exigir he que se nos devolvam as Missões da China e do Japão, que nós entregámos desde logo, sem que porém a Santa Sé nos restituisse, como determinava a concordata, os bens que nós lá possuimos e que eram consideraveis.

Sr. Presidente, n'esta questão do Padroado os interesses de Portugal e da Santa Sé são os mesmos, inteiramente identicos. Assim o julgava o immortal Pio IX. Devemos, pois, entender-nos com a Santa Sé, caminharmos no mesmo sentido, concorrermos para os mesmos fins que são a propagação da fé e o augmento da Religião Catholica no Oriente.

A Santa Sé não póde desconhecer a dedicação e entranhado affecto que essas christandades nos consagram, e que não esquecem que fomos nós que primeiro lhes abrimos os olhos á luz do Evangelho, que com prodigios de valor e zêlo religioso fundámos essas igrejas que nos querem tirar.

A Santa Sé não póde ignorar que lhe he indispensavel o concurso de Portugal e a sua influencia n'aquelles povos. Unamo-nos, pois, á Santa Sé para combater a Propaganda e os Vigarios Apostolicos, que são na India os maiores inimigos da Religião, insurgindo-se contra o nosso Padroado.

Estou intimamente convencido que se acontecesse a desgraça de deixar de existir no Oriente o Padroado Portuguez, a Religião Catholica não existiria ali muito tempo.

A propaganda ingleza he enorme, não descansa e dispõe de muitos meios. Logo que não haja aquelle apoio, aquella affeição, aquella dedicação tradicional, e entranhado affecto que têem as christandades do Oriente por Portugal, tenha v. ex.ª a certeza que não hão de ser os Vigarios Apostolicos que hão de pôr hum dique á propaganda protestante. Nós temos bastantes exemplos.

Não presenceámos nós aquelle significantissimo facto de Verapoly? Quando o Arcebispo de Carthago deu oito dias para esses milhares de Christãos escolherem se queriam ficar sob a jurisdicção dos Vigarios Apostolicos ou do Padroado Portuguez, elles logo disseram que queriam acolher-se ao Padroado Portuguez, evitando d'este modo aquelle virtuoso Prelado que essas christandades passassem para o Patriarcha Chaldeu, prestando n'essa occasião o virtuoso Arcebispo enormes serviços á Religião.

Sr. Presidente, tratando, pois, de nova concordata peço licença para dizer algumas palavras sobre aquillo de que não podemos prescindir.

Estimo muito ver entrar na camara o nobre Ministro da Guerra, que pisou já aquellas terras e viu com seus olhos, ouviu com seus ouvidos o amor, a affeição que aquellas christandades têem ao Padroado Portuguez.

O Sr. *Ministro da Guerra* (Visconde de S. Januario): — Apoiado.

O *Orador:* — Sinto não ver presentes os dignos Pares Thomás Ribeiro e Antonio Augusto de Aguiar, porque S. Ex.as têem tambem perfeito conhecimento do estado da Religião n'aquellas paragens e da sua dedicação ao Padroado Portuguez.

A voz eloquente e auctorisada de S. Ex.as daria grande força e poderoso auxilio á sagrada causa por que estou pugnando.

Sr. presidente, se nos quizerem retirar Bombaim do nosso Padroado, havemos de fixar com os braços cruzados?

Na Missão de Bombaim e em Salsete ha alguns bens, e seria grande perda para o Padroado se nos cortassem Bombaim, que está por assim dizer ás portas de Goa.

Os Goanos formam ali a maior parte da Christandade.

Os Missionarios são os centros da população Portugueza, e os naturaes protectores d'aquella numerosa colonia Portugueza.

As numerosas representações que os Catholicos de Bombaim têem mandado ao Governo, e mesmo á Santa Sé, as solicitações que têem dirigido a muitos dignos Pares para que pugnem pela sua conservação do Padroado, os *meetings* que têem feito, as ostentosas demonstrações que tem dado n'esse sentido, e para esse fim, podem ser desprezadas pelo Governo Portuguez, e desattendidas pela Santa Sé? Não o posso crer, Sr. Presidente, Bombaim ha de necessariamente continuar sob a jurisdicção do Padroado.

A sumptuosa Cathedral, e quasi todas as Igrejas são Portuguezas; podemos nós abandonal-as, ficando surdos aos seus clamores? He impossivel.

Eu declaro desde já que se vier a esta Camara huma concordata em que Bombaim fique excluida do nosso Padroado, hei de ser o primeiro a combatel-a com todas as minhas forças.

O sr. *Ornellas:*—Apoiado.

O *Orador:*—Agradeço e muito estimo o apoiado do digno Par, pois que me afiança que não serei eu só que me hei de oppor a huma tal concordata. O meu digno amigo conhece a questão como ninguem, e espero que não deixará de tomar a palavra para me ajudar nesta ardua, bem que agradavel tarefa.

O Sr. *Ornellas:*—Peço a palavra.

O *Orador:*—E hei de combater porque a nossa questão he não só huma questão de direito, mas de interesse pela propria Religião Catholica. Eu peço ao nobre Ministro dos Negocios Estrangeiros que tome nota desta minha declaração, e espero que se compenetre bem que Bombaim não póde deixar de ser considerada como sujeita ao nosso Padroado.

Os Christãos daquellas regiões têem-se sempre conservado fieis, professam grande estima pelos Padres do nosso Padroado, e nós havemos de os deixar entregues ás vinganças dos Vigarios Apostolicos, e outros agentes da propaganda?

Eu estou intimamente convencido que a Religião Catholica perderá muito se nós deixarmos de ter ali jurisdicção; he preciso fazer ver isto em Roma; não he tanto pela justiça do nosso direito, como he pelo bem da Religião, que o Papa he o primeiro que tem obrigação de salvaguardar, e por isso deve ser o primeiro a collocar-se ao nosso lado.

Em Calcutá ha tambem huma Missão que, segundo as informações que tenho, nos recusam continuar a pertencer ao nosso Padroado; eu tenho aqui huma nota do valor dos bens de algumas Missões naquellas regiões; em Calcutá calcula-se em 1.000:000$000 réis o valor das propriedades pertencentes ás Missões; só a de S. Nicolau tem bens territoriaes a mais de 300:000$000 réis e a maior parte d'esses bens são de propriedades Portuguezas.

Se por acaso nós ficarmos sem esta jurisdicção, eu peço ao Governo que insista para que nos seja restituido tudo o que he nosso. Sim, Sr. Presidente, se não for possivel obtermos que o Padroado se estenda até onde o tinhamos antigamente, se perdermos Calcutá, que nos entreguem ao menos o que nos pertence.

Na Ilha de Ceylão são hoje poucos os nossos bens, porque a traição de Padres Portuguezes os entregaram á *Propaganda Fide, (Leu.)* porém, o amor dos Christãos ao Padroado provê complemente á Missão, porque detestam a Propaganda, seria horrivel e inaudita ingratidão e barbaridade abandonar os Christãos dessa Ilha e entregal-os á vingança dos Vigarios Apostolicos.

Em Madrasta, cuja Cathedral he em Meliapor, dão-se as mesmas condições de affeição pelo Padroado, e repugnancia pela Propaganda, mas como o digno Par, meu amigo, pediu a palavra, deixo ao seu cuidade apreciar bem as condições de Madrasta.

Peço encarecidamente ao nobre Ministro que tome em consideração todas estas cousas.

S. Ex.ª conhece todas as Representações que têem sido mandadas tanto para Portugal como para Roma.

Havemos de ficar surdos a essas Representações, não havemos de fazer chegar á presença do Santo Padre os perigos que aquellas Christandades correm, ficando entregues aos Vigarios Apostolicos?

(Leu.)

Isto que aconteceu em Ceylão ha de acontecer em muitas partes da India, se o nosso Padroado se perder.

A base das negociações deve ser a par do direito e da justiça que nos assistem, a maior propagação da Fé, o augmento da Religião Catholica, e a satisfação dos desejos manifestados por tantos modos pelas Christandades da India.

Em tão justo empenho temos felizmente a dirigir esta negociação e a proteger tão grandes interesses, o digno Ministro dos Negocios Estrangeiros, de huma alta intelligencia, reconhecido patriotismo, energia e vontade decidida, e junto da Santa Sé como Embaixador hum homem notavel pelo seu talento e intelligencia e serviços, como he o Sr. Mártens Ferrão, que basta o seu nome para infundir respeito.

Mas, Sr. Presidente, dá-se ainda a feliz circumstancia que estes dois illustres homens d'estado são fervorosos catholicos, e por isso não podem deixar de merecer toda a confiança da Santa Sé.

A Santa Sé de certo que confia em que estes dois homens d'estado hão de sempre pugnar por tudo quanto seja a favor da Religião.

Por consequencia, he de suppor que as negociações tenham hum bom resultado, tendo como negociadores estes dois cavalheiros.

Como he notorio, os dois Commissarios estavam perfeitamente de accordo, e o Sr. Rivara acceitava todas as instituições creadas pela Propaganda, até mesmo os Vigarios Apostolicos.

Como já disse, he grande a affeição que aquellas Christandades têem aos Portuguezes, pela docilidade do seu caracter, lhaneza dos seus costumes e bondade do seu coração, perfeito antagonismo dos agentes da Propaganda.

A este respeito eu vou citar hum facto.

Quando o digno Arcebispo de Goa, Amorim Pessoa, nos fins de 1862 foi para a India acompanhado pelo Arcebispo de Carthago, e seus adjunctos, e todo o seu sequito, com a costumada bizarria Portugueza hospedou a todos no palacio Episcopal por todo o tempo que se demoraram em Goa, e ficaram todos penhoradissimos do modo por que tinham sido recebidos e tratados.

Depois o Sr. Arcebispo de Carthago, e seus adjunctos e sequito, foram a Bombaim, e igualmente foram hospedados no palacio do Vigario Apostolico.

Quer, porém, V. Ex.ª e a Camara saber o que aconteceu? Quando o Arcebispo de Carthago se retirou, o Vigario Apostolico apresentou-lhe a conta da despeza feita com a hospedagem que lhe tinha dado.

Póde julgar-se o effeito produzido no animo do pobre capuchinho?

Ora isto prova bem qual he o caracter dos Vigarios Apostolicos.

A camara de certo não estranha que eu tome tanto interesse por este negocio da concordata, do qual me occupei durante seis annos, e que estava por tal modo embrulhado quando delle tomei conta, que tantos trabalhos e sacrificios me custou, alem de arruinar a minha saude.

He este o motivo porque tomo tanto calor nesta discussão, e foi por isso que eu desejei expor á camara a minha convicta opinião, e o que em tempo se passou a este respeito. Eu confio na Santa Sé, que tem sempre por norma dar a cada hum o que lhe pertence, e cujo procedimento he sempre o mais justo.

N'esta questão, pois, não póde deixar de reconhecer o direito que nos assiste.

Nos largos annos que tratei com a Santa Se esta difficil questão da concordata, não houve huma só instancia em que se nos fizesse injustiça, com conhecimento de causa, ou se nos negasse hum direito. A Santa Sé tem por norma invariavel manter o direito e a justiça, de que deriva todo o seu poder, e não ha de certamente negar-nos o direito e a justiça que nos assiste, especialmente occupando a cadeira de S. Pedro o Soberano Pontifice Leão XIII, o espirito mais sublime e alevantado, o vulto mais eminente e notavel deste seculo.

Tenho concluido.

O Sr. *Agostinho Ornellas*: — Quando o nosso illustre Collega, o Sr. Conde de Alte, se inflamma em tão vivo fogo de patriotismo, e mostra huma energia e calor já raros na geração actual a proposito desta questão intimamente ligada com a honra e dignidade nacional, e dá como rasão de tanto zelo o desejo de não ver perdidos os trabalhos e canceiras que lhe deu a concordata de 1857, que admira que eu, que na empreza collossal de salvar o nosso Padroado vi sacrificar a saude e a vida de hum irmão querido, que admira que eu que com amor estudei esta questão, esperando poder hum dia ajudal-o a resolvel-a, me sinta tambem impellido a dizer algumas palavras, para ver se ainda he possivel na final solução que impende, e por dias talvez virá a consummar-se, se não perde tudo e se salva ao menos a honra e o decoro nacional, não permittindo que os restos gloriosos da acção evangelisadora de Portugal no extremo Oriente se convertam em patrimonio alheio, de que sejamos excluidos como filhos degenerados dos que á custa de tanto sangue, e de tanto zelo apostolico fizeram tudo, ou antes lançaram os fundamentos de tudo o que he christianismo na India?

Já o anno passado, quando se suscitou aqui hum debate sobre este assumpto, eu tratei largamente delle, apresentando a minha opinião franca e sincera.

Bem vê, pois, a camara que sou moralmente obrigado a entrar nesta discussão.

Conheço as suas immensas difficuldades.

He huma questão de direitos historicos outr'ora defendidos com energia, porque se comprehendia quanto valiam para a importancia e prestigio da Nação, e por isso se mostravam os Governos solicitos de os manter e de cumprir os deveres que lhes correspondiam.

Depois esfriou o zelo apostolico, deixaram-se no abandono as Missões que haviamos fundado em tanta quantidade.

Com o pretexto de supprir as nossas faltas, foram pouco a pouco entrando os propagandistas, que logo cuidaram mais da *propagata* que da *propaganda Fide*, primeiro como cooperadores que com permissão nossa nos vinham coadjuvar, depois já como quem pretendia igualar-se a nós e disputar primasias comnosco, finalmente quando commettemos o erro de abolir as ordens religiosas no ultramar, e huma revolução politica deixou a Igreja sem recursos para acudir ás Missões coloniaes, apresentaram-se decididos a supplantar-nos completamente, e como se huma crise passageira nos inhabilitasse para sempre, quizeram cassar e revogar o que *in perpetuum e irrevogavelmente* tantos Pontifices nos haviam concedido, não como dom gratuito, mas como propriedade justamente adquirida por titulo oneroso.

Mas os Christãos da India conheciam e amavam os Missionarios Portuguezes, sabiam que pelos seus antecessores haviam sido chamados á luz do Evangelho, e respondiam *nescio vos* aos que se apresentavam para os substituir. Não quero recordar as scenas a que já o anno passado me referi, quando fallei das consequencias do Breve *Multa præclare*. Basta lembrar que foi necessario fazer a concordata e remediar o breve citado por outro que começa *Ad reparanda damna*.

Mas a concordata, logo o disse o nosso grande Alexandre Herculano, a quem o amor pelas glorias nacionaes tornava perspicaz; a concordata tinha por fim principal adiar a solução, e preparal-a favoravel para o mais habil negociador, e para o que mais attenção e recursos dedicasse a conquistar os animos dos Christãos.

Sr. Presidente, tal foi o nosso desleixo e o abandono a que votámos tudo, que o que actualmente deve surpreher-nos he que ainda seja preciso contar comnosco, e que não seja possivel por hum simples Breve, como se tentou com o *Studio et vigilantia*, apagar os ultimos vestigios do nosso dominio religioso no Oriente.

Não sei, comtudo, se este assumpto consegue interessar a camara.

Vozes:—Interessa, interessa.

O *Orador:*—Em geral nós tomâmos calor e interesse pelos assumptos que conhecemos, e de certo a Camara, que comprehende os seus deveres, deseja esclarecer-se ácerca das questões mais importantes sobre que tem de resolver.

Este assumpto, porém, he, na opinião de muitos, que não na minha, huma recordação historica apenas, huma memoria já quasi apagada, huns restos do que fizemos, e hoje he para nós de pouco interesse e por isso não merece a attenção da maioria dos nossos collegas, e de mais a mais seria necessario para despertal-a mais eloquencia e auctoridade do que tem o Orador que agora defende a causa do Padroado.

Sr. Presidente, agora que vamos concluir huma nova concordata sobre os direitos de Portugal quanto ás Christandades que fundou no Oriente, vem a proposito recordar que a concordata de 1857 suscitou no Parlamento Portuguez huma larga e vehemente discussão, e não foi possivel ser approvada, sem primeiramente lhe fazerem importantes acclarações, sem as quaes o Tratado estava ambiguo e não poderia senão dar origem a futuras controversias.

Mais tarde e depois de dois annos de discusssão, esclarecidos os seus pontos mais importantes, essa concordata ainda reconheceu o direito que tinhamos ao Padroado em todo o Industão.

Ainda ha quem entenda que nos termos dessa concordata estão comprehendidos no Padroado da Corôa Portugueza, o Afganistan, a Persia, o Belouchistan e Thibet, emfim quasi toda a Asia central e meridional.

Não pretendemos hoje tanto, a nossa missão na India acabou, fomos os primeiros a descobril-a, a conquistar-lhe o commercio e a navegação, a dominar-lhe as costas, e os portos de mar.

Hoje a ascendencia ingleza supplantou-nos a nós e aos que apoz dos nossos foram, francezes e hollandezes.

Não podemos pensar em recobrar o perdido, mas em conservar o que possuimos e estamos em circumstancias de defender e conservar decorosamente. Isto he, das nossas immensas Dioceses, Goa, Cranganor, Cochim, Meliapor e Malaca, restam-nos ainda os descendentes daquelles que convertemos, populações espalhadas ao longo das Costas, e algumas ainda mais disseminadas no interior. Disputando-nos o territorio dessas Dioceses, e tendo-nos como sitiados nas nossas antigas Missões, e já esbulhados da posse de muitas dellas, campeiam na India vinte e tantos Vigarios Apostolicos, mas obrigados, nos termos da concordata, a cederem o passo aos nossos Prelados, apenas se circumscrevam de novo as Dioceses. Direi, tratando primeiro da circumscripção das Dioceses, o que parece ainda hoje possivel e exequivel.

Já aqui disse, quando fallei sobre esta questão, que tudo se reduzia hoje a aproveitar a circumscripção feita pela Propaganda, reclamando para nós aquelles Vicariatos onde predomina a Christandade actualmente sujeita ao Arcebispo de Goa, e aquella que, embora hoje em scisma como os Syriacos de Cranganor, o Arcebispo de Goa póde melhor que ninguem restituir ao gremio da Igreja Catholica.

Parece-me que he a minima das exigencias que podemos fazer. Devem, portanto, ficar definitivamente no nosso Padroado os Vicariatos seguintes: primeiro, o de Bombaim, formando hum Bispado de Bombaim ou Damão.

Bombaim he hoje o logar onde vão procurar fortuna e meios de subsistencia numerosissimos filhos de Goa, que não acham na nossa India emprego á sua actividade. A população christã de Bombaim talvez de 80:000 almas, conta dessas, pelo menos, 60:000 Portuguezes.

Quer dizer, temos tres quartas partes da população catholica do Vicariato Apostolico de Bombaim, onde alem disso o Tratado de cessão á Inglaterra nos garante o governo e direcção dos Catholicos. Este novo Bispado estender-se-ha para o Norte até á nossa Praça de Damão, e ficará comprehendida nos limites della a nossa fortaleza de Diu.

Parece-me ser este hum ponto em que não podemos ceder, em que não podemos transigir; com o Vicariato de Bombaim confina o nosso territorio de Goa, que formará a Diocese Primaz e Metropolitana.

Ao sul do Arcebispado do Goa segue-se logo o Arcebispado de Cranganor, cuja christandade he pela maior parte descendente dos Christãos do rito syriaco, que foram trazidos ao gremio catholico pelo Arcebispo de Goa, D. Aleixo de Menezes no famoso synodo de Diamper.

Conservaram-se com poucas alterações na obediencia da Sé de Goa desde essa epocha memoravel até que teve logar a abolição das ordens religiosas, e a Propaganda procurou trazel-os á obediencia do Vicariato de Verapoly, entregue á ordem dos carmelitas descalsos. Mas os Sacerdotes syriacos, cujo ascendente sobre as populações he decisivo, a não terem por Prelado hum Bispo Portuguez, querem hum do seu rito e nacionalidade, e separal-os de Goa he lançal-os no scisma, ou leval-os outra vez até á heresia Nestoriana.

Depois do breve *Multa præclare* estiveram mais ou menos em rebellião, até que se fez a concordata e chegaram á India os Commissarios Pontificio e Portuguez.

O Arcebispo de Carthago, Commissario Pontificio, a cujo espirito de conciliação e tolerancia o nosso illustre collega o Sr. Conde de Alte fez a maior justiça, e de quem fallou com a devida consideração, deu aos syriacos a liberdade de optarem entre Goa e Verapoly.

Sessenta e tantas Igrejas optaram pela nossa jurisdicção. Quando o Sr. Amorim Pessoa voltou á Europa e ficou a India sem Prelado Portuguez, ellas dirigiram-se ao nosso Governo para que nomeasse quem podesse ordenar Padres, porque se viam na contingencia de ter de recorrer a hum outro Prelado. Não sendo attendidos, chamaram hum syriaco e o Patriarcha da Babylonia enviou-lhes hum certo Mellus, a quem quasi todos receberam por Bispo, resultando do nosso desleixo o estar muito reduzido o numero (8:000 e tantos de 79:000 que eram), de Christãos que nos são sujeitos, o que he lamentavel, porque a nossa Diocese de Craganor recorda hum dos factos mais brilhantes e gloriosos da historia dos Portuguezes na India, o qual foi a volta daquellas antiquissimas communidades christãs, restos, segundo a tradição, dos fructos do apostolado de S. Thomé ao seio do Catholicismo.

Ora nessa Diocese nós estamos ainda de posse do seminario de Fara (?), de Alva, sitio encantador e proprio para residencia Episcopal, temos a maioria das Igrejas não caídas em scisma, temos a tradição tão poderosa entre orientaes e havemos de ceder Cranganor?

Ao sul exactamente do Arcebispado de Cranganor fica o Bispado de Cochim, e seria hum attentado contra a nossa historia renunciar a hum Bispado que tem proximamente 80:000 Christãos da nossa obediencia.

Ao Bispado de Cochim pertencia a ilha de Ceylão onde tinhamos para cima de 100:000 Christãos, donde, como já narrei o anno passado, tudo perdemos por abolirmos as ordens religiosas no ultramar.

Ao menos emquanto a ordens devemos fazer distincção entre o ultramar e a metropole.

Parece-me que posso dizer isto sem receio de ser acoimado de fanatico e reaccionario, porque tenho por mim neste ponto a opinião insuspeita do Ministro dos Cultos no grande ministerio Gambetta, o sr. Paul Bert, que em materia de religião achava conveniente huma cousa para a França continental, e huma outra radicalmente opposta para as colonias francezas.

Se não formos tão praticos como o Sr. Paul Bert, que repete em França *le cléricalisme c'est l'ennemi,* que sendo medico distincto achou tempo para escrever hum libello famoso contra a moral dos jesuitas, e todavia, encarregado de huma commissão do governo no Tonkim, protesta ser o maior protector dos Frades e Missionarios naquella colonia, se o não imitâmos, perderemos não só o Oriente, mas tambem a Africa.

Nós hoje temos na antiga Taprobana 4:000 ou 5:000 Christãos que voltaram á jurisdicção de Goa quando a Propaganda substituiu os oratorianos Portuguezes pelos capuchinos italianos, mas apesar da energia com que protestámos contra o Breve *Ex munere pastorali,* que desannexou Ceylão da Diocese de Cochim, não sei se hoje poderemos recobrar aquella prospera e formosissima Ilha, embora lá se falle ainda hum dialecto da nossa lingua e estejam ainda vivas muitas memorias da nossa passada dominação; não acontece o mesmo na Costa de Malabar e na da Pescaria onde hoje, no territorio do Bispado de Cochim, existem os Vicariatos de Coulão e Maduré.

Mais de 70:000 Christãos, quasi 80:000, isto he, a quasi totalidade da população catholica destes Vicariatos, está firme na adhesão a Goa e pertence ao Padroado Portuguez.

Alem disso tem hum seminario importante, que póde prestar grandes e valiosos serviços, comquanto não esteja tão bem situado como o seminario do Arcebispado de Cranganor.

Esse seminario foi instituido com os donativos daquellas populações christãs para se formarem alli Padres Portuguezes que fossem servir as Missões do Padroado, não porque faltassem estabelecimentos analogos da Propaganda, mas porque aquelles povos lhe preferem os nossos Missionarios.

No Vicariato Apostolico de Pondichery poucas Igrejas temos, que talvez podemos ceder sem grandissimo prejuizo para a causa do Padroado, dando-se ainda a singular circumstancia de haver ali Prefeito Apostolico para os Francezes, hum Vigario Apostolico para os Christãos Indigenas, e hum Vigario de Goa para os Portuguezes ou da nossa obediencia.

O que a todo o custo cumpre conservar he o Bispado de Madrasta, antigamente chamado Bispado de Meliapor, onde nós temos huma Cathedral, hum seminario, dois hospitaes e quatro ou cinco Igrejas, situadas na propria Cidade de Madrasta.

E se nós cedermos isto, creio que o nosso prestigio soffrerá bastante e será muito prejudicado, perdendo nós, por assim dizer, a mais preciosa de todas as Cathedraes da India, onde, segundo diz a tradição, se encontraram as reliquias de S. Thomé, e por isso gosa de grande prestigio entre os Christãos Indigenas. A estes Bispados que acabo de enumerar póde ficar hoje reduzido o Padroado, podemos deixar o resto do Industão ao zelo dos propagandistas.

He verdade que temos em Calcutá, na Missão de Bengala occidental, valiossimos bens, que já descrevi no meu anterior discurso. Mas podem ficar pertencendo ao Bispado de Meliapor, como ao Bispado de Malaca ficaram pertencendo os bens que possuiamos nas Dioceses de Pekin e Nankin, que pela ultima concordata cedemos á Propaganda. Os bens foram vendidos e o seu producto constituiu a dotação das nossas actuaes Missões de Malaca e Singapura.

Se não me engano julgo que he esta a situação presente.

Isto pelo que toca á circumscripção territorial, que he huma questão simples e facil de resolver; resta, porém, outra e gravissima, a que se refere ás pessoas.

Dentro destes limites que acabâmos de traçar estão confundidas as jurisdicções. Levantou-se altar contra altar, ha ás vezes na mesma Missão Igreja propagandista e Igreja Portugueza, como se fossem duas religiões diversas e não a mesma Catholica Apostolica Romana professada em ambos os templos. Esta rivalidade penetrou nas familias, as quaes, morando muitas vezes na mesma rua e até na mesma casa, parte dellas pertencem á jurisdicção do Arcebispo de Goa, emquanto que a outra pertence á dos Vigarios Apostolicos.

Assim, como resolver para o futuro esta situação anormal, causa de males infinitos a que urge pôr finalmente termo?

Ou havemos de adoptar hum systema de legislação pessoal similhante áquelle que estabeleceram os barbaros, quando conquistaram Roma.

Os barbaros regiam-se pelos seus costumes, emquanto que os Romanos conservavam as leis do Imperio, e assim subsiste o estado anterior e continuam infallivelmente os conflictos e as rivalidades até huma das jurisdicções supplantar a outra n'uma lucta a todo o transe.

Ou têem de sujeitar-se á mesma jurisdicção, como acontece em todo o orbe catholico, todos os que habitam em determinada circumscripção ecclesiastica.

Esta ultima solução, que me parece a unica digna das duas Altas Partes Contratantes, seria inexequivel se tivessemos de substituir desde já todo o pessoal propagandista, não só nas prelaturas, mas nos estabelecimentos de piedade e de instrucção que elles administram principalmente nas grandes Cidades de Madrasta e Bombaim. Como, porém, solver a difficuldade? Como já se resolveu quando no tempo de El-Rei D. João nos foram restituidas as Dioceses de Pekim e Nankim, ficando os actuaes Vigarios Apostolicos, mas como ordinarios apresentados pelo Padroeiro Rei de Portugal. As futuras vacancias seriam preenchidas por Bispos Portuguezas, e se dentro de hum certo praso as não provessemos, teria o Rei de Portugal de escolher hum de tres candidatos propostos pela propaganda.

Quanto ás parochias em todas as de fundação portugueza exerceria o direito de apresentação o Arcebispo de Goa e nas de sua fundação a congregação *de Propaganda Fide,* desta fórma, os direitos da Corôa Portugueza ficavam salvos, e o estado existente na India deixaria de conter elementos permanentes de perturbação e desordem.

As Igrejas originariamente nossas voltariam gradualmente á jurisdicção do nosso Padroado, porque he preciso não confundir o direito de Padroeiro que apresenta o Prelado ou Parocho, com a jurisdicção que o Arcebispo de Goa exerce actualmente e excepcionalmente em virtude de huma delegação especial e revogavel, embora, nos termos da segunda nota reversal que acompanha a concordata, tenha a Santa Sé contrahido a obrigação moral de a não abolir emquanto não estiver definitivamente resolvida a questão do Padroado.

Assim das duas soluções prefiro definitivamente a jurisdicção territorial á pessoal, não só porque este he o systema geral do Governo ecclesiastico e civil nas nações civilisadas, mas porque o primeiro systema *renouvelé* dos barbaros do norte equivale a perpetuar os odios e malquerenças que infelizmente existem.

Este meu modo de ver, devo confessal-o, baseia-se sobre informações que remontam a 1880.

Estudei nesse tempo a questão, animado por hun rança que perdi sem remedio.

A solução que proponho exige como condição pré conciliação e fraternisação dos Christãos das duas (cias, e seja-me permittido dizer que os esforços inau meu irmão o ultimo Arcebispo *(Apoiados.)* conseguii monisar as duas jurisdicções, acalmar os odios, e hal mutuo respeito e mutua cooperação clero e fieis das risdicções rivaes.

Terá subsistido o resultado dos seus esforços, ou apparecido a hostilidade, como o fazem suspeitar a carta dos Vigarios Apostolicos do sul, e a animosid não podia estar de todo extincta depois de tantos de lucta entre os propagandistas e os nossos M rios?

Apresento verbalmente esta minha opinião deb huma certa reserva, e o Governo, se quizer, póde co estas indicações com as informações actuaes que dev tir nos ministerios respectivos, porque o actual Ai tem dado tambem grandes provas de que he zelosis tudo quanto se relaciona com a sua missão.

Sobre a questão dos territorios não posso deixar (tir que devemos conservar Madrasta e Bombaim.

Resta ainda a questão da posição futura do Arcel Goa.

O Arcebispo de Goa póde ser revestido de dignida(elevadas ainda, póde ser patriarcha, póde ser car Santa Igreja Romana, poderá accumular todas as pre cias da sagrada hierarchica. Aprecio muito as ho mas dou infinitamente mais valor ao poder effectivo.

Não seja esta prodigalidade de titulos honorificos tificio destinado a encobrir o cerceamento da jur metropolitica, que, segundo o actual estado de coı dilata por todo o Oriente.

Não he possivel exigir que se mantenha indivis todo o sempre tão vasta provincia ecclesiastica, mas Primaz do Oriente, alem Primaz Metropolita de hui vincia, com auctoridade tanto sobre os nossos Bispos como sobre os da Propaganda.

A separação completa das duas christandades afigura-se-me para nós menos decorosa e levando á inevitavel extincção da nossa christandade.

O Catholicismo Portuguez he tanto como o Italiano, tem de ficar em perfeita paridade, e se o não ficar o Governo cerceia a parte mais importante das nossas prerogativas no Padroado da India.

Quero comtudo esperar que este negocio será resolvido de huma maneira satisfactoria, não só porque muito confio na superior intelligencia e muito boa vontade do Sr. Ministro dos Negocios Estrangeiros, mas tambem porque o nosso Embaixador em Roma he jurisconsulto de primeira ordem, e costumado a tratar as mais difficeis e complicadas questões de direito.

Espero, sobretudo, porque o Summo Pontifice he hum modelo de moderação, hum espirito conciliador e hum grande estadista, que acaba de ser declarado o primeiro da Europa, por outro homem que até agora, na opinião geral, era tambem considerado o primeiro.

Tenho dito o que sei sobre a questão, e o modo por que entendo que ella deve ser conduzida. He huma opinião individual sem responsabilidade alguma, e o Governo fará d'ella o uso que julgar conveniente.

O Sr. *Ministro dos Negocios Estrangeiros* (Barros Gomes):— Sr. Presidente, acaba a camara de ouvir as palavras sensatas e altamente patrioticas proferidas pelo digno Par e meu amigo, o Sr. Agostinho de Ornellas, cuja competencia n'esta questão he reconhecida e acatada por todos n'esta casa.

Antes de S. Ex.ª havia discursado sobre o assumpto outro digno Par, o Sr. Conde de Alte, que tratára em tempo com Sua Santidade o Papa Pio IX esta mesma questão, a qual eu reputo, pela minha parte, do maior interesse para o nosso brio como nação, e representando, não só huma tradição historica, como o affirmou a principio o digno Par o Sr. Ornellas, mas mais do que isso, e como S. Ex.ª mesmo se encarregou de o demonstrar exuberantemente á camara no decurso da sua oração, hum elemento muito attendivel de influencia e de poderio nacionaes, visto ser o Padroado hum organismo ainda vivo, cheio de recursos e susceptivel de tomar extraordinario desenvolvimento, assegurando assim o predominio moral e intellectual da Nação Portugueza nas vastissimas regiões da India, e a conservação do prestigio do nosso nome, tão nobremente levantado em momentos gloriosos e inolvidaveis da historia d'este paiz.

Sr. Presidente, quando ha poucos dias declarei, por parte do Governo, que não via motivo que tolhesse aos dignos Pares o apresentarem n'esta camara quaesquer reflexões sobre o assumpto, que tão directamente diz respeito a interesses nacionaes de ordem tão elevada, acrescentei logo que, usando da palavra, o Governo haveria necessariamente de guardar todas aquellas reservas que as circumstancias de momento impõem, e a situação das negociações pendentes estava reclamando.

He sob o predomiuio d'essa restricção necessaria, que vou apresentar ligeirissimas considerações em resposta aos dignos Pares, que vieram, por assim dizer, com o peso da sua opinião auctorisada, em reforço dos direitos da nação, manifestando n'esta camara, que tem jus a interpretar o sentimento nacional n'esta questão do Padroado.

Sr. Presidente, não acompanharei o digno Par, o Sr. Conde de Alte, na narração historica com que abriu o seu discurso.

Teve S. Ex.ª por vezes de notar e censurar faltas, por parte do Governo Portuguez, no andamento das negociações com a curia, ou na reivindicação dos direitos da Corôa de Portugal. Não he este o momento, nem d'este logar me cumpriria apreciar actos que vão longe, e proceder a criticas, para que me fallece a auctoridade.

O que posso e devo, porém, assegurar a S. Ex.ª, e só isso importa ao paiz, he que nos ultimos tempos, nem o Governo de que V. Ex.ª, Sr. Presidente, foi o Chefe, nem o que actualmente tem a seu cargo gerir os negocios da nação, e de que eu tenho a honra de fazer parte, descuraram, hum momento só que fosse, esta questão.

Referindo-me principalmente ao ultimo periodo da questão, faço-o, não com qualquer intuito de censura, que está longe do meu animo, aos periodos anteriores, mas porque mal tive tempo para me pôr ao facto das phases mais recentes da negociação, sobre as quaes urgia de prompto resolver, sendo certo que d'esse estudo se derivou para mim e para o Governo actual a convicção da necessidade de proseguir no caminho trilhado antes pelos nossos antecessores.

Tratando-se de defender o nosso direito á manutenção do padrão mais glorioso da nossa historia, tratando-se de manter bem alto o brio e a dignidade d'este paiz, não póde nem deve admirar que n'esse desempenho todos os partidos estejam de accordo, e que no seu proceder haja uniformidade absoluta entre os Governos que succedem.

Sr. Presidente, esteja o digno Par certo que n'esta negociação não tem havido agora faltas nem demoras, que possam redundar em seu prejuizo.

Temos em Roma, como Embaixador, e S. Ex.ª o confessou, hum homem por muitos titulos eminente e cuja intelligencia está exuberantemente provada.

Tem-se elle occupado d'esta questão com todo o zelo, seguindo sempre á risca as instrucções claras, precisas e terminantes que lhe foram dadas pelo Governo, quando S. Ex.ª foi encarregado de a tratar, instrucções que, em nome do Governo actual, já confirmei, modificando-as apenas no que a situação actual da negociação o exigia, mas sem me afastar do espirito geral que as dictou.

Sr. Presidente, disse eu ha pouco que o digno Par o Sr. Ornellas tinha demonstrado ser esta questão para nós muito importante e ser o Padroado hum organismo vivo, e agora acrescentarei que n'estes ultimos tempos se observa n'elle hum como rejuvenescimento importante realisado na India em prol do Catholicismo pelos tres ultimos Prelados, redundando todo elle em vantagem da influencia portugueza n'aquellas regiões.

E para demonstrar o que acabo de dizer, e o que n'esse sentido tem conseguido a piedade e o zêlo d'aquelles Prelados benemeritos, eu peço licença á camara para resumir alguns factos extrahidos de documentos officiaes, que tenho aqui presentes, e que demonstram como se tem mantido e fortificado o nosso prestigio e a nossa acção, durante estes ultimos tempos, nas regiões do Oriente.

Refiro-me, entre outros, ao annuario do Arcebispado de Goa e das Missões do Real Padroado, onde se declara o nome das igrejas, o numero dos Christãos que lhes pertencem, dos institutos de ensino, de piedade e de beneficencia a ellas annexos, e bem assim os nomes dos Parochos respectivos, cujo numero, por assim dizer, está completo, porque quasi todas estão providas, e emfim, como corollario de tudo isto, os algarismos totaes que revelam qual he a grandeza dos interesses que andam ligados á jurisdição Portugueza nas Indias orientaes.

He a esses algarismos e a alguns factos recentes que vou alludir mais particularmente.

No Arcebispado de Goa, e abstrahindo do territorio Portuguez, encontram-se 75 Missões, 69 Igrejas e capellas filiaes com huma população de perto de 105:000 almas. Nos 4 Bispados suffraganeos ha 82 Missões, 354 Igrejas e capellas, tudo com huma população de mais de 127:000 almas; 542 estudantes frequentaram em 1883–1884 as aulas do seminario de Rachol e das filiaes de Mapuçá.

E já aqui foi notado, em sessão do anno passado, o estado florescente do ensino n'aquelle estabelecimento, podendo asseverar-se que de ali sáem hoje os clerigos com instrucção igual ou mesmo superior á que recebem aqui nos seminarios do reino os alumnos repectivos.

Referir-me-hei ainda ao seminario de Alvoyce no Vicariato Geral de Cranganor, fundado em 1865, e onde se ensina, alem de portuguez, as linguas ingleza e malabarica, a liturgia e a theologia moral.

E eu cito este instituto muito de proposito, para que se veja que se trata de datas muito recentes, e que a organisação d'este e de outros institutos representam hum esforço no sentido de affirmar n'aquellas paragens o nosso dominio espiritual, isto he, a preponderancia da Igreja Metropolitana de Goa, illustre por tantos titulos, a par dos que mais o sejam.

No mesmo caso está o seminario de Alope, do Santissimo Coração de Jesus e de Maria, fundado em 1871 no Vicariato Geral de Cochim.

No mesmo caso ainda o collegio Ornellas, e esse aviva no digno Par huma recordação saudosa, que o he tambem e será sempre para mim, que respeitei em vida, e hoje venero a memoria do Santo Prelado, que me honrou com a sua affeição; esse collegio, fundado em 1877 em Zuticorin, equivale approximadamente a hum dos nossos lyceus.

A escola de D. Ayres, fundada em 1880, e muitas outras de fundação recente, diurnas e nocturnas, attestam por hum lado a vitalidade e a energia do elemento ecclesiastico Portuguez na India.

Não fallarei nas Missões de Madrasta e de Calcutá; direi apenas que no seminario diocesano de Meliapor se ensina a mathematica, a physica, a geographia e a historia, a par das linguas portugueza, ingleza, latina, tancùl, teleger e sanscrito, sendo onze os professores.

Ora vejam V. Ex.ª e a camara que vida que não conserva o nosso Padroado, e que beneficios não espalha ainda hoje o seu dominio da influencia religiosa Portugueza n'aquellas regiões afastadas!? Fallam bem alto os factos e elles constituem o mais vivo padrão da grandeza moral da nossa historia.

Affirmou o digno Par o Sr. Conde de Alte que os interesses de Portugal e da Santa Sé n'esta questão são identicos, convindo que junto á curia se fizesse ver que sem o concurso de Portugal não será possivel continuar a propagação do catholicismo na India por muito tempo, e que huma vez dadas e comprovadas essas informações ao Soberano Pontifice, que deve ser o principal propugnador da Religião, de que he Chefe Augusto e Venerado Leão XIII, que tão luminoso rasto deixa na historia da Igreja, não poderá deixar de levantar por todos os meios ao seu alcance o nome Portuguez n'aquellas paragens.

Pois bem, eu posso asseverar ao digno Par que estão perfeitamente de accordo n'este pônto as instrucções do Governo com os desejos do digno Par o Sr. Conde de Alte. *(Apoiados.)*

Acho-me por minha parte perfeitamente convencido da identidade de interesses entre a Santa Sé e o Governo Portuguez, e isso animar-me-ha a manter sempre, tanto quanto em mim caiba, os direitos da Corôa de Portugal, direitos adquiridos á custa de muito sangue derramado pela fé, e legitimados com todos os titulos canonicos, direitos que permittem fallar á Santa Sé e ao Pontifice Augusto que com tamanha gloria preside n'este momento á Igreja de Deus, com franqueza e energia; franqueza e energia justificadissimas, e que não excluem o respeito inseparavel das boas relações internacionaes, mais do que nunca aconselhado quando se trata do successor dos apostolos, do Vigario de Jesus Christo na terra. Perguntou S. Ex.ª se se tratava de celebrar huma nova concordata, e no caso affirmativo, que presuppunha o abandono da de 1857, porque não exigiamos por nosso lado o *statu quo ante*, isto he, a restituição das Missões riquissimas de Pekin e Nankin, que haviamos abandonado á Propaganda por effeito d'aquella concordata.

Sr. Presidente, V. Ex.ª comprehende que n'este ponto não posso entrar em largos promenores, e que tenho de circumscrever cautelosamente qualquer resposta a dar ao digno Par.

O digno Par comprehende bem que, havendo-se suscitado difficuldades para a execução da concordata de 1857, esclarecida e definida de hum modo muito especial pelas notas reversaes que a acompanham, difficuldades que não deixaram de existir, nem poderam vencer-se n'um largo periodo de entre vinte e trinta annos, não era possivel suppor que hoje se conseguisse, sem previo accordo com a Santa Sé, e algumas alterações, tornadas necessarias pela acção do tempo, a final execução d'esse convenio ou Tratado.

A necessidade de se estabelecer esse accordo impoz-se ao Governo transacto, como ao actual se impõe a de proseguir na negociação encetada, o que he mister, e isso se tem diligenciado, com a esperança de conseguir que o nome Portuguez não saia deprimido da nova negociação com a Santa Sé, e que continue a poder ser como em melhores tempos estremecido e respeitado n'aquellas regiões longinquas.

Para isso he mister firmeza na negociação, e o Governo Portuguez, inspirado na consciencia do seu dever, saberá definir claramente os pontos em que o brio da nação e a dignidade da Corôa lhe não consentirão transigir com os desejos ou os intentos, aliás sempre respeitaveis da Santa Sé.

Sr. Presidente, não irei por emquanto mais longe na resposta ás considerações feitas pelo digno Par o Sr. Conde de Alte. Referir-me-hei agora mais especialmente ao que disse o meu particular amigo e antigo companheiro de casa da universidade o Sr. Ornellas, cavalheiro que eu muito considero pelo seu honrado caracter e muito culta intelligencia.

S. Ex.ª procurou novamente sustentar por hum modo claro e definido as idéas que já no anno passado aqui tinha formulado, como sendo aquellas que mais apropriado meio forneceriam, em seu entender, para remover as difficuldades e melhor conciliar os animos n'aquellas regiões, tendo-se simultaneamente em vista os interesses da Santa Sé e os do Real Padroeiro.

Eram essas idéas tambem as do fallecido Arcebispo de Goa D. Ayres de Ornellas, e esta indicação da sua proveniencia basta para lhes conquistar huma excepcional auctoridade, mas S. Ex.ª, desenvolvendo o seu pensamento, declarou ao mesmo tempo que fallava sob a impressão dos acontecimentos e circumstancias que se davam ha mais de cinco annos, e que não sabia por isso se as condições em que hoje se encontravam as christandades da India aconselhavam ou não quaesquer modificações na maneira de resolver esta difficil e delicadissima pendencia.

Francamente direi ao digno Par, que nem sempre se terão coadunado inteiramente com as idéas do digno Par os resultados já fixados no decurso das negociações entaboladas; as rasões d'esse facto serão em tempo patenteadas quando se publicarem todos os documentos diplomaticos em que se consubstancia a acção do Governo Portuguez n'esta pendencia.

Sobre este ponto, porém, tambem não me parece conveniente entrar em largos promenores.

O que posso asseverar ao digno Par he que o Governo tem muito em consideração todas as reflexões que S. Ex.ª apresentou, e comprehende e aprecia a grandeza dos interesses que o Sr. Ornellas desejaria ver realisados em qualquer hypothese.

S. Ex.ª indicou bem claramente os pontos que lhe parecia merecer mais attenção por parte do Governo, e ao mesmo tempo fez ver como no decurso da negociação se poderia talvez ter seguido a marcha, que se lhe afigura melhor para salvaguardar os interesses nacionaes e os direitos da Corôa Portugueza; sem que eu possa affirmar, repito, que a marcha seguida tinha sido sempre a que S. Ex.ª indicou, o que posso assegurar-lhe he que este Governo ha de saber pugnar por esses interesses e direitos, como já o havia feito o Governo a que V. Ex.ª presidia.

Nada mais, repito-o, como satisfação aos dignos Pares, posso acrescentar n'esta occasião, e creio que tenho respondido aos membros d'esta casa que sobre o assumpto usaram da palavra, nos limites, estrictos em verdade, que as conveniencias me impunham, e a que me obrigavam os melindres diplomaticos inseparaveis de toda e qualquer negociação pendente.

O Sr. *Barros e Sá:* — Estranha a reserva que o Sr. Ministro dos Negocios Estrangeiros diz lhe cumpre guardar sobre as negociações pendentes ácerca d'este assumpto.

Não obstante similhantes negociações, foi elle sempre discutido outr'ora no parlamento.

Em abono d'esta asserção, o orador individua as diversas phrases em que isso teve logar e remata, perguntando:

Trata-se, pois, de huma questão religiosa, dogmatica ou theologica?

Não! Trata-se apenas de huma questão politica e de meras mundanidades.

«E de sentimento!» acrescenta o digno Par o Sr. Ornellas.

«De sentimento para nós», volve o orador, mas de interesse material para outros!

Depois procura demonstrar com documentos quanto a *Propaganda Fide*, desde remota data, havia sido funesta ao nosso Padroado no Oriente, accentua a avidez com que ella busca apossar-se das nossas igrejas mais ricas e faz avultar o singular escandalo de n'aquellas paragens muitos homens casados amancebarem-se e os propagandistas abençoarem esta nova e immoralissima união.

A par d'isto narra o facto de em tempos haver ido para a India hum regimento, entre cujos soldados os propagandistas espalhavam a sizania de modo que huns ouviam missa dos Padres Portuguezes, e outros, no temor d'ella não ser valida, ouviam-n'a dos proprios propagandistas. O commandante, que de certo devia ser hum bom homem, para cortar estas difficuldades, escreveu ao Prelado de Bombaim huma carta, que, infelizmente, caiu nas mãos do Vigario Apostolico, o qual desde logo respondeu ao commandante com huma proclamação aos soldados, d'onde se inferia que a missa dita por aquelles Padres era nulla, nullos os sacramentos, e que o melhor era não ir a ella.

Crê, pois, que, se não fosse a reacção constante das christandades no Oriente, já o nosso Padroado ali teria de vez acabado.

Cita a concordata de 1857 e ajuiza que fôra feita na intenção manifesta de nunca ser cumprida, procura comproval-o lendo alguns trechos de huma circular do Cardeal Barnabó, e faz ainda varias considerações tendentes a persuadir quanto esta questão não é de Religião ou consciencia, senão sómente huma questão politica e de interesse mundano.

FIM DO TOMO XIII

INDICE

DOS

DOCUMENTOS CONTIDOS N'ESTE TOMO